为甚事，裹了足？不是好看如弓曲，
恐他轻走出房门，千缠万裹来拘束。

〔清〕贺瑞麟《改良女儿经》

长城砖

Sex and Sensibility in Ming and Qing Society

情为何物

明清两代的性别、情感与社会风气研究

吴存存——著

天津出版传媒集团
天津人民出版社

图书在版编目(CIP)数据

情为何物 : 明清两代的性别、情感与社会风气研究 / 吴存存著. -- 天津 : 天津人民出版社, 2025. 7（2025.9重印）. (长城砖). -- ISBN 978-7-201-20933-3

Ⅰ. D691.91

中国国家版本馆CIP数据核字第2025RH4790号

情为何物：明清两代的性别、情感与社会风气研究

QING WEI HE WU : MING QING LIANGDAI DE XINGBIE QINGGAN YU SHEHUI FENGQI YANJIU

出　　版　天津人民出版社
出 版 人　刘锦泉
地　　址　天津市和平区西康路35号康岳大厦
邮政编码　300051
邮购电话　(022)23332469
电子信箱　reader@tjrmcbs.com

总 策 划　沈海涛
策　　划　金晓芸　燕文青
责任编辑　金晓芸
特约编辑　郭聪颖　郭金梦
装帧设计　图文游击工作室
　　　　　汤　磊

印　　刷　河北鹏润印刷有限公司
经　　销　新华书店
开　　本　880毫米×1230毫米　1/32
印　　张　11.5
字　　数　250千字
版次印次　2025年7月第1版　2025年9月第2次印刷
定　　价　88.00元

新版前言

《明清社会性爱风气》[①]是我在而立之年投入很多精力的小书。然而，自2000年在人民文学出版社出版后，我几乎一直没有认真翻过它，一方面好像是因为忙忙碌碌没有时间，但更重要的则是读自己的旧作总会很难为情和惭愧，更别提书里还有那么多扎眼的错别字。记得出版社寄来校样时，我正在墨尔本大学手忙脚乱地对付我的英语博士论文，很后悔当时竟然没有好好校阅，致使书稿出版之后，错字实在太多，甚至袁枚常被误写作“袁牧”。每听人提起，十分羞愧不安。但也许是因为性别、性爱和情感史的研究在国内还属于相对冷僻的领域，这本小书出版后在国内外都受到一定的关注，很快出现了日语和韩语的译本，在国内也不久之后便脱销。自2010年以来，不断有不同的出版社跟我联系再版事宜，但因种种原因一直未能成事。去年夏天，承天津人民出版社金

① 本书首次出版所用书名。——编辑注

晓芸女士的美意，仍然试图再版，我也因此得机会重读旧稿并改正错字。与自己原来预料不同的是，所谓敝帚自珍，我还是比较喜欢它。虽然二十多年过去了，我对社会人生和学术的理解都有很大的变化，但这里面所讨论的问题，仍然是我深感兴趣的。我曾经想过新版要随着研究的进展而增删某些章节，或者增加一些插图，但认真考虑之后，还是决定除了纠正某些明显的讹误和增加必要的注解之外，基本保留它原来的面目，这样可能比较完整一些，也觉得新的想法和材料可能另起炉灶来写一本新书更合适。

1997年底，我写完这本小书后作为一名青年交换教师去了墨尔本的维多利亚大学教中文，也在那里修读了四门亚洲研究课程并获得一个文凭。那原本只是为期一年的项目，但那一年间关于性别与性爱问题的阅读和讨论让我对继续学习产生了浓厚的兴趣。澳大利亚学界的性别研究和理论十分深入和前沿，让我明白了自己迫切地需要学习和思考更深层的问题。而不同的文化背景所产生的知识和思想的碰撞，更对我具有极大的吸引力。因缘际会，我幸运地获得了联邦奖学金，因此便顺理成章地留在那里攻读博士。弹指一挥间，倏然已是二十多年过去了。这二十多年间，我辗转于不同国家和地区的大学从事教学和研究，努力去了解和熟悉与我原来在国内接受学术训练时截然不同的研究视角、方法，以及学术话语和氛围，好奇而痛苦地学习用另一种语言读书和写作。现在年届耳顺，蓦然回首，不胜惶恐惭愧。邯郸的优美步态还没有学会，而自己原来走路的方式却已生疏了不少。然而，虽自知鄙陋无从献芹，仍试图在这里简单记录一下自己对与本书有关的研究领域和进展的观察和反思。

本书写作于20世纪末，当时中国性史的讨论在国内还处于欲语还休的羞答答状态，近二三十年来，中国文化史上的性别与性爱问题研究引起了海内外越来越多学者的关注，成为学界一个热门话题。而有关问题的讨论也不再把性爱作为单一线性的问题，而是更加注重探索其社会文化意义上的多面性和复杂性。当然，近二十多年来的有关研究堪称风起云涌、硕果累累，我无意于在这里写研究综述，而只是想从个人所知的范围及感受较深的方面举例说明一些有别于以往的新的方向、新的材料和新的话题。

首先，性别意识的加强和性别视角的渗透几乎在所有的与性爱有关的话题中展现。二十多年前，我们当然已经清楚地注意到这个问题的重要性，但当时的研究还只是比较单纯地注重明清女性的写作出版，关注女性在性史上受压迫的状态。而近二十多年来，学界对中国历史上女性的主体意识有了更深入的认识，中国古代的女性在男尊女卑的体制下如何应对以获取自己生存的权力和空间，吸引了许多学者的注意，如马克梦关注在明清一夫多妻制研究中，处于劣势的女性是如何利用这个对自己不利的体制去获得自己在婚姻中的权力和利益[1]；苏成捷通过清代档案材料对清代“一妇多夫制”（典妻制）的富有启发意义的研究[2]等。通过对大量原始材料的分析，这些学者令人信服地让我们看到处于劣势的女性的主观能动性，以及她们如何在这样的制度下获取自己的权力和利益。这些研究打开了新的思路，使我们对中国传统的婚姻制度和性爱状况获得很多新的更深层的认识。

同时，与以往性别研究往往等同于女性研究不同，近二十年来研究愈来愈趋于多元化，其中关于男性特质和概念的研究尤其引人注目。这种受到女性主义理论影响的关于男性概念的研究，从社会历史文化的视角解构男性概念的形成和演变，指出中国和欧洲在男性概念上巨大差别背后的历史文化因素[3]，在解构人文学科方面的欧洲中心视角具有深刻的意义，也给性别和性爱史的研究注入新鲜的血液，对于理解通俗小说戏曲作品的内涵和构成尤具指导意义。

当然，新的历史文化原始材料的发现和使用也大大地拓展了这个研究领域。一方面，以前逸失或被忽略的明清时期以性爱为题材或与之有关的小说、戏曲、俗曲、笔记，以及

---

① Keith McMahon, *Polygamy and Sublime Passion: Sexuality in China on the Verge of Modernity*, University of Hawaii Press, 2009.

② Matthew Sommer, *Polyandry and Wife-Selling in Qing Dynasty China: Survival Strategies and Judicial Interventions*, University of California Press, 2015.

③ 近年来有关男性概念的研究十分热门，成果很多，其中尤为引人注目的是Kam Louie, *Theorising Chinese Masculinity: Society and Gender in China*, Cambridge University Press, 2002。

绘图册页和木版画不断被发现和受到学者的关注，其中比较突出的如雍正年间的色情小说《姑妄言》现在在海内外引起广泛的关注和讨论，近年不断有研究《姑妄言》的专著和博士论文面世。而新近出版的原日本收藏家涩井清所收藏的几种晚明彩色套印的春宫册页及一册包括色情小说、春宫画和春药配方的明末清初便携本“成人杂志”[①]，这些堪称中国绘画和出版史上杰作的色情艺术作品因为自清初以来的禁毁，现在已极其罕见，过去只在高罗佩的《秘戏图考》中稍有披露[②]，而现在我们可以看到远比高罗佩看到的更丰富的图册，为我们理解明清社会的性爱问题提供了最直观的材料，也使我们对色情品在晚明社会的流行状况及其面向不同阶层读者群的不同制作策略有了更全面和深入的了解。

新材料的发现会产生新的话题，新的理论视野也往往带来新材料的发现和使用。近二三十年来，关于女性文学和写作的研究不断深入，这不仅表现在对闺秀诗词的多方面的研究上，也表现在重视女性在通俗文学写作方面的作品和成就，其中十分引人注目的是对过去往往被忽略的女性写作的弹词

---

① Zheng Haiyao and Christer von der Burg eds. *Ming Dynasty Colour-Printed Erotica: The Christer von der Burg Collection*, Vol.1, Chungong Editions, 2022. 此集亦包括拙文 Wu, Cuncun, “A Late Ming ‘Adult Magazine’: Questions of Date, Design and Content in A Book of Springtime Inspirations from the Bedchamber as Transmitted Secretly by a Publisher in the Capital”（pp.74-89），着重分析研究这册罕见的明末清初“成人杂志”。

② R. H. van Gulik, *Erotic Colour Prints of the Ming Period* (2 vols, reprint), Leiden: Brill, 2003.

的探索和分析[①]，同样被关注的当然也包括女性的小说和戏曲的创作[②]。同时，我们以往对女性写作的定义多聚焦于士大夫化的闺秀才媛的书写和话语，而传统社会下层平民女性在文学方面的表述和声音往往被忽略。近十多年来，女性写作中的阶层问题开始受到关注。下层社会女性所熟悉的俗曲、鼓书、秧歌戏等曲艺，甚至是江南民间的哭嫁歌曲都获得十分专门和深入的研究。[③]这些研究拓展了性别和性爱问题的视野，使人们的注意力从凤毛麟角的闺秀才媛转移到传统社会广大乡村和城镇中的平民女性，相信这些课题对于我们进一步理解传统中国的女性创作是不可或缺的。

由女性文学的阶层问题演绎开来，我也觉得自己这本二十多年前的旧作最大的问题可能就是当时对社会阶层问题的忽略，不但书中绝大部分材料来自明清士大夫的著述，书中的话题和分析也极受士人思路的影响。在中国传统社会，士

---

① 例如鲍震培：《清代女作家弹词研究》，南开大学出版社，2008年；胡晓真：《才女彻夜未眠：近代中国女性叙事文学的兴起》，北京大学出版社，2008年；周巍《弦边婴宛：晚清以来江南女弹词研究》，商务印书馆，2014年。

② 例如黄仕忠：《顾太清的戏曲创作及其早年经历》，《文学遗产》，2006年第6期；Ellen Widmer, *Fiction's family : Zhan Xi, Zhan Kai, and the business of women in late-Qing China*, Harvard University Asia Center, 2016。

③ 近年来有关专著和论文出现不少，例如江棘：《秧歌戏与乡村女性》，江苏人民出版社，2020；Anne E. McLaren, *Memory Making in Folk Epics of China: The Intimate and the Local in Chinese Regional Culture*, Cambria Press, 2022；笔者近年来亦对流落于海外的晚清北方的馒头铺本俗曲怀有浓厚的兴趣，已发表的论文有《平民的情歌——从晚清北方平民唱本看下层女性对性别、性爱的理解与期待》，《戏曲与俗文学研究》，2020年，第1期，这也将是笔者以后几年的主要研究课题。

人属于社会精英，从人口比例看虽属极少数，但他们掌握着话语权，他们的价值观在社会上具有极大的影响力，他们的审美品味也备受追捧，这往往让初读历史的人们会把他们单方面的声音误以为就是历史的声音。其实历史应该是各个社会阶层的多重合唱，我们今天读历史，不仅要听到那些唱得响亮的高音和中音，更重要的是要辨别出那些不够清楚或响亮的背景音乐，去理解这些模糊的背景音乐的内涵。而这对于性别与性爱这样普遍的社会问题的研究尤为重要。士人之外的平民或社会下层持有怎样的性别和性爱道德价值观，以及他们有着怎样的实际生活经历，都远不能仅依赖士人的书写来表述，而需要下层社会的实证材料。对于研究来说，这项任务是艰难的，却是不能逃避或忽略的。

另外，历史总是历久弥新，研究历史文化与其说是要重现昔日景象，不如说是在反映我们当代人对某些问题的关注和思考。因为性爱现在仍然往往被包装为一个讳莫如深的问题，因此中国的性史或情感史至今还存在许多似是而非、指鹿为马的阐释。而东西方文化的碰撞和影响、社会阶层和地域的差异都往往使问题变得错综复杂，其中尤其突出的现象如现代媒体往往将西方基督教文化中排斥和仇视同性恋的倾向简单地强加到对中国文化的阐释中，而实际上我们的传统文化几乎从来没有发展出这样的倾向。此外，中国传统的家庭婚姻概念，也经常被当代的国人理解为英国维多利亚时期的婚恋观的翻版。随着中国社会结构和道德价值观念愈趋西化，我们对中国性史的理解也经常被扭曲和改写——媚俗地改成符合当代道德价值观的模样。这些因20世纪文化碰撞产生的混乱现象，是时候值得我们研究者加以深入理解、厘清和解说了。

时光荏苒，学术研究也一直在与时俱进。性爱和性别的问题从来不是纯粹的生理问题，而是社会文化结构的产物，因此也与一切社会文化现象有着千丝万缕的不可分割的联系，文学艺术往往就是理解和分析性别与性爱问题的理想载体。从广义上的文学艺术和文化的角度来理解分析中国传统社会的性别和性爱相关问题，我认为仍然是人文学科需要进一步努力的任务，如果这本小书在这方面仍然能够有助谈资，我深感荣幸。在此我要衷心感谢天津人民出版社，尤其是编辑金晓芸和郭聪颖两位女士，她们为本书的再版花费了很多精力和时间，使之得以重见天日，不胜感铭！另外我也要感谢新星出版社的孙立英女士曾为拙著所做的十分扎实的校阅，为这次的重新出版做了很好的准备工作。其他各位师长和学长的教导和帮助，旧版的后记已略记一二，此处不赘。

2025年4月2日于香港泊寮

目　录

绪 论

明清两代也许可以说是中国历史上性爱状态和观念最为混乱的时期了，尤其是在明中晚期至清末约四百年间，禁欲与纵欲的并行使这个时期的性爱呈现为极其复杂的状态。一方面，随着程朱理学思想成为官学而浸透社会生活的各个角落，禁欲理论发展到历史上未曾有过的、几乎可以说是灭绝人性的地步，社会上节烈风气盛行；另一方面，明清两代又是纵欲之风盛行的时代，各种色情小说和春宫画册在社会上泛滥，娼女娈童充斥于娱乐场所，服食春药、玩弄金莲风靡一时，人们极力寻找新奇的性刺激。这个时期社会上的性爱风气似乎是由种种奇特的不和谐音组成的，禁欲与纵欲并存的内在矛盾激发出种种光怪陆离的性爱现象，使我们考察这个时期的性爱状态时有一种特别丰富而深刻的感受，其中不少问题都富于吸引力，发人深思。

性爱是一种风气

如果从历史的大视角考察明清社会性爱状况和性爱观念，我们不能不感叹于风气的力量。当一种性爱的风气形成时，个人的意志和趣味往往会为时代潮流所裹挟，人们会逐渐地仿佛处于一种宗教般的狂热之中，把一切在另一个时代或地域的人看来可能是非自然、非理性、非人性的现象视为理所当然，甚而作为道德和审美的最高境界加以推崇。个体的独立性和理智思考受到极大程度的毁坏，而那些先知先觉者的声音总是显得那么微弱而难以为大众所注意。从风气的角度切入明清性爱现象的研究，我们看到的是一个异彩纷呈的世界，其间起伏多变的性爱风气，向我们展示了人类在性爱问题上全部的复杂和简单。

考察明清两代性爱风气发展变化的脉络，我们可以发现，政治朝代的区分，往往难以用来概括性爱风气演变的特点。一些性爱风气是跨朝代延续的，而一个朝代的性爱风气通常不是统一的。明代开国后近百年间，社会生产力处于恢复阶段，明太祖朱元璋定下的尊孔崇儒、以朱注四书为取士标准的原则在社会上产生了巨大的影响，理学“存天理，灭人欲”的教条使当时全社会风气整肃。永乐年间且开始了中国历史上首次对官员挟妓宿娼的严格禁令，虽然其间仍少不了违禁纵欲的个别事例，但总的来看，社会风气趋于收敛。尤其值得注意的是，女性禁欲风气在这种氛围中逐渐形成并愈趋严重，节烈妇女备受社会的关注和称誉。绝对的贞操观使妇女失去了与丈夫之外的男性交往的权利，镇日锁闭深闺，殉夫或守寡四五十年在当时都是常见的现象。明清妇女禁欲达到了中国历史上从未有过的地步，比产生理学的宋代远为严苛，节烈风气且一直不间断地延续至清末民初，其内容在两个王朝基本上是一致的，看不出有什么质的区别。与此相应地，女性缠足的风气也贯穿了两个朝代的始末，整个社会都狂热地崇拜女人的小脚，认为它体现了女性的淑范，是女性美的标志，因而与性爱产生了密不可分的联系。其间虽经清初统治者的严令禁缠，但风气的力量甚至压倒了政令，清代缠足风气比明代更为普遍和深入。明清两代都把女性禁欲作为道德高尚的标志而大加倡扬。

一个存续时间较长的王朝，其性爱风气通常是复杂多变的，明代表现得尤为典型。大约在正统至成化年间，经济的恢复和财富的积聚使社会上逸乐风气开始抬头，兼之以阳明心学的流行，士界思想受到极大震动，长期被压抑的欲望终于从沉闷中挣脱出来，造成了晚明社会人欲横流的局面。士人嗜谈情性，以纵情逸乐为风流，所谓“一日受千金不为贪，一夜御十女不为淫”（李贽语）[①]。社会上狭邪小说泛滥，春

---

① 转引自〔明〕周应宾编：《识小编·内篇》，厦门大学历史系编：《李贽研究参考资料》（第二辑），福建人民出版社，1976年，第165页。

宫画、亵玩品及春药公开在市面上售卖，青楼妓院一片兴隆，出现了一批领时代风骚的名妓。不少显贵巨贾更自置家乐，养一班歌儿舞女，日日沉酣其中。在这个时期，人欲受到极大的肯定，任何性形式都得到宽容甚至纵容。这是中国历史上少有的性开放时期，《金瓶梅》正是在这种历史背景下产生的以性爱为主要题材的巨著。入清之后，经历了一番血雨腥风的洗劫，社会上的纵欲风尚有所减弱。同时，清朝统治者也敏锐地察觉到明末人欲横流的状况对社会秩序的破坏，意识到要建立一个安定的社会必须整肃风气。朝廷不但禁官员狎妓宿娼，而且一度取缔妓院，严禁卖良为娼。晚明以来的纵欲风气因而逐渐消歇。

但晚明纵欲风气中的一项重要内容——男性同性恋风气没有随着纵欲风气的消歇而消歇，而是一直延续至清末，并愈演愈烈。可能让现代人惊诧的是，晚明的纵欲风气经常是与男性同性恋交缠在一起的。男性同性恋在晚明和清代的社会上不是个别现象，而是一种普遍风气，酒楼戏园里大量的陪酒歌童是明清社会特有的风景。晚明社会上出现了男性同性恋卖淫专营场所——男院，清代京城更出现了著名的相公私寓制，有“不重美女重美男”[①]“有歌童而无名妓”[②]之说。

① 〔清〕梁绍壬：《两般秋雨庵随笔》卷六“燕台小乐府”，上海古籍出版社，1982年，第322页。

② 〔清〕柴桑：《京师偶记》，瞿宣颖编：《北京历史风土丛书》第一辑，广业书社，1925年铅印本，第4页。

专以同性恋为题材的长篇小说《品花宝鉴》标志着这种同性恋风气的发展达到了顶点。明清两代男性同性恋风气历时达四百余年，身处其中的士人非但对同性恋持宽容态度，且时加倡扬，认为它与异性恋一样是一种正常的性爱方式，狎优蓄童成了他们风流生活中最大的快乐；这场同性恋风气规模之大、时间之长、程度之深，在世界性史上也是很罕见的。

大约是在相当程度上受男性同性恋风气的影响吧，从明中晚期到清代，社会对男性的审美理想产生了很大的变异。“面如冠玉，唇如涂朱”成了通俗小说描写男主人公的最常见词语，文弱纤秀、女性化的白面书生成了这一时期公认的美男子。不少小说赞扬一个男子的美貌“仿佛美妇人一般”“更胜似女子”“换了女装，竟是一个绝色女子”。汉唐时期石刻和绘画中最常见的峨冠博带、长髯飘拂的中年男性形象，到这时基本上为多愁善感、清秀且尚带稚气的年轻书生所代替。小说中的正面男性形象总是多少带点女人气，胆怯、退让和被动在小说中往往被作为男性的理想人格来宣扬，而那种保留了较多的男性天然本性的形象，在小说中通常作为反面人物处理。明清时期这种带有性倒错意味的审美习惯，使当时社会异装癖现象大量产生，小说中男扮女装或女扮男装情节泛滥，戏曲中的性别反串也往往成为一种固定的模式。京剧中所有的女性角色在民国初年之前一直是由男性来扮演的，而一些地方剧种如越剧，则所有的男角亦由女子来演。这种性别反串形式在清代深得人心，并曾影响到周边国家的戏剧形式。事实上，我们在今天的某些影视作品中仍可以找到这种审美风气的余风流韵。

明清时期的种种性爱现象，如果作为个例来看，可能在任何一个朝代或文化中都会存在，但是当它成为一种风气，情况便大不一样了。在某种风气强有力的影响下，个人品位似乎很容易被大众的兴趣所替代，许多本来可能持反对态度的人会转而成为热烈且真诚的拥护者，甚至即使这种风气可能牺牲追随者的切身利益，给他们造成巨大的痛苦，也在所不惜。风气就具有这样一种力量，它可以使非自然的现象看上去顺理成章，使狂热代替理智判断。风气所至，完全可能导致集体性意识变异。当这种狂热成为过去，后人可能会感到不可思议，但他们虽可以讥嘲前人的愚蠢，谁又能保证他们不会陷入另一种可笑的风气之中呢？处于潮流之中的人们，很难对自己的时尚有清醒客观的评价，绝大多数人会把流行的风尚看成永恒的、高尚的或神圣不可侵犯的。因此，本书的研究目标不是对明清性史上的个例加以罗列，而是对历史上曾经存在过的性爱风气做尽可能客观的描述及思考。

性别问题与性爱风气

如果我们从性别的角度去分析明清两代的各种性爱风气，可能会更好地理解其间混乱复杂的矛盾状态。事实上，性别的等级观念可以说是了解明清性爱风气的一把重要的钥匙，两性不同的性地位正是矛盾的性爱风气形成的基础。明清两代的各种性爱风气其实可以很清晰地分为两个大类，亦即女性的和男性的，其界限通常是严格而不可逾越的。正统、保守、禁欲在明中期之后基本上属于女性的性爱风气，节烈、贞操和缠足都是单方面就女性而言的；而纵欲的、寻求刺激的性爱风气则属于男性，基本上与女性无缘。晚明狭邪小说和色情艺术品基本上都是从男性的视角出发、为迎合男性的趣味而创作的，同性恋及异装癖风气也都是以男性为中心的。

从性别的而不是男女混同的视角来看待明清性爱风气，我们可以对某些历史现象获得更切合实际的认识。许多现代的性学理论，如果不加区别囫囵吞枣般地用来分析古代性爱风气，那是根本不能说明什么问题的。如性压抑向来被视为性史上最重要的问题之一，但具体到明清时期，它则是最不能男女混同而论的问题。男性在明清时期属于性特权阶层，我们当然不能说他们不存在性压抑，正统儒学、佛教的轮回学说、道教的养生术等都造成了中国古代男性多层次的性压抑，但是在某些极端的时期——如晚明纵欲主义流行期，以及在大部分上层社会成员中，一切与男性性欲有关的问题都得到极大的宽容，士人们不把性爱视为罪孽，而是一种赏心悦目的娱乐。因此他们不但不忌讳，反而津津乐道，以多情自高。一切性爱形式，甚至于强奸、乱伦，在狭邪小说中往往也都被视为是可以理解的。从实际生活到精神世界，他们几乎都没有什么障碍。因此我们可以说，在晚明这样特殊的历史时期，上层社会的大部分男性基本上不存在性压抑的问题，有人且据此认为晚明是一个具有进步意义的性解放时期。如果孤立地看这些现象，这种结论可能是对的；但如果把它与性别问题联系在一起，我们就会感到问题并不那么简单，这种解放其实含有许多不人道的成分。我们应该注意，晚明这种以男性为中心的纵欲风气是以女性的禁欲为基础的。虽然两性关系上的纵欲必须通过两性的合作才能实现，但明清时期的具体情况值得分析，因为当时的男性在两性关系上的纵欲主要通过两种方式进行——纳妾和狎妓，也就是说，都是以金钱权势等外在于性爱本身的因素而实现的，女性在这种关系中处于被动和屈辱的位置。同时，社会通过各种道貌岸然的道德教条要求女性在两性关系上忍让和宽容，事实上也起到了纵容男性纵欲的作用。“无妒”，是当时社会所谓“妇德”的一项重要内容，女性在性爱中正常不过的排外心理在明清时期被认为是不合乎道德要求的，当时社会认为“劝夫纳妾”“善待婢妾”“夫喜亦喜”是为人妻者的基本修养，通俗小说总是热衷于写妻子怎样为丈夫选美貌多才的妾，或把婢妾推到丈夫床上的情节，以此来表现女主人的美德。无妒的直接受益者是男人，他因此可以拥有一个多妻妾而又和平安宁的家庭。也就是说，女性献身崇高理想般的非人性的自我牺牲，其实际效果却是满足了男人最自私的欲望。被整个社会讴歌为无比高尚的女性禁欲行为，实际上只是为男人的纵欲提供了更多的机会，使自身成为更彻底的男性纵欲牺牲品而已。晚明的男性纵欲风气就是这样有赖于女性的禁欲风气而存在。由于女性的“贤德”，男人们得以广纳妻妾并自由地出入勾栏妓院；由于女性静处深院的“淑范”，男人们几乎不会有为妻妾背叛的后顾之忧。几乎所有的色情文学亦完全以男性为中心展开，而基本上听不到女性的声音。把一种完全没有女性主动参与，相反却是压抑女性的纵欲风气称之为人性的解放是可疑的。因此我认为，明清男性纵欲风气绝对不是简单的人性的解放，男性的较少性压抑状态，不是基于人们对性的认识达到了新的高度，而是通过对女性的非人道的压抑和禁欲获得的。牺牲女性，成全男性，男性以对女性残酷的性压迫而达到自己的解放和满足，这种解放不但不具有进步的意义，反而可以说是封建社会男性中心意识发展到极端之后所出现的可能导致两性关系窒息的现象。实际上，它阻碍了人性解放的进程。就这方面而言，明清时期禁欲风气与纵欲风气的并存可以说是并不矛盾的，而忽略了性别问题去简单地把明清时期称为人性解放时期或禁欲时期，显然不可能达到对明清时期性爱问题的真正认识。

同样，看待明清时期的同性恋风气也是必须严格注意性别问题的。其实，“同性恋”是近现代才进入中国的外来语，古代中国没有这样一个可兼用于男女两性的同性恋词语，人们通常称男性同性恋为“余桃癖”“龙阳癖”“断袖癖”等，而女性同性恋则有“对食”[①]等特用名词。表现男性同性恋关系的动词通常都带有明显的不平等色彩，如“嬖”“宠”“幸”，是上对下、主对仆、长对幼的关系；而表现女性同性恋关系则完全不用这类词语，多用平等意味的动词如“爱”“悦”“慕”等。在明清时期，女性同性恋的事例不是没有，但从来没有在社会上形成一种风气。它总是个别地、悄悄地进行着，更不可能出现女性同性恋卖淫活动或卖淫场所。明清同性恋风气中不包括女性同性恋，并且，男性同性恋风气的流行也谈不上对女性同性恋有什么影响，因为在明清时期的人看来，这根本是两类性质不同的问题。女性同性恋当时只能在畏惧和掩饰中进行，性爱是这种关系的最终目的，相恋的双方一般比较平等。而对当时的大部分男性来说，同性恋是一种可以公开的、寻求性刺激的娱乐活动，能通过金钱、权力、地位来获得。明清时期的男性同性恋可以被划分为主动的和被动的两个泾渭分明、不可混淆的阶层。主动阶层是有钱有地位者的阶层，他们追求刺激和满足；被动阶层是地位低贱、出卖肉体者的阶层，他们的同性恋活动更多的是出于屈从和逐利，并非真正对同性恋有兴趣，其目的是功利的而非性爱的。同性恋双方极不平等，并且社会舆论宽容主动方而歧视被动方。这种状况在明清时期是一贯的，也是为社

① “对食”一词最早出现在《汉书》，表示宫女之间的同性恋关系。后世“对食”亦用于指宫廷中太监与宫女的恋爱关系，见《万历野获编》卷六“内监·对食”。

会所肯定的。因此，明清男性同性恋风气始终是与卖淫联系在一起的，地位和金钱在男性同性恋关系中比性爱更为重要。这种种状况都与当时的女性同性恋大相径庭。如果以现代的同性恋概念来笼统地、不分性别地研究明清时期的同性恋状况，很多问题会变得似是而非，难以理出清晰的头绪。

性别问题是性史上的最基本问题，而在明清时期，由于男性中心意识的膨胀和女性禁欲风气的流行，历史上各种固有的矛盾被激化了，性别问题在这个时期是以极端的、浓缩的形式出现的，因而尤其具有代表意义和研究价值。

明清性爱观念的特性

自晚清西方的武力和文化一起进入中国，西方中世纪以来所形成的正统性爱观对中国士人的影响与日俱增，知识阶层普遍崇尚西方的浪漫爱情而鄙夷本国传统的性爱观念。随着西方文化的浸透愈趋深入，中国传统的性爱观亦随之愈趋淡化，各种文学艺术作品也都热衷于宣扬西式的浪漫爱情。性爱观念的西化使我们很多人顺理成章地以西方正统的观念来分析中国古代的性爱状况及评价相关的文学作品。其实，中西方传统中对性爱的理解存在极大的差异，它们在某些重要问题上的分歧使两者根本不能混同而论，不然就难以达到对中国古典作品内蕴的理解，褒扬时难免以西方的观念来拔高，而误解和武断的批判更在所难免。

情与欲的合一还是分离可能是中西方传统性爱观念分歧的焦点。在13世纪的欧洲，曾出现过一部在西方性史上产生相当影响的著作《效忠女人》，它是奥地利骑士兼游吟诗人尤里克晚年时对自己一生的情感生活和追求的真实记录。正如这部著作的书名所表达的，它的主题就在于表明效忠女人是男人的最大荣誉，而这种效忠必须是全身心的、持之以恒的，几近于宗教崇拜。一个男人为了达到这种爱情的理想境界，必须克服重重艰难险阻而没有一点自私心。尤其值得注意的是，这种性爱观念只强调效忠女人而鄙视占有女人，“想完全占有自己情人的人很少懂得或完全不懂得如何效忠女人”，也就是说这是一种排斥性欲、主张情欲分离的性爱观。尤里克在他的书中回忆了自己一生中为效忠女人艰苦备尝的经历，这几乎成了他毕生的事业，而出人意料的是，他的性生活却是与妻子一起度过的，他对情人的追求是一种纯粹的情感生活。他认为，性生活只是一种生理需求而已，爱情则比性行为美好得多，效忠女人与此无关，性与爱可以区分得很清楚。他并且认定一个人不可能集爱情与性欲于一身。①文艺复兴时期的伟大诗人但丁的情感经历同样是这种性爱观念的产物。但丁的大部分诗作中都会出现一位令人神往的女性贝阿德丽丝，但丁视她为自己毕生的真正恋人。据但丁自述，第一次

---

① 参见〔美〕莫尔顿·亨特：《情爱自然史》，赵跃、李建光译，林明校订，作家出版社，1988年，第171—187页。

见到她时他才九岁，立刻便满怀纯真、极其缠绵地爱上了她。但他一生从未与贝阿德丽丝说过一句话，而且也没有想过要这样做。他并不做什么努力与她见面，只是偶尔与她在街上邂逅过几次，至于与她之间的亲昵行为，他甚至连想也没敢想过。在但丁的心目中，贝阿德丽丝是那样纯美，就像一位女神、一尊纯粹的精神偶像，绝非一个有血有肉的女性。但丁在现实生活中有一位妻子和好几个情妇，但她们在但丁所有的诗作里从来没有被提及，他把爱情的冲动寄托在虚无缥缈的理想中，而那些真实地生活在他的物质世界中的女子，他认为与爱情并不沾边，对她们只有感激而已。

虽然西方文艺复兴时期之前的这种浪漫爱情观念在西方后来也时常成为小说家、戏剧家们挖苦嘲弄的对象，但它以其对爱情的浪漫理解而在西方产生了深远的影响。事实上，我们在文艺复兴之后的西方小说戏剧直至20世纪以来的好莱坞电影、六七十年代的电视剧中仍可发现它的影子无所不在，因为它反映了人们对理想的爱情境界的向往。但遗憾的是，西方文化却由此产生了情欲分离、情高欲低、情善欲恶的观念，尤其是通过与基督教教义的紧密结合，在人们的潜意识中形成了格外沉重的对性欲的恐惧。这种恐惧让人们对自身的欲望产生严重的负罪感和自卑心理。它造成了人们性心态的偏离，使人们相信性的价值只在于生育，而与生育无关的一切性形式都是邪恶的、不可容许的。西方中世纪以来对同性恋的极端敌视的态度便是一个富于说服力的例子。这种性爱观念的封闭性和虚伪性使它成了现代西方心理学家和性学家反思和批判的对象。

中国文化传统对性欲相对来说持接受和承认的态度。我们的传统性文化中始终没有发展出这种情欲分离的观念。在中国古代的小说戏曲中，情欲基本上是合一的（中国文学中情欲分离的现象出现在20世纪接受西方文化影响之后）。在小说最为繁盛的明清时期，那种尊情为至上、贬欲为邪恶的倾向或一味言情而无欲的作品是罕见的。明清时期的“情”这个字，其内蕴中就有性的因素，并且绝不可能把它从中剥离出去。《牡丹亭》常被评论者推为中国古代言情的代表作，汤显祖自己亦概括其主题云：“如丽娘者，乃可谓有情人耳。情不知所起，一往而深，生者可以死，死者可以生。”但《牡丹亭》中“情”的内涵是什么？很少有人深究过。其实，与其说它表现的是纯洁的爱情，不如说是火一般的青春欲望。杜丽娘的闺中幽情，是独处深闺的春愁，而不是对某一个具体的情人的思恋。杜丽娘一梦而死生以之，这个梦，是她青春欲望骚动的折射。丽娘在梦中与柳梦梅一见钟情，并且立即发生性关系，达到如痴如醉的性高潮，寂寞的少女从性的狂喜中感受到了生命的意义和价值。使丽娘生而复死、死而复生的正是这种情欲的力量。促使丽娘发生性的觉醒的，是一个男性，一个年轻而有蓬勃活力的男性，却并不必是某一个特定的柳梦梅。柳梦梅在杜丽娘的梦中其实就是性的象征，而绝非西方言情小说中那种女主角的惟一的灵魂伴侣。杜与柳的接触是性爱的接触，因此，他们彼此之间没有太多的了解或理解，一切语言却似乎都是多余的。《牡丹亭》中这种“情”的观念在中国古代是非常典型的，我们从“三言”“二拍”等大部分明清人情小说中可以发现它无所不在。

情欲并重而不纯以欲为邪恶，认为情与欲乃不可分割的整体，是中国传统性爱观念中最值得注意的合理内核。情欲合一观念在中国古代是一贯的。即使是仇视情欲的程朱理学，其对情欲的否定也是全盘性的，并无割离情欲、扬情弃欲的倾向。程朱理学否定所有人的私欲而彰扬天理，情当然不属于天理，因此哪怕是再纯粹的情，也应该扬弃，更何况在他们的思维中情欲从未分离过。我们必须注意的是，西方的情与欲和中国传统的贞节与淫欲是两组内涵完全不同的概念，贞节与爱情在中国古代不但没有太多的联系，并且根据正统的性爱观，它们也不应该有什么联系。贞节的概念是排斥情爱的，女子的殉夫或守节从理论上说主要不是出于情而是一种纯道德层面的行为。如果一个女子为了情而专贞不贰，那并非贞节，相反，在很多时候，那是违背贞节的。如《红楼梦》中贾母知道了黛玉为什么卧病不起时说“若是他心里有别的想头，成了什么人了呢！我可是白疼了他了”，因为在明清时期一个少女执着于情是会使闺门蒙羞的。当时的语境下，“情”是“淫欲”的一部分。因此从理论上说，贞节中不含有情的因素，明清社会中的贞烈女子亦绝非指那些执着于与丈夫的爱情的女子，而是指那些执着于婚姻和家族的名分或荣誉的女子。在程朱理学中，情不属于贞节而属于淫欲，所谓七情六欲，情与欲是统一的。所以清代的道学家不但视《金瓶梅》如洪水猛兽，认为以“意淫”为主的《红楼梦》亦同样误人子弟，绝大部分的禁书目都把《红楼梦》列为与《金瓶梅》一样的禁书。有意思的是，当西方传统的性爱观深入地浸透到中国文化中来时，《金瓶梅》在社会上因描写欲情继续被作为禁书，而《红楼梦》则因重“意淫”而备受推崇，很多评论者给予宝黛爱情以极高的评价，尤其陶醉于这段感情的“纯洁”；但应该说这只是评论者的理解，时代意识和风气的不同常会使古典作品的遭遇亦随之变化。其实，在曹雪芹的心中，情欲之分并不像现代人那样一清二楚，小说第五回警幻仙子对宝玉说：“好色即淫，知情更淫。是以巫山之会，云雨之欢，皆由既悦其色、复恋其情所致也。吾所爱汝者，乃天下古今第一淫人也。”《红楼梦》所写的是豪门贵族府第中少男少女的情恋，作者倾力于表现他们在当时文化背景下那种婉转深致的感情特点，书中没有多少色情描写，并不等于说书中所写的爱情是一种排斥性欲的纯粹的情。这虽然是一个简单的事实，但还是常常被人们有意无意地误解了。

明末清初的才子佳人小说写了不少一见钟情而又坐怀不乱的故事，但中国传统的情欲统一观念使它们没能发展为西方式的浪漫爱情故事，而是成了佳人重贞节守身如玉、才子“不敢做名教罪人”的道学教条的演绎。小说作者设置这样的情节要强调的不是他们的感情有多么纯洁，而是展示他们有多么重视礼教。才子佳人小说深受程朱理学道德观念的影响，这使这批言情小说给人以没有爱情只有婚姻的感觉。其中冰雪贞操、坐怀不乱的情节与西方传统的浪漫爱情的微妙区别是很值得注意的。同样的对性欲的排斥却来自两个不同的出发点——重礼教还是重爱情，辨明它们之间的微妙区别有助于我们更深刻地理解这两种性爱观念的不同。

文学作品中的女性形象向来是性爱风气中审美理想的焦点，比较中西方古典小说中的女性形象，我们可以发现一种有趣的矛盾交叉现象。在传统的西方，一方面，女性被尊为女神般偶像，男人以效忠女人为荣，对女性处处优礼有加是男性绅士风度的标志。但另一方面，女性却被认为不再应该有情欲的存在，她应该不懂得性的欢娱。西方研究资料表明，在20世纪之前，大部分的西方人不知道女性也会有性的快乐或性高潮，对于女性的性要求，他们的认识几乎是空白的。在西方，这种封闭状态一直到19世纪末20世纪初霭理士、弗洛伊德等性学大师出现才告结束。

中国古代的情况则刚刚相反，女性所必须遵循的“三从四德”，其基本前提就是女性是低于男性的性别，女性的人身自由和权利在明清时期都是非常有限的，她完全以家庭为中心，不能与丈夫及直系亲属之外的男性自由交往，与西方女性那种成为社交中心、受男人崇拜的状况相比，可谓相去霄壤。男士优先在中国古代是理所当然的，如果一个男人以西方绅士的礼让之风对待当时的女性，那么社会舆论不但不可能赞赏他有修养，反而会认为这是无大志、没出息的表现。相应地，明清言情小说中的女性形象绝大多数是温顺、谦卑和柔弱的，西方文学中富于光彩的傲慢冷酷、咄咄逼人的女性形象，在明清时期只能被与无礼、蛮悍联系起来而作为反面人物出现在小说中。然而值得注意的是，中国古代女性地位虽然低贱，传统的性学理论却一直正视女性性欲的存在，并很重视对它的研究。大量的古代性学典籍总是以很多篇幅（与描述男性的相等甚或更多）描述女性在性行为中的反应，以及怎样使女性获得性满足等技术问题。甚至于一些治家格言，也教导一夫多妻家庭中的男主人在性生活上要分配得当，不得宠此薄彼而使一些女性处于怨艾之中。[①]也就是说，作者认为女性的性要求是正当的、应该尊重的。除了程朱理学对人欲的普遍否定（既否定女性性欲，也否定男性性欲，并非一种特别的性别歧视）之外，中国传统文化通常认为女性虽低人一等，作为性存在却与男性组成相等的阴阳乾坤，两者相辅相成，无所谓主次优劣。在世界各种同期的性文化中，这可以说是一种相当开明的性观念。这种观念基于中国传统文化对情欲的正视和整体地把握，从更深的意义上来说，也是对人性的尊重和宽容。它使我们的先人在性的问题上往往比西方更通情达理一些，如对待同性恋的宽容态度就是一例。中国传统文化没有仇视同性恋如魔鬼或麻风病，而且基本上

---

① 参见〔荷〕高罗佩:《秘戏图考》,杨权译,广东人民出版社,1992 年,第 116 页。

不存在对它的歧视，虽亦有正统人士斥其败坏风俗，但那主要是针对同性恋卖淫活动而言的。绝大多数人对同性恋采取姑息听任的态度，同性恋在明清时期甚至蔚为风气，这些都是传统的基督教文化所不可想象的。

自19世纪后期西方的坚船利炮轰开了中国封闭的国门，西方的文化观念亦日益浸透到中国人的意识中，淡化了我们对自己的传统观念的记忆。一些性爱风气不仅在新的性爱观念建立之后迅速死亡，也使接受了西方性爱观念的人们完全忘记了这些曾有的历史现象。更为遗憾的是，对中国性爱传统研究的长期缺乏使现代中国人对自己性史的记忆变得非常混乱，产生了一个又一个误区。其中最为突出的例子是，很多人，包括我们的大众性报纸杂志，总是把西方传统的性爱观念如情欲分离、崇情弃欲、仇视同性恋等称之为我们“东方的传统美德”，并要求弘扬这些“传统美德”，以对抗西方现代道德沦丧的局面。一些报刊甚至断言中国人的同性恋比率天生就大大低于西方，同性恋如同艾滋病一样完全是外来的病毒，现代中国出现的同性恋事例是西方腐朽的资产阶级思想侵蚀的结果。在他们的印象里，中国传统性爱观念竟然是西方传统性爱观的翻版！这些说法颇使热衷于维护“传统美德”的人们感到庆幸和快慰，但可惜它只是一种错觉。事实上，“东方的传统美德”在性爱方面究竟包括些什么内容，我们大部分人心里并不清楚。

明清时期的性爱风气已经远离我们现代人的生活，蓦然回首，难免有生疏之感，但它们仍大量地保存在各种历史、文学、艺术的典籍中。从这些丰富的史料中爬梳剔抉，把历史上曾有的性爱风气尽可能客观真实地描述出来，便是本书作者的企望。我不想对所描述的历史现象作太多的评价，对于一种具有几千年悠久历史并且一度为世界上人口最为众多的国度所创造的文化来说，以现时代的某种理论去匆促地衡定其是与非，往往会失之莽撞。其实，文化及文化的差异也很难以优劣论，人们的是非标准随着时代的发展会不断地改换更动。在学术界，学者和评论家们论定历史时似是而非或似非而是的状况可谓比比皆是，但历史却是一种已然的客观存在，一任后人的褒贬而岿然不动。我想，对于历史，读者更需要的是真实而不是对它的颂扬或谴责，而对于一个研究者来说，真实几乎就意味着真理，为先人讳或厚诬古人都不是科学的态度。

第一章
明清时期的正统性爱观与节烈风气

作为明清社会正面的道德价值取向的体现，明清正统性爱观也许应该首先成为我们考察的对象。虽然明代往往被称为中国历史上资本主义萌芽或人性觉醒的时期，但正统的保守的思想在社会上仍具有不可低估的影响，某些方面且被推向极端，造成了中国历史上堪称空前绝后的妇女节烈风气。明清时期的正统性爱观可以说是这个时期各种性爱风气基本的思想文化背景，也是了解明清性史开放程度最重要的参照系。

明清两代的正统思想都是程朱理学，这种局面的形成，应该追溯到朱元璋的立国方针。程朱理学作为一种卓有成就、洋洋大观的哲学思想，在宋代并不很景气，只不过是一种思想流派而已。它真正兴隆且相关论著成为朝臣士林的必读之书，是从明初开始的。明自朱元璋开国，便极力推崇程朱理学。他确立朱注"四书"作为士人科举考试的范围和准则，也就是说，把它确定为科考的惟一教科书，使其成为所有士人必须认真研读、深入理解的著作。朱学对明代社会道德观念的巨大影响首先就有赖于官方的这一方针。同时不容忽视的是，永乐十二年（1414），朝廷指派众儒生开始纂修《五经大全》《四书大全》《性理大全》三部大书，这一工作标志着理学正式从民间走进官府，成为官方的正统的指导思想。程朱理学由此一跃而成为官学，取得了“唯我独尊”的正宗地位。

明中期以后，程朱理学的正宗地位因阳明心学的出现而一度动摇，嗜谈心性的阳明后学曾使士界几乎忘记了程朱之学，但在社会的底层，尤其是在妇女问题上，程朱理学依然是绝对的统治思想。明亡之后，经历了一番改朝换代的大动乱和激烈的民族冲突，百废待举之际，统治者敏锐地意识到新王朝的建立和巩固需要整顿风纪统一思想，程朱理学思想便又一次受到空前的强调。康熙皇帝曾“特命朱子升祀十哲之列”，乾隆皇帝则多次下诏将凡百书籍中“与程朱违悖抵牾，或标榜他人之处……即行销毁，毋得存留”。虽然作为哲学思想的程朱理学，此时在社会上已完全被僵化为伦理教条而走进死胡同，再没有什么思想上的新建树了，但官方的大力提倡确实使它在社会上产生了普遍的影响。

朱学的核心是人伦道德哲学，它与社会生活的紧密联系使它当然不会仅仅停留在纯思想的层面，而是切实地浸透到了人们的社会生活中，它为人们制定道德和行为准则，“存天理，灭人欲”成为当时社会道德思想的主宰，性爱当然是其中最为敏感的问题之一。明清正统性爱观就是运用程朱理学思想去分析评价现实生活中的种种性爱现象，推行一种合乎规范的性爱道德，它在相当大的程度上控制着人们，尤其是女性的性爱生活。而这些内容，主要不存在于理学的理论著作中，而是广泛地保存在明清时期民间的家规、闺训，以及通俗小说、文人笔记中。要考察有关问题，也只能首先从这些材料入手。

淫声美色，破骨之斧锯
——家规、闺训中的性爱观

家规、闺训在中国历史上可谓源远流长，从儒家“修身齐家治国平天下”的理论开始，建立一个合乎道德理想的家庭一直是中国士人重要的人生责任之一。《礼记》通常被称为中国后代家规、闺训的总纲要。早在汉代，班昭便写出《女诫》，奠定了中国闺训的基础。颜之推所撰《颜氏家训》是历史上最早具有系统性的著名家训，体现了中国传统士人的治家原则，对后世影响极大。但家规、闺训的泛滥却是在明清时期。明清两代上至皇帝皇后、公卿大臣，下至贫士、商家、农户，都曾写作过家规、闺训。几乎可以说每一个有财产或有文化的家庭都会有自己成文成册的家规。明代思想家刘宗周撰《人谱》、吕坤撰《闺范》数卷，更对这类家规作哲学上的思考。大约是考虑到风化的需要吧，雍正皇帝亲撰《庭训格言》《圣谕广训》，记录康熙皇帝治家训子的原则，在清代影响甚大。清代的一些出版商有感于家规在社会上的风行，便把古往今来的家训名著辑录成册出版，如《古训粹编》《课子随笔》《五种遗规》《传家宝》，这类丛书现存仍有约百种，洋洋大观，风行上下，成了治家的必备参考书。

明清浩如烟海的家规、闺训著作，其观点当然存在种种差异，或严厉，或通达；或道貌岸然，或乖巧狡黠。但倡扬正统，教导年轻好动的子孙们就范于既定的社会秩序，以期其在社会上顺利发展，是所有这类著作的共同宗旨。程朱理学作为当时一种占有统治地位的思想，在这类著作中体现得最为充分。从现在传世的明清家训看，它们的家庭背景多属仕宦之家或清门望族，作者则多为祖父一辈的年老而有权威的男性，因此，家训中总是连篇累牍地充斥着正统思想的说教。在意识的深层，它反映的往往是既得利益者的保守心态——对家族世代繁荣的渴望及对革新和异端的恐惧和排斥。同时，它还表露出鲜明的老人特征——对情欲的淡漠和对道德价值的极为夸张的强调，不自觉间流露出控制年轻子孙旺盛生命力的强烈欲望，虽然这一切是与他们希望晚辈能有一种更平坦更顺利的人生道路的良好愿望联系在一起的。当然，我们还必须注意，这类著作的作者基本上全是男性，故对男权和男性中心意识的维护总是受到特别的强调；少数闺训的作者虽是女性，但受男性中心意识影响太深，并且也只能在男性中心的话语背景下发表意见，因此基本上是站在维护男性的立场说话的。总之，明清家规、闺训是当时社会保守势力和保守思想的典型代表，在这里保存着明清社会最正统的性爱观、婚姻观和女性观。当然，由于其观念过于封闭严酷，在生活中实践起来往往不得不打折扣。

一、家　规

明清家规是在男权至上的基础上看待两性婚姻关系的，“夫者，妇之天也”似乎是天经地义的教条，因此，教育子孙保持自身的性别特权，谨防他们因溺于情爱而为妻妾操纵便成为家规中经常被强调的一个问题。与西方传统的以效忠女人为男性荣誉的观念截然不同的是，明清家规都教导他们的晚辈要能立起排斥儿女之情的英雄大志来，如明代《许云邨贻谋》：“男勿惑妇言。”[①]《家诫要言》：“深儿女之怀，便短英雄之气。”[②]《药言》：“夫为妻纲一语极吃紧”，“内勿轻信妇人言”[③]。刘宗周《人谱》甚至把“听妇言”视为五伦之“大过”。[④]

清代家规对这一点的强调与明代并无二致，如《蒋氏家训》：“不得溺妻子言。”[⑤]《孝友堂家训》讲得更彻底：“只不听妇人言，便有几分男子气。”[⑥]显然在这些家规看来，男性

---

① 〔明〕许相卿:《许云邨贻谋》页七,《丛书集成初编》第975册,中华书局,1985年影印本。
② 〔明〕吴麟征:《家诫要言》页一,《丛书集成初编》第976册。
③ 〔明〕姚舜牧:《药言》页二、页八,《丛书集成初编》第976册。
④ 参见〔明〕刘宗周:《人谱》续编三“纪过格”,同治戊辰刊本。
⑤ 〔清〕蒋伊:《蒋氏家训》页一,《丛书集成初编》第977册。
⑥ 〔清〕孙奇逢:《孝友堂家训》页四,《丛书集成初编》第977册。

在家庭中是绝对的一家之主，他不但不能与女性平等相处，而且在意识上要藐视女性、忽略女性，只有这样，才能显示最可宝贵的“男子气”。

当然光有这样的“男子气”还是不够的，他们还必须严格管教妻妾，如《庞氏家训》：

> 男子刚肠少，常偏听妇人言，离间骨肉，争长竞短，嫌隙横生。妇初入门，当先谕而禁抑之。教子婴孩，教妇初来，言当防之于早也。
>
> 小家婆妇往来，类多簸弄是非，窥窃饮食，甚或诱引祈卜，煽惑妇女，因而盗骗财物。当不时诘问，如无故往来者，重治而禁绝之。①

《呻吟语》：

> 闺门之中少了个礼字，便自天翻地覆，百祸千殃，身亡家破，皆从此起。②

《蒋氏家训》：

> 妇女挟制丈夫，凌虐婢妾，不敬翁姑，不和妯娌，虽女子秉性之恶，亦总是男子有以酿成之，故凡事不可使之专制。③

---

①〔明〕庞尚鹏：《庞氏家训》页七至页九，《丛书集成初编》第976册。

②〔明〕吕坤：《呻吟语·伦理》，周学熙辑：《古训粹编》第一册，民国周氏师古堂刊本。

③〔清〕蒋伊：《蒋氏家训》页四，《丛书集成初编》第977册。

确立男权的威信，可以说是明清正统性爱观的基础。女性在婚姻中必须绝对服从男性，而不能妄想与丈夫平分秋色，丈夫更不应该惑于情欲而放纵妻妾。

然而我们应该注意的是，正统理学性爱观在强调夫权至上的同时，也反对社会上可能出现的对男性性特权的放纵。相反，他们对男性性生活做了严格的限制，要求他们克制性欲，以维护家庭和社会的安定和秩序。这种努力首先表现在他们对夫妻名分的重视。虽然明清时期一夫多妻是合法的，社会上广蓄姬妾的家庭比比皆是，但几乎所有的家训都强调“一夫一妻是正理”“糟糠之妻不下堂”。刘宗周《人谱》尤其重视夫妇关系，他把夫妻反目、无故娶妾、私宠婢妾都列为五伦之大过，他认为夫妇既为五伦中之一伦，理应受到格外的重视，只有夫妇和睦，才意味着士大夫治家的成功。孙奇逢的《孝友堂家规》也把“好合以乐妻孥”作为治家的一条基本原则。[①]他们认为娶妾是为嗣续考虑，绝非希图声色之乐。姚舜牧《药言》指出：

> 一夫一妇是正理。若年四十而无子，不可不娶一妾，然中间却有个处法。不善调停，使妻妒而不容，妾悍而难驭，安望其生且育？[②]

---

① 参见〔清〕孙奇逢：《孝友堂家规》页一，《丛书集成初编》第977册。

② 〔明〕姚舜牧：《药言》页二，《丛书集成初编》第976册。

清初史典《愿体集》：

> 夫妇为五伦之始，结发乃父母所配。庙见之日，原冀昌衍吾宗，无何实命不犹，不得已而相夫置妾生子。①

这段话是很有代表性的。强调一夫一妻，其本义当然不是现代意义上的对女性的尊重，而是从有利于“齐家”这一原则发扬开来的。所有的家训都强调婚姻不是寄托感情之所在，更不能成为男性放纵情欲的场所。婚姻的根本目的在于嗣续香烟，每一个家庭成员为了维护家族的利益都必须克制私欲，尽可能地维护一夫一妇的状况，这样才可以最大限度地减少家庭的矛盾，避免因妻妾之间的嫉妒引起家庭混乱，妨碍生与育的顺利进行。

《庞氏家训》中的一段话把这个问题阐述得很彻底：

> 立妾为嗣续计，必不可已而后为之。嫡庶不同心，兄弟不同母，其间抵牾难尽言。若用情少偏，则是非蜂起，其流祸蔓延于子孙，或因而荡覆其家者亦多有之，此不可不慎图也。②

其实这也是明清时期正统性爱观常常与社会现实大相径庭的所在。事实上，一夫多妻是当时社会的主要婚姻形式，但凡家中薄有资财，男人们首先想到的便是置妾，往往与生育没

---

① 〔清〕史搢臣：《愿体集》，〔清〕陈宏谋：《教女遗规》卷下，民国周氏师古堂刊本。
② 〔明〕庞尚鹏：《庞氏家训》页七，《丛书集成初编》第976册。

有必然的联系，为生育而置妾更多的是小说中的借口。男性中心社会的那种对女性的占有欲和一夫多妻制的合法性使正统性爱观很难真正对男性的性爱生活产生太深刻的影响。面对这个无可奈何的现实，明清家规、闺训常常产生矛盾：一方面，家规疾言厉色地教育男性不得随意娶妾；另一方面，闺训则反复强调女性在性爱生活中的宽容和礼让，把“不妒”视为“妇德”的重要内容。这也可以说是家训类著作为调和两性婚姻的矛盾所做的努力吧。关于这个问题，我们在下面的“闺训”部分还要详述。

在重视夫妻名分的基础上，明清家规还都很重视妻妾之间尊卑高下的秩序，反对男性溺爱婢妾而冷落妻子。这一点在当时社会似乎成为人们的共识，法律亦给予肯定。明清两代，妾凌妻或丈夫纵妾虐妻均属犯法行为；而妻虐妾，只要不致人死命，那么就只会受到社会舆论的谴责，被斥为“妒妇”“悍妇”，却不会触犯律条而受处罚。《愿体集》载：

> 亦有嫡妻，素明大义，惟恐覆夫宗嗣，听其置妾纳婢。所赖为之夫者，严分正伦，不容陨越。幸而生有子女，必教以孝敬嫡母，庶几谨微于著之义。
>
> 若妾则娥眉得宠，遽干名分，妻则凄其冷落，视若赘疣，不独悖理灭伦，既获罪于名教。似此寡情薄德，扪心其能自安乎！①

---

①〔清〕史搢臣：《愿体集》，〔清〕陈宏谋：《教女遗规》卷下，民国周氏师古堂刊本。

家训对家庭重要性的反复强调，必然导致其对婚外性关系的反对，这也是明清时期家训中相当集中的重要条目。刘宗周《人谱》认为男人“好色”“狎妓”“蓄俊仆”“作艳词”都是有妨于伦常的罪过，清代张英《聪训斋语》则格外强调男人“制欲”的重要性：

> 嗜欲之心，如堤之束水，其溃甚易，一溃则不可复收也。①

《蒋氏家训》亦曰：

> 宜戒邪淫，家中不许留蓄淫书，见即焚之……不得延妓女至家。②

清代有过一卷篇幅不长的《戒淫录》，历数“淫”的种种危害，认为男人应自觉地杜绝一切婚外性关系。它分为八个部分，子目分别是“仕宦良箴、将帅宏规、儒林药石、宾师令范、旅客要经、黎民宝训、艺役警语、方外真诠”，认为纵欲是人生之大害，戒欲则无往而不胜，也可以说是这类家训的进一步演绎吧。

明清家训反对男性婚外性关系当然主要不是为了尊重女性，更多的往往是从男性本身来考虑的。除了礼教纲常之外，一个很实际的原因是，当时的人们认为纵情声色会销蚀男性

---

① 〔清〕张英：《聪训斋语》页一，《丛书集成初编》第977册。

② 〔清〕蒋伊：《蒋氏家训》页二至页四，《丛书集成初编》第977册。

的“元气”，从而直接危害到家族的嗣续和兴旺。“女人祸水论”总是把纵欲的结果描述得非常可怕，《阴符经》有言：

> 淫声美色，破骨之斧锯。[①]

《蒋氏家训》亦曰：

> 少年血气未定，戒之在色。刻削元气，必致不寿。甚至恶妓娈童，不择净秽，多致生毒，势必攻毒之剂投之，而此身真气，消烁殆尽矣。以是身婴疾苦，终为废人。出不得博一命之荣，入则贻父母之忧。[②]

这也是所有家训反对家族中男子到性娱乐场所的重要原因。

家训要求本家族男子杜绝婚外性生活、珍惜家庭，那么对别人家庭的尊重必然也成了一种公德，家训一般很重视这方面的教育。与西方古典小说对偷情津津乐道的状况截然不同的是，在中国古代，偷情是最受谴责的恶行，明袁黄《训子言》认为“失一妇女节”“破一人婚”的男子，其罪过都是不可饶恕的。不但如此，“受触一原失节妇”也是一种罪过。[③]《蒋氏家训》亦警告：

> 不得破人婚姻。[④]

---

① 王宗昱集校:《阴符经集成》,中华书局2019年版,第240页。

② 〔清〕蒋伊:《蒋氏家训》页二,《丛书集成初编》第977册。

③ 参见〔明〕袁黄:《训子言》页十五至十六,《丛书集成初编》第976册。

④ 〔清〕蒋伊:《蒋氏家训》页二,《丛书集成初编》第977册。

奴仆在古代社会虽低人一等，但家训要求主人尊重奴仆的家庭：

> 不得淫污家人妇。上下纲常，关系甚大，思之思之。[①]

明清家训这方面的教育对当时社会影响甚大。即使在晚明放荡的社会风气之下，色情小说中的偷情场面，也总是以谴责的口吻写出，让读者感觉这是溺于情欲的肮脏行为，罪恶感很强，丝毫没有像西方古典小说那样把偷情写得既痛苦又浪漫，似乎是真正爱情之所寄。这也可以说是明清正统性爱观影响社会生活的显证吧。

明清家训与性爱教育有关的还有一项重要内容，即“严男女之大防”的训条。血统的纯正、女性的贞操都是明清社会婚姻家庭生活最为重视的原则，由于这方面内容与女性关系更为密切，我们将把它放到下一部分“闺训”中来讲。

最后，我们还应该注意到一种在明清家训中并不普遍但却具有特殊意义的现象，也就是怎样处理一夫多妻制家庭性生活的问题。由于性生活是人欲的重要内容之一，它与正统性爱观“灭人欲”的要求很难统一起来，因此，大部分的明清家训对这个问题都是有意忽略避而不谈的，但仍有那么一些例外。明道教房中书《既济真经》的图册之末，有附录的残页，上书《某氏家训》，作者、日期俱阙，据考证乃明万历年间作品，其中有这么几段话：

---

①〔清〕蒋伊：《蒋氏家训》页六，《丛书集成初编》第977册。

> □□□□（阙四字，大概是“妻妾日劳”。——高注），督米盐细务，首饰粉妆，弦素牙牌，以外所乐，止有房事欢心。是以世有贤主，务达其理，每御妻妾，必候彼快□□□□□□□□也。
>
> 街东有人，少壮魁岸，而妻妾晨夕横争不顺也；街西黄发伛偻一叟，妻妾自竭以奉之，何也？谓此谙房中微旨，而彼不知也。
>
> 近闻某官内妾，坚扃重门，三日不出，妻妾反目，非也。不如节欲，姑离新近旧。每御妻妾，令新人侍立象床，五六日如此，始御新人，令妻妾侍侧。此乃闺阁和乐之大端也。
>
> 人不能无过，况婢妾乎？有过必教，不改必策，而策有度有数也。俯榻解裈，笞尻五下六下，下不过胯后，上不过尾间是也。间有责妾，每必裩裸束缚挂柱，上鞭下捶，甚至肉烂血流，是乃害彼害我，以闺门为刑房，不可不慎也！①

这几段文字很值得注意。作者当然是从男性的角度出发的，在一夫多妻的家庭，男主人怎样合理地安排与妻妾们的性生活是个棘手的问题，作者就此阐发了他的观点。文中以男尊女卑的原则驾驭妻妾的态度是明明白白的，它把妻妾视为一群没有独立人格的隶属者，而男主人作为管理者必须掌握管理的技巧，他不能出于感情倾向为所欲为。在作者看来，妻

① 〔荷〕高罗佩：《秘戏图考》，杨权译，第92页。

妾就是妻妾，并没有什么根本的区别，不应存在宠此薄彼的现象，并且必须让妻妾们自己明白这一点。这样才能做到“闺阁和乐”，达到家庭和睦的目的。就这方面来说，它谈的虽然是性生活的问题，却在强调节欲而不是沉溺于情爱，与正统性爱观在根本上是一致的。但这几段话还体现了中国古代在处理性爱问题上特有的人道主义精神——也就是它对女性性生活的正视和尊重，把女性性欲看作一种正当的要求。这种倾向其实在明清人情小说中是普遍存在的。但由于家训总要维持道貌岸然的形象，它很少被明确写出。这种现象，也许尤其需要后人细心体会。

二、闺　训

在明清时期，生育与性往往被视为女性的根本价值所在，因此性爱在女性问题中所占的比重总是比男性大得多。在读者对象主要为男性的家规家训中，与性爱相关的内容只占一小部分，讲得更多的往往是做人、求学、治家、理财以至祭祀等方面内容。而明清时期专门写给女性读的闺训，与性爱有关的训条一般占全部内容的半成左右，所以它也更全面地保存了明清正统性爱观的丰富内容。

中国历史上最早、最具系统性的闺训是汉代班昭的《女诫》，其中如“事夫如天”等几种基本命题一直为后代的女训所沿用。明清时期雨后春笋般涌现的闺训也大都是由这些命题阐发开来的，其范畴并无太大的扩展；但需要注意的是，由于它们与程朱理学思想的结合，节烈的要求被进一步加强了，有些命题被强调到了不近人情的地步。写作者往往极意鼓吹男性在婚姻性爱方面的特权而禁抑女性起码的人身权利，要求女性在性爱问题上无条件地谦让。应该说，这些闺训作品对明清妇女节烈风气的形成和深入影响最大。

（一）冰雪贞操与节烈风气

我们可以从几个大的方面来把握明清时期闺训中的性爱观念，而贞节问题应该是其中的首要问题。几乎所有的闺训都要强调贞节问题，它与当时社会的节烈风气关系至为密切。明清闺训普遍认为，贞操是女性的立身基础，稍有玷污便不成其人，如吕坤《闺范》提出：

> 女子守身，如持玉卮，如捧盈水，心不欲为耳目所变，迹不欲为中外所疑。然后可以完坚白之节，成清洁之身。何者？丈夫事业在六合，苟非渎伦，小节犹足自赎。女子名节在一身，稍有微瑕，万善不能相掩。①

《药言》认为：

> 女人最污是失身。②

清《醒闺编》亦云：

---

①〔明〕吕坤：《吕坤全集·闺范》卷二，王秀梅、王国轩整理，中华书局，2008年，第1466页。
②〔明〕姚舜牧：《药言》页三，《丛书集成初编》第976册。

> 一须要守贞节，稍有差池最可轻。你要想妇女身如珠如玉值千金，倘不正，最可丑，人人把你当猪狗。害丈夫无脸面，婆家娘家都抱怨。你儿子怎出头？父母含羞公婆愁。有亲戚，不认你，家门恐怕人提起。九族恨，六亲嫌，实是不值半文钱。你祖宗，被人骂，茶前酒后当笑话。宁饿死，莫下贱，为娼定把畜生变。故朝廷，重节烈，守身端严第一德。①

说得最为彻底的，大约要数乾隆五十二年（1787）出版的李晚芳《女学言行纂·四德篇》：

> 〔女子〕谨护其身如执玉，如捧盈，如临大敌，如防小窃。可生可杀，可饥可寒，而不可使偶涉于不义，稍玷于不洁。值变不得从权以偷生，不得惜死以改节；处常则一念不可苟，一步不可苟。②

简单地说，贞操是女性一生中最珍贵的东西，为了维护贞操，不但穷困、灾难无所谓，甚至付出生命也在所不惜。女子平日家居，非但言行要严自检束，并且要做到在意念上斩草除根，不萌发一丝杂念。程颐“饿死事小，失节事大”的概念显然被进一步深化了。

那么，明清时期女性的贞操包括哪些具体的内容呢？从当时的社会生活来看，它主要是指严男女之大防和女子从一

① 〔清〕廖免骄：《醒闺编》之十九“讲四德”。

② 〔清〕李晚芳：《女学言行纂·引证妇德》，谧园藏版。（本书正文所引文献中凡用六角括号注者，均系本书作者补入而非文献原有。——编辑注）

而终这两个方面。这两个原则在中国古代其来有自，但在明清时期都被大大地强化了，考察它们的具体内容，其实也就是了解明清妇女节烈风气的主要内容。

严男女之大防　男女授受不亲是中国古代社会生活的一贯原则，《礼记·曲礼》就曾提出“男女不杂坐，不同施枷，不同巾栉，不亲授”。维护家族血统纯正和把女性视为私有财产的观念使我们的古人很早便开始限制女性的社会生活，但在程朱理学思想的影响下，授受不亲已不能满足社会对妇女节烈的严格要求，人们制定了更多更彻底的隔绝男女的措施，于是，男女授受不亲的原则在明清家规闺训中也更多地为“严男女之大防”的概念所代替。

严男女之大防是对男女授受不亲的深化，这首先表现在隔离男女的时间被提早到还远不知男女之事的年龄。大约是为了防微杜渐吧，明清时期的家长在子女的幼儿期便要培养他们男女之间严格区别、授受不亲的观念，并实施种种措施隔离他们。早在元末明初的《郑氏规范》中，就立下了这样的规矩：

> 女子年及八岁者，不许随母到外家，余虽至亲之家，亦不许往。①

《庞氏家训》把年龄提得更早：

---

①〔元〕郑太和：《郑氏规范》页十七，《丛书集成初编》第975册。

女子年六岁诵《女诫》，不许出闺门。[①]

《温氏母训》认为：

贫家无门禁，然童女倚帘窥幕，邻儿穿房入闼，各以幼小不禁。此家教不可为训处。[②]

不少家规更认为女童不仅不能到亲戚或邻居家串门，在自己家里亦应与亲兄弟隔离，严闭深闺。明《杨忠愍公遗笔》认为：

居家之要，第一要内外界限严谨。女子十岁以上，不可使出中门；男子十岁以上，不可使入中门。[③]

《蒋氏家训》曰：

儿女长至十岁以大，兄妹姐弟，即不得同房而居，合席而食。[④]

孩子如此，成年女性当然更得严加检束了。明《宋氏家要部》曰：

男不言内，女不言外，皆以居室为之限耳。古人不亲授受，不共湢浴，正所以避嫌也。为家而无内外以别之，男女杂处，则与禽兽不远矣。[⑤]

---

①〔明〕庞尚鹏：《庞氏家训》页五，《丛书集成初编》第976册。
②〔明〕温璜：《温氏母训》页二，《丛书集成初编》第976册。
③〔明〕杨继盛：《杨忠愍公遗笔》页五，《丛书集成初编》第976册。
④〔清〕蒋伊：《蒋氏家训》页五，《丛书集成初编》第977册。
⑤〔明〕宋诩：《宋氏家要部》卷二，页八，《北京图书馆珍本丛书·子部》。

《庞氏家训》曰：

> 娶妇初归，惟谒祠堂见舅姑，次及本房有服亲属，不得概见他姓诸亲。[①]

《许云邨贻谋》甚至要求：

> 女妇日守闺阁，躬习纺织，至老勿逾内门，下及侍女，亦同约束。[②]

也就是说，女性其实一辈子都要过一种软禁的生活。一些大户人家为此专门立下烦琐的规矩，如《庞氏家训》中的规定：

> 僮仆十四岁以上，不许入后厅，凡内外传呼，击云板或木鱼。[③]

这套程序不能不让人联想到监狱。《杨忠愍公遗笔》中的一段话把这种意思表述得更为明白而切实：

> 〔家中〕院墙要极高，上面必以棘针缘的周密，少有缺坏，务要追究来历。如夏间霖雨，院墙倒塌，必即时修起。如雨天不便，亦即时加上寨篱，不可迁延日月，庶止奸盗之原。[④]

可谓防妇如防贼。为了保证女性的贞操，使其完全失去了人

---

① 〔明〕庞尚鹏：《庞氏家训》页四，《丛书集成初编》第976册。
② 〔明〕许相卿：《许云邨贻谋》页六，《丛书集成初编》第975册。
③ 〔明〕庞尚鹏：《庞氏家训》页八，《丛书集成初编》第976册。
④ 〔明〕杨继盛：《杨忠愍公遗笔》页五，《丛书集成初编》第976册。

身自由，与外面的世界隔绝，在深院中度过一生。如果一个女人不幸成了寡妇，那么遭软禁的程度也将更加严重，《温氏母训》就指出寡妇必须比普通女人更为检点自己的行为：

> 凡寡妇，虽亲子侄兄弟，只可公堂议事，不得孤召密嘱。寡居有婢仆者，夜作明灯往来。①

寡妇既要与男性严格隔绝，同时她的一切都应该是公开的，要做到“事无不可对人言”，不得有丝毫隐私。

明清社会舆论非常重视“男女大防”，往往把它作为衡量家庭教养和女子闺范的标准，虽然由于家庭经济状况的不同，女性与男性隔离的程度亦因之而异，但人们普遍把它视为重要的道德原则。为了更好地在社会上立足，家庭和女子本身都尽可能地履行这一规矩。

从一而终 早在汉代，班昭《女诫》便提出：“夫有再娶之义，妇无二适之文。”但中国历史上妇女再嫁毕竟是一件很普遍的事，只有到了明清，再嫁才真正成为女性难以为社会所容许的污点，而守节和殉夫得到了全社会的赞扬，被视为女性德行的最高境界。

妇女从一而终是明清整个社会的普遍现象，不但在大户人家守节是理所当然的，其影响更直达因夫死而为衣食所困的下层妇女，即所谓“忠臣无二主，烈女无二夫”。这种社会

① 〔明〕温璜：《温氏母训》页一，《丛书集成初编》第976册。

道德价值取向使明清两代出现了中国历史上未曾有过的严重的妇女节烈风气，官方和民间都对此给予极高的评价，旌表、修节烈牌坊、建烈女祠并载入方志，节烈妇女成为当时惟一能得到社会承认的享有极高荣誉的女性。因此，明清时期节妇烈妇的数量非常惊人。据《古今图书集成·闺媛典》中“闺烈”“闺节”两部的不完全统计，在明代，有事迹小传、有姓名可考的节烈妇女竟达五万八千多人。清代统治者对此做得特别认真，除了像以前那样给个别节妇银两修建牌坊之外，又命在各地建立节孝坊，表彰所有的节妇。并放宽表彰条件，原定五十岁以上故去的寡妇才能申请旌表，改为四十岁以上而已守寡十五年的。①几年后，又以有的官员不认真执行，下令把建立节孝祠的情况作为卸任交代的一项内容。在这样的政策下，旌表节孝成了地方官的一件要务。常熟县把西洋天主堂改为节孝祠，储放节妇、烈妇、孝妇、贞女的牌位。吴江县于乾嘉道间建立贞节坊七座、旌节坊五十座。有的宗族祠堂也给节烈妇女建立祠宇，并在家谱上大书她们的事迹。清代受到旌表的妇女很多，自开国到《古今图书集成》编成的百年间，节妇烈女即达七八千人。而在某些节烈之风尤为严重的地区，统计数字更加触目惊心，如在贞节牌坊林立的徽州，有清一代该地区的节烈妇女竟有六万五千零七十

① 参见《清世宗实录》卷四“元年二月癸亥”条、卷一二“十二月甲寅”条，冯尔康:《清代的婚姻制度与妇女的社会地位述论》,《清史研究集》第五辑，光明日报出版社，1986年。

八位！比《古今图书集成》所记载的明代节烈妇女全部加起来的数量还要多。上海县在同治之前旌表的节烈妇女已达三千多人。[①]在信息不通、人口稀少、文化落后的古代，节烈妇女所占的人口比例显然是惊人的。应该注意的是，这些节烈妇女入选的标准都是很高的，能受表彰、载入方志的，大多是年纪很轻开始守节、守节时间达几十年之久、断指割股以疗丈夫或公婆之病、殉夫等，具有常人难以想象的毅力和勇气的妇女，而那些衣食丰足、三十岁以后才守寡的妇女是不会被选入这个行列的。更何况还有不少下层的节烈妇女由于无人替她们申报而被漏载。清姚元之《竹叶亭杂记》卷七记载了这样一件事：

> 道光十一年辛卯，海口潮涌，江水因之泛溢，自江西以下，沿江州县被灾……大水时，一女子避未及，水几没腰。有一人急援手救之，女子乃呼号大哭曰："吾乃数十年贞节，何男子污我左臂。"遂将同被灾者菜刀自断其臂，仍赴水而死。惜不知姓氏，恐天下穷而贞者似此湮没不少也。[②]

这位节烈妇女的事迹不可谓不壮烈，其姓名却未能传世，那么可以想象其他出于坚强信念而有出众事迹的节烈妇女，遭埋姓没名者必定也是很多的。

明清社会上出现了许多匪夷所思的妇女节烈事迹，当时

---

① 参见《同治上海县志》卷二七“烈女传序”。

② 〔清〕姚元之：《竹叶亭杂记》卷七，中华书局，1982年，第152页。

的文人笔记往往很乐于记载和表彰这类轶事，因而现存的有关材料十分丰富。写作于乾隆末年的曾衍东（七如）的《小豆棚》卷一中写了不少出奇的节烈行为，姑录一则：

> 文登成山张烈妇，同邑孙士奎之妻。适孙后，不数载，孙岁试入郡，染疾甚危，烈妇闻之，即欲以死自决。未几，孙病小愈，归。然日抱沉疴，奄奄在床第。烈妇焚香告天，乞代夫死，不得死。烈妇左右药炉。五年，昼夜不少懈。孙病愈，而烈妇劳，无子，为孙纳妾。丙子，孙疾复作，烈妇日夜悲号，欲先引颈以报夫子于地下。孙曰："妾有娠，倘得育男，我死之后，孤谁与守？"烈妇遵夫命，又不死。是月，果举一男。孙病又瘥已。冬十一月，疾大惭，不复可治。烈妇以抚孤故，不敢死……甲申盗起，人民逃窜。烈妇仰天叹曰："未亡人从人避乱乎？此我死时矣！"遂绝粒不食……竟瞑目含笑死。①

这类故事在明清笔记中可谓俯拾皆是，它所标榜的是女性极端的"无己"，似乎女性的生命存在没有任何个体价值，她的生命价值完全附着于她所嫁的男人，而这种婚姻的价值甚至被认为比女性的生命更为重要，如果婚姻的主人——丈夫亡故，那么她的生存也就失去了实际意义。明清时期的人们对于这种道德价值常常怀有不可动摇的信念，从一而终成了女性性爱生活最重要的原则，丈夫与丈夫家族的延续成了女性生命的终极目标。女性生命历程中的一切努力都是为了他人

① 〔清〕曾七旭：《小豆棚》，南山点校，荆楚书社，1989年，第17—18页。

而没有自己，或者说，她自己的努力目标必须是与丈夫的目标合一的。关于这方面，明代嘉靖间名臣杨继盛在给他妻子的绝笔信中讲得十分明白：

> 妇人家有夫死就同死者，盖以夫主无儿女可守，活着无用，故随夫亦死，这才谓之当死而死。死有重于泰山，才谓之贞节。若夫主虽死，尚有幼女孤儿，无人收养，则妇人一身，乃夫主宗祀命脉，一生事业所系于此。若死，则弃夫主之宗祀，堕夫主之事业，负夫主之重托，贻夫主身后无穷之虑，则死不但轻于鸿毛，且为众人之唾骂，便是不知道理的妇人。①

也就是说，丧夫的妇女是生存还是死亡，决定权并不在妇女自身，而是由丈夫的家庭状况决定的。如果丈夫上有老母，下有遗孤，那么她必须代替丈夫担负起养家糊口的责任。反过来说，如果丧夫之后她没有任何家庭负担，不殉夫便有苟且偷生的嫌疑。当然，这种理论在明清社会更多地以观念的形态存在而难以在实际生活中普遍实践。但作为一种对民众影响最大的正面的女性价值观，它对当时社会狂热的妇女节烈风气的形成和深化，对妇女的奉献或自我牺牲意识的强化，无疑起了很大的作用。

随着妇女节烈风气的发展，节烈的标准越提越高，社会上不但出现了殉夫的烈妇，更出现了殉未婚夫的未婚烈女；

---

①〔明〕杨继盛：《杨忠愍公遗笔》页一，《丛书集成初编》第976册。

不但守节现象非常普遍，还出现了许多未婚女子为亡故的未婚夫守贞的事例。所谓“一女不吃两家茶”，时人认为既然许字于人，则夫妻名分已定，理当从一而终，未婚夫死去，亦应为他坚守贞节。守贞现象在明清两代受到社会的高度敬仰，有关事例被载入各种史籍、方志和笔记。在这些情节大同小异的事迹中，守贞的妇女怀着对从一而终不可动摇的信念和坚强的人格力量走过了她们与人性相悖的禁欲的一生，以生命作祭品奉献给男性中心意识。而这种守贞与个人的情感没有任何联系，即使她的未婚夫品行恶劣，她亦心甘情愿。陈洪谟《治世馀闻》中的一段记载很有代表性：

> 乙丑松江刘知府琬上疏旌表一节妇，乃华亭张尚书蓥少子未婚之妇也。少子某，事游荡，与娼狎，被惊得心疾，遂不起。某原聘京卫赵指挥某女，没时张为御史，居忧于家，即具书慰报于赵，令其别议。赵得讣，报其女。女曰：“千里之音，真伪未可知。纵有凶说，而此身已生死系于张氏矣。”赵夫妇素知其女至信，虽有媒妁来议，然不敢许。逾年，公服阕之京。赵往探之，且告以女之言。公恐负其女，备仪令夫人往慰之，女但唯唯。越数日，女告其母曰：“彼既来慰我，则尽礼。母亲可率儿往展谢之，虽未及睹夫仪容，得拜翁姑，亦名分中事。”父母是其言，即具礼母子偕往。女留张舍，卒不肯归，曰：“既已身许张氏，夫死命也，决无他议。留此以事舅姑，尽妇之道。”谓母但归，母不咈其言，如其志。女时年十八，张与夫人别设一室，令夫人与俱。既而足不外履，慈惠婉顺。张夫人亦尝论其可

> 嫁之意，女曰："有死而已。"是夕自缢，几绝，赖救免。自是决不敢道。四方士夫多为文以纪之。[①]

这位张姓女子对当时社会的道德原则无疑怀着一种宗教般的热情，她生活在排除私念、献身理想的信念之中。男性中心社会对这种惊人之举嘉许备至，推之为名教风化之楷模。这类事迹在明清两代层出不穷，并且其行止越来越难以为常人之所能及。《郎潜纪闻二笔》载婺源程光家女儿，未婚夫死时才十五岁，本欲殉之，经父母劝止，到夫家守贞，从此不事妆饰，四十二载不下楼，左宗棠为之书"此楼千载"四字予以表彰。[②]当时人们普遍认为女性的这种自我奉献精神是无比高尚、无比神圣的，贞女、烈女是全社会最为崇拜和尊重的女性。同时这也意味着女性只有严格克制自己作为人的基本人性要求而无私地效忠、顺从以至奉献生命给男性社会，才会被认为是合乎道德要求的，才有可能得到社会的承认并获得荣誉。

节烈妇女既获得官方和社会舆论如此高度的嘉奖，当然也就会有宗族甚至父母鼓励或强迫女儿殉夫完节以希宠邀誉，如《儒林外史》中那位极力怂恿女儿殉夫并流泪称赞女儿"死得好"的腐儒，在当时社会是具有典型意义的。而这种现象在某些地区甚至非常普遍：

① 〔明〕陈洪谟：《治世馀闻》下篇卷四，中华书局，1985年，第64—65页。

② 参见冯尔康、常建华：《清人社会生活》，天津人民出版社，2024年，第467页。

> 福州旧俗，以家有贞女节妇为尚，愚民遂有搭台死节之事。凡女已字人，不幸而夫死者，父母兄弟皆迫女自尽。先日，于众集处搭高台，悬素帛。临时设祭，扶女上，父母外皆拜台下。俟女缢讫，乃以鼓吹迎尸归殓。女或不愿，家人皆诟詈羞辱之，甚有鞭挞使从者。此风省城尚少，乡镇间虽儒家亦有之，盖藉以请旌建坊，自表为礼教家也。①

俞正燮《癸巳类稿》中谈到殉夫问题时亦引证福建流行的一首民歌曰：

> 闽风生女半不举，长大期之作烈女。婿死无端女亦亡，鸩酒在尊绳在梁。女儿贪生奈逼迫，断肠幽怨填胸臆。族人欢笑女儿死，请旌藉以传姓氏。三丈华表朝树门，夜闻新鬼求返魂。②

这种惨无人道的现象，也是节烈风气发展的必然结果——在道德的崇尚之外，掺杂着显而易见的功利色彩。而无论如何，妇女永远是牺牲品和被压迫者的角色。

（二）事夫如天

明清闺训，开篇明目，总不外乎三从四德，其中“三从”——从父、从夫、从子，其中与性爱观念密切相关的当然是从夫了。从《礼记》“夫者，妇之天也”开始，事夫如天

---

①〔清〕施鸿保：《闽杂记》，〔清〕王锡祺辑：《小方壶斋舆地丛钞》第九帙，杭州古籍书店，1985年影印本，第122页。
②〔清〕俞正燮：《癸巳类稿》卷一三《贞女说》，商务印书馆，1957年，第495页。

就成了中国古代女性生活中的又一个重要原则。班昭《女诫》认为："夫者，天也。天固不可逃，夫固不可违也。"它对后代女性在婚姻中的身份和态度影响甚大。明清闺训非常重视这一原则，对它的强调逐渐走向极端。

夫权至上是明清所有闺训反复强调的，明嘉靖间吕近溪《女小儿语》指出：

> 夫是你天，不可欺心。天若塌了，那里安身。①

《庞氏家训》认为：

> 事夫如天，倚为钧轴。②

如果说对这些教条还略嫌抽象的话，那么吕坤《闺范》卷三中的一段话就讲得明白多了：

> 妇人者，伏于人者也。温柔卑顺，乃事人之性情；纯一坚贞，则持身之节操。

清代李憩亭《绣阁金针》的要求则更为具体：

> 闺门之内，相敬如宾。同甘共苦，守富安贫。事无大小，不自主张，柔声下气，与夫商量。
>
> 夫君动怒，打骂相加，受之而已，不敢怨嗟。闺中有

---

①〔明〕吕近溪：《女小儿语》，〔清〕陈宏谋：《教女遗规》卷中，民国周氏师古堂刊本。

②〔明〕庞尚鹏：《庞氏家训》页十二，《丛书集成初编》第976册。

> 妾，不须争闹，夫或偏心，妾如越礼，听命于天，反求诸己。①

在这方面，写得尤其苦口婆心、絮絮叨叨如拉家常的当推后来被收入《香艳丛书》中的《新妇谱》。此书题为陆景宣撰，但我们从乾隆七年（1742）刊出的陈宏谋《教女遗规》中发现一本清初人唐彪所撰的《人生必读书》，其构思及大部分文字都与《新妇谱》相同，后者不过是更为通俗易懂，加了更多的语气词而已。这部闺训是以父母教育将要出嫁的女儿的口吻写作的，对女性克己的要求达到了无以复加的地步，它要求女性取消自己的一切独立性、个性以至自尊自重的正常心态，要求女性要有寄人篱下的自觉意识，处处低声下气：

> 夫者天也，一生须守一敬字。新毕姻时，一见丈夫，远远便须立起。若晏然坐大，此骄倨无礼之妇也。稍缓，通语言后，则须尊称之，如相公官人之类，不可云尔汝也。如尔汝忘形，则夫妇之伦狎矣。凡授食奉茗，必双手恭擎，有举案齐眉之风。未寒进衣，未饥进食。②
>
> 丈夫有说妻不是处，毕竟读书人明理，毕竟是夫之爱妻，难得难得。凡为妇人，岂可不虚心受教耶？须婉言谢之，速即改之。以后见丈夫，辄云："我有失否？千万教我。"彼自然尽言，德必日进。③

---

①〔清〕李憩亭：《绣阁金针》，光绪三十三年信德堂刊本。

②〔清〕陆圻：《新妇谱》，〔清〕虫天子编：《香艳丛书》，人民文学出版社，1992年，第730页。

③〔清〕陆圻：《新妇谱》，〔清〕虫天子编：《香艳丛书》，第731页。

女性必须随时意识到自己乃有仰于夫者，夫妻之间不惟身份地位不可能平等，人格上也是绝不能平等的。

（三）妇容不必颜色美丽

闺训中，对女性“四德”，即妇德、妇言、妇工、妇容的要求很多，其中妇德的内容非常广泛，包括我们上面谈到过的贞节、从夫等；妇言、妇工谈的主要是怎样处理人际关系及谋生手段等问题，与性爱较少联系。我们需要注意的是对“妇容”的理解。与明清小说中描写的才貌出众的小姐及人们对妇容的想当然理解不同，明清闺训在谈到“妇容”时，几乎都会强调“妇容不必颜色美丽也”，进一步来说，它要求的不是美色而是尽可能地掩蔽女性的美色，使女性生活中更少性爱的内容。明《药言》认为教育女人应该“一教其缄默，勿妄言是非；一教其简素，勿修饰容仪”[①]。李憩亭《绣阁金针》对妇容的解释最为具体：

> 举止端庄，威仪不失。妇贵贤良，不须打扮。衣服清幽，梳妆雅淡。足宜稳重，手贵谦恭。切莫翘脚，最忌挺胸。坐毋展腿，立莫摇身。止毋倚物，行莫窥人。
>
> 女子出门，不轻举足。拥面以巾，夜行以烛。平居无事，静处深闺。堂前少到，户外无窥。勿听淫声，勿视邪色。兄弟虽亲，坐莫同席。古之男女，授受不亲。不通言语，此礼须遵。[②]

① 〔明〕姚舜牧：《药言》页三，《丛书集成初编》第976册。

② 〔清〕李憩亭：《绣阁金针》，光绪三十三年信德堂刊本。

《新妇谱》则讲得十分简明：

> 立必拥面，行必屏人，此不易之程也。[①]

显然，所谓妇容绝不是要求女性注意修饰打扮，相反，是要求女性尽可能自觉地减少对异性的吸引力。这些妇容教条一般包括两个要点：其一，妇女平居亦须拥面屏人，抛头露面容易引起男人想入非非，因此，尽可能地掩蔽隐藏自己而不在人前露面，是妇女在容止方面的基本修养。其二，女性在衣饰举止方面要尤其注意掩蔽自己外形上的性特征，衣饰已不可炫目，挺胸展腿之类，容易使人产生性联想，尤属禁忌。值得注意的是，这些教条对明清社会的女性审美趣味产生了深刻的影响，它不仅体现在衣饰举止等表层的东西，随着岁月的嬗递，这些教条背后的正统性爱观逐渐树立起明清人对女性的特有的审美理想。《红楼梦》第六十五回写荣国府里的下人见了林黛玉、薛宝钗不敢出气，“是生怕这气大了，吹倒了姓林的；气暖了，吹化了姓薛的”[②]，正是这种审美趣味的典型体现——柔弱和冷漠是最令明清士人心动的女性美。如果说小说的描写毕竟还属抽象的话，绘画则把这种趣味表现得非常直观和充分。从仇英、唐寅等著名人物画家的作品到各种明清通俗小说的插图，其正面的女性形象普遍有低头、

---

① 〔清〕陆圻：《新妇谱》，〔清〕虫天子编：《香艳丛书》，第726页。

② 〔清〕曹雪芹：《红楼梦》第六十五回，人民文学出版社，1982年，第936页。

含胸、敛眉、闭唇、藏手足的特征，弱不禁风的形体加上无限幽怨欲言又止的神态，表现出一种鲜明的女性形体羞耻感和掩蔽自身女性性特征的愿望，给人以见不得人的感觉。汉唐人物画中女性的那种丰腴的体形、雍容的气度、自信的表情和游春时昂首马上的神采、男女杂处时的自在至此已完全消失，相反，身材高大、昂首挺胸、高声朗笑、举止随便在小说里通常是丑女或反面女性形象的特征。应该说，这种审美理想和趣味的背后，是明清两代的严重的女性禁欲风气。对女性的人性的否定和对克己、禁欲的提倡，在潜移默化中也改变了人们对女性的审美要求。

（四）无　妒

与明清家训中强调男性无子方可纳妾的要求稍有不同，几乎所有的明清闺训都提及妻子应无条件地宽容丈夫的婚外情，不但不该阻止，而且应当主动提出为丈夫纳妾。也就是说，允许自己丈夫身旁其他女人的同时存在而且表示欣悦和友好，是作为妻子的基本修养。清《女学言行纂》：

> 为妻之道，使其众妾皆得欢忻于其夫。①

清《醒闺编》亦云：

> 好妇人，细思量，无儿劝夫娶二房。妾进门，要贤惠，

① 〔清〕李晚芳：《女学言行纂·事夫子之道第三》，谧园藏版。

待他如同亲姐妹。①

就当时的历史背景来说，这些劝勉之言还都十分平常，在强调女性克己的同时，也有设身处地考虑女性客观环境的因素：一夫多妻的婚姻制度决定了当时的女性只能苟存于其中而不得不委曲求全。但更有一些闺训把“无妒”提到了天经地义的道德高度，《新妇谱》是这种倾向的典型代表：

新妇成婚后，数年无子，或丈夫不耐，或公姑年老，急欲得孙，须及早劝丈夫娶妾，或饰婢进之。即已既有子，而丈夫或更欲置妾，以广生育，无非为新妇代劳替力之人，自当欢忻顺受。②

娶婢买妾，俱宜听从，待之有礼，方称贤淑。③

恩礼须优，夫喜亦喜，情同姐妹。妒在七出之条，稍形辞色，便不成人矣。④

风雅之人，又加血气未定，往往游意倡楼，置买婢妾。只要他会读书，会做文章，便是才子举动，不足为累也。妇人所以妒者，恐有此辈，便伉俪不笃，不知能容婢妾，宽待青楼，居家得纵意自如，出外不被人耻笑，丈夫感恩无地矣，其为胶漆不又多乎？⑤

---

①〔清〕廖免骄：《醒闺编》之九“为妾妻”。
②〔清〕陆圻：《新妇谱》，〔清〕虫天子编：《香艳丛书》，第742页。
③〔清〕陆圻：《新妇谱》，〔清〕虫天子编：《香艳丛书》，第733页。
④〔清〕陆圻：《新妇谱》，〔清〕虫天子编：《香艳丛书》，第742页。
⑤〔清〕陆圻：《新妇谱》，〔清〕虫天子编：《香艳丛书》，第732页。

〔丈夫〕座挟妓女，皆是才情所寄，一须顺适，不得违拗。①

这类文字的根本点变成了宽容男性的不道德便是女性的道德，女性不但要顺受丈夫置妾狎妓，还要表示欢忻，与丈夫身旁的新人“情同姐妹”，甚至“饰婢进之”，为了男性的纵意自如，女性竟被要求如此地扭曲自己的自然人性！女性在婚姻和性爱中自尊和排他等正常且基本的要求被肆意践踏，所谓“贤淑”这样的赞美之词，其实际效果竟然是为了满足男性的最自私的欲望！传统的男尊女卑观念至此极矣，男性中心意识对女性的残酷的性压迫在这个教条里得到了充分的体现。

无妒在明清时期成了评价女性品行的重要标尺之一，不但各种闺训诲之不倦，文人笔记、通俗小说也都写了许多贤淑女子助夫纳妾、饰婢进房、善待娼妓的故事。同时，整个社会普遍谴责女性在婚姻性爱生活中的嫉妒，视之为难以饶恕的恶行。明清两代出现了数量可观的以妒妇为题材的小说戏曲和游戏文字，或诚挚地劝告，或刻薄地挖苦，或义正词严地说教，或大张旗鼓地声讨，种种社会舆论使女性自感好妒将无地自容，亦使男性更加感觉一夫多妻乃天经地义、女性之委曲求全乃理所当然。

---

①〔清〕陆圻：《新妇谱》，〔清〕虫天子编：《香艳丛书》，第731页。

爱伦常甚于爱美色
——正统性爱观在明清通俗小说中的体现

明清正统性爱观除集中地体现在家规、闺训里之外，还全面而生动地体现在这一时期的许多通俗小说，尤其是那些观念比较正统的小说中。小说不像家训那么理性而纯是说教，形象大于思想，它常常能让读者更好地了解当时社会的整体风貌，从而也更深刻地理解明清正统性爱观的内核及其在社会上的地位和影响。因此，考察明清小说中的正统性爱观是会有助于我们对有关问题的把握的。

明清时期是通俗小说的全盛期，精粗雅俗纷呈杂出，从广义上说，正统性爱观在所有的小说中皆有或多或少的体现，肆写色情如《金瓶梅》，离经叛道如《红楼梦》，怪诡离奇如《醒世姻缘传》，甚至历史演义或侠义小说，在批判、背离正统性爱观的同时，自觉不自觉间又会有正统性爱观的自然流露。而从狭义上看，明清两代更出现了大量道貌岸然的说教性的人情小说，如明末清初的才子佳人小说、清代的长篇小说《林兰香》《歧路灯》都是富于代表性的作品。它们在艺术上虽非上乘之作，却可以说是僵死的道学教条在现实生活中留下的最生动的痕迹。

一、明末清初的才子佳人小说

才子佳人小说作为一种言情小说思潮，在明末清初尤其是从顺治到乾隆的一百多年间，曾经风靡一时，新作似潮。它们不仅在创作数量上占了绝对优势，重要的是，其故事模式“才子佳人相识钟情—小人奸臣离间破坏—金榜题名奉旨成婚”控制了这期间百分之九十的言情小说或戏曲的情节设置和人物形象塑造。它们在思想风貌上的一个重要标志便是以理节情、倡扬名教，尽管这些作品所写的大多是上层社会少男少女的婚恋纠葛故事，演出了一出出终归于大团圆的生活喜剧，“人欲”在其中却总是隐退幕后，被极力淡化，小说的旨归不是在于对“起死回生”的情的歌颂，而是在于建立一个合乎传统理想的家庭。晚明市井小说中那些多情而放荡的艺术形象在才子佳人小说中变成了反面角色，代之而起的是贞洁的大家闺秀、知书达理的丫鬟、婚姻与功名同时获得成功的才子、慈爱的家长和恶有恶报并最终悔悟的坏人。这里的每一段爱情故事都随着才子佳人的吟诗作赋而展示了一种温良恭俭让的和谐秩序，从男女主人公口中传出的，不是绵绵情话，而全是三纲五常、三从四德等教条。可以说，吟风弄月不离孔孟程朱，男欢女爱不忘礼义自持，就是这类小说的正面人物的精神风貌；“发乎情，止乎礼义”“宜室宜家”是最常见的主题，小说训世诲俗的功利目的一目了然；整个思潮显示了一种鲜明的理性风貌。

才子佳人小说流传至今的有四五十种，代表作有《好逑传》《玉娇梨》《平山冷燕》《两交婚》《醒风流》等，虽然故事情节各各不同，内蕴却往往一致，作者十分注意其笔下人物言行的道德规范化，通过具体的艺术形象来反复强调正统道德观念。维风老人《好逑传·叙》中的一段话就十分鲜明地表现了作者的正统性爱观：

> 故于归之径，周行是正，直御为安。稍涉逶迤，而侠者则避之，义者则辞之，非以之子为不美而不动心，非以家室为不愿而不属意。所以然者，爱伦常甚于爱美色，重廉耻过于重婚姻。是以恩有为恩，不敢媚恩而辱体；情有为情，何忍恣情以愧心。未尝不爱，爱之至而敬生焉；未尝不亲，亲之极而私绝焉。甚至恭勤饮食如大宾，告诫衾裯为良友，伉俪至此，风斯美矣。①

才子佳人小说的作者们在这种指导思想之下设计了许多说教意味明显的情节，少男少女的初恋，没有爱欲，而被写成一个个“非礼勿行”的故事。小说《玉娇梨》写白红玉与苏友白互相爱慕，诗词酬答，但为了合乎礼教要求，白红玉便要每个诗句上以金、石、丝、竹、匏、土、革、木八音冠首，认为“婚姻大事，举动必须礼乐，今虽草草不能备，聊以此代之”。仿佛必须通过一个矫情的包装，爱情才有可能是美好的、合理的。这批作品中的才子佳人在爱情上总是表现得出奇地清心寡欲，以求谐于道德原则。许多少男少女一见倾心，但又会立刻变成难以理喻的道学载体。《玉支玑》中的

---

① 大连图书馆参考部:《明清小说序跋选》,春风文艺出版社,1983 年,第 88 页。

卜红丝小姐虽久已倾心于新科的风流榜眼，但当她的母亲就此事征求她的意见时，她正色道："女子三从，父在从父。今父命不知谓何，而为女子者竟自适人，虽民间嫁娶亦不敢行，何卿相之家乎？且于榜眼不榜眼，风流不风流，孩儿不问也。"《醒风流》中的梅傲雪和冯闺英相慕已久，但当他们在新婚洞房里发现两人曾有一段主仆关系时，便因名分等级等因素而坚决不肯同房，虽经冯的义父解释再三，梅傲雪仍说："小侄今日宁失佳偶，不敢作名教罪人。"爱情在礼教面前总是显得十分苍白脆弱，并且随时都可以拿来当作礼教的牺牲品。《笔炼阁小说五种》中甚至还有这样的故事，一对才子佳人相慕已久，历经磨难终得成婚，但新婚之夜，妻子却先把自己的丫鬟推到丈夫的床上，表示无私地满足丈夫对女色的欲望也是她的快乐。作者把这作为女性品行之理想展示给读者。类似的情节，在这个时期的言情小说中颇不少见。

由于这类小说对当事人理性自律的重视多于对自然天性的表现，其中真正写情写得动人的作品几乎没有，它们总是让人产生一种不是在读言情小说而是在读一个男女遇合故事的感觉。作者们乐于把处于爱情中的少男少女写成"发乎情，止乎礼义"的符合正统道德标准的"吉士""淑女"，以僵死的教条制约鲜活的情感，在真正写到"情"的时候，又设定了许多禁区，不敢把笔触伸向"情"之深处，对真情有一道恐惧甚至憎恶的心理防线，使小说里的艺术形象仿佛都成了"无性"的人物。为了使爱情题材适合于正统道德规范，他们捉襟见肘、煞费心机地编织了一个个在现实生活中绝不可能存在的故事，在这里不会出现道德与情爱的矛盾场面，人欲似乎能很温和地依附于道德存在。应该说，这批作者的潜意识里有着强烈的“人欲”之思，但正统的思维定式决定了他们不能允许自己直率地表现这种欲情，他们惶惶然为自己的白日梦寻找着道德伦理依据。因此，才子佳人小说中的人欲是合乎正统道德观的人欲，情也是礼教规范之下的不纯之情。从言情题材中推演“天理”、引发“天理”，已成为这批作者的构思习惯。小说《定情人·序》曰：

> 情一动于物，则昏而欲迷，荡而忘返。匪独情自受亏，并心性亦未免不为其所牵累。故欲收心正性，又不得不先定其情。①

《画图缘·序》亦曰：

> 缘实有因者也。有因而无据，故不敢谓缘。不敢谓缘，遂并天意而失之。失天意而妄求之，故苟且贻闺阁之羞，邪野成夫妻之辱，而名教扫地矣。②

它们都在很费力地把“情”与“理”强拉在一起。小说《飞花艳想·序》因而有这样一段表述上明白，而逻辑却很牵强的话：

---

① 大连图书馆参考部编：《明清小说序跋选》，第 71 页。
② 大连图书馆参考部编：《明清小说序跋选》，第 69 页。

> 不知四书五经，不外饮食男女之事；而稗官野史，不无忠孝节义之谈。①

这段话把这些小说家的自觉努力和他们实际上面临的不可克服的矛盾表现得很充分。

才子佳人小说作者的思维定式使他们必然推崇道德功利主义小说观，往往把对读者的正统性爱观教育作为自己小说创作的首要目的。这个思潮之下，作家普遍认为言情小说绝非为了“摹写小儿女情态”，维风老人《好逑传·叙》曰：

> 嗟嗟！人心本自天心，既知好色，夫岂不好名义？特汩没深而无由醒悟，沉沦久而不知兴起，诚于此而寓目焉，必骇然惊喜曰：名义之乐乃尔，何禽兽为？则兹一编，当与《关雎》同读已。②

清初小说《醒风流》别出心裁地在封面上刻了一段文字：“非徒悦耳目，亦足正心术。”并序云：

> 是编也，当作正心论读。世之逞风流者，观此必惕然警醒，归于老成。③

作者显然是把小说作为一种形象化的正统道德观教材，自以为负有整肃世道人心的大任。《五凤吟·序》就明确指出：

---

① 大连图书馆参考部编:《明清小说序跋选》,第 85 页。
② 大连图书馆参考部编:《明清小说序跋选》,第 88—89 页。
③ 大连图书馆参考部编:《明清小说序跋选》,第 95 页。案,《醒风流》在正统的才子佳人小说中显得尤为正统,几乎是一部说理教材。

> 举世之人，每见道义之书，则开卷交睫；若持风雅之章，则卷不释手。何也？庄语辞严而意正，不克解人之闷，释人之愁。惟绮语，事鄙而情真，易于留人之眼，博人之欢。有心世道者，苟能以风雅一途，醒人以处正之获吉若斯，挟邪之得祸若斯，则细琐俚鄙之谈，未尝无补于世道人心也。①

这种道德功利主义小说观成了当时很多言情小说作家的固定的指导思想，他们不但把它贯彻在自己的创作中，也以此来解读别人的作品，常常不惜牵强附会曲解原文，使明末清初的小说评论披上了浓厚的道德说教色彩。如署名青心才人的小说《金云翘传》，因蕴含着深沉的人生感慨而超越了一般的才子佳人小说模式，但一篇天花藏主人所写的《金云翘传·序》，很典型地表现了当时士人的小说批评习惯：

> 翠翘一女子。始也，见金夫不有躬情，可谓荡矣。乃不贪一夕之欢，而谆谆为终身偕老计，则是荡而能持，变不失正，其以淫为贞者乎，亦已奇矣！及遭父难，则慷慨卖身，略不顾忌。虽眷恋其人，亦不过借李代桃，绝不以情而乱性，此不为尤难乎？难者且易之，故视辱身非辱也，行孝也……略其迹，观其心，岂非古今之贤女子哉！②

天花藏主人是著名的才子佳人小说作家，写过大量的小说和序文，就当时的社会审美心理言，他的见解是有代表性

① 大连图书馆参考部编：《明清小说序跋选》，第97页。
② 大连图书馆参考部编：《明清小说序跋选》，第63页。

的。他真诚地相信正统性爱观是颠扑不破的真理，因此他写一部小说，评一部小说，都首先从中寻找这些有益风化的根据，即使这样可能很牵强。一个人的思维方式常常也决定了他的视野，“人们只看到他们愿意看到的”，康熙年间著名的《金瓶梅》批评家张竹坡的思维方式就很能说明问题。他认为，像《金瓶梅》这样的色情小说，其主旨却在于“泄一腔愤懑”“悟人生真假”“寓教化之真意及苦孝之苦心”，综合这些观点，他指出，《金瓶梅》非淫书也！张竹坡评论的并非才子佳人小说，但他的思维方式却未能超越时代的审美习惯，他用评点才子佳人小说的流行模式对《金瓶梅》的主旨作了极其牵强的理解，使《金瓶梅》似乎成了一部宣扬忠孝节义的作品。这种批评模式，今天读来感觉很不自然，但身处其中的人们当是习以为常的。

二、《林兰香》与《歧路灯》

《林兰香》共六十四回，据考写作于清初，题“随缘下士编辑，寄旅散人评点”，作者真实姓名与生平均无考。这部小说的规模较大，先后牵涉的人物达二百二十个之多。小说大致情节是：嘉靖年间，明开国功臣之后、荫袭为官的青年公子耿朗聘御史燕玉之女燕梦卿为妻，临近婚期，燕玉突遭构陷，罪当流放，燕梦卿上书言愿入宫没为官奴以赎其父远放之罪，被准。耿朗只得另聘林云屏为妻，婚后一年余，燕玉的冤狱得到澄清，梦卿亦随之被释。她坚持“从一而终”的教条，虽与耿朗并未成婚，却宣称“生为耿家人，死为耿家鬼”，宁愿为耿朗之妾而不愿另嫁而为人之妻，皇帝因此旌表曰“孝女节妇”。燕梦卿成了耿府的“二娘”。之后，又有任香儿等三个女子，各因不同原因嫁与耿朗为妾。耿朗一妻四妾中惟梦卿兼德才貌于一身，但梦卿恪守妇道，以相夫为己任，时时直言相劝，颇为耿朗不满。而“四娘”任香儿妖艳巧黠最为耿朗宠爱。任香儿妒心甚烈，恃宠中伤，竟使耿、燕反目。耿朗有意冷落梦卿，但梦卿坚持事夫如天，以至于断指以疗夫病，割发以作夫甲，两次使丈夫幸免于难。最后终因耿朗的无情伤害而梦卿自己又压抑太过，含冤饮恨，悒悒而殁。

这部小说问世之后，一直颇受读者的冷落。究其原因，恐怕主要是因它过于正统，带着极为浓厚的说教色彩和“头巾气”。作者以最为正统的观念来塑造小说的女主人公燕梦卿，把各种道德的光环都加到她的头上，并写了众多的女性形象来陪衬或反衬她的崇高，使这个艺术形象几乎到了不可企及的高度，因此也很难引起读者的共鸣。在作者笔下，燕梦卿集忠孝节义、德言工貌于一身，是正统性爱观下最为理想的女性形象。她不但为父甘做官奴，为夫甘为侧室，断指割发在所不辞；更进一步的是，她本是一个才华出众的女子，但为了恪守“女子无才便是德”的教条，她处处收敛，丝毫不露才扬己。出嫁后不但于诗词书画多所摈斥，而且作为耿府中最有治家才干的女子，她也决不僭越妾的名分去实行妻的义务。在爱情方面也是如此，她虽然渴望丈夫的爱，但为了负起相夫的责任，她时时劝谏丈夫，不惟自己在情爱上非常克制，也经常将丈夫挡在情爱线之外，为此牺牲自己的爱情幸福在她看来是高尚且有价值的。与人相处，她处处谦让，先人后已，在钩心斗角的一夫多妻家庭中，那种争风吃醋、造谣中伤的念头几乎从未在她的脑子里出现过，对于与她争宠、陷害她的女人，她只有一味地宽容和体贴。出现在读者面前的这个女人，一举一动无不带着楷模的意味。

不可否认，《林兰香》加诸燕梦卿的理想光环散发出严重的道学陈腐气，但是读过这部小说的人都会对理想光环之下的燕梦卿的一生留下深刻难忘的印象——不是因为她的完美，而是因为她的悲剧。小说作者在人物发展逻辑的把握上表现出不同凡响之处，他没有像当时流行的才子佳人小说那样给作品中显现得很完美的女主角一个好人好报的大团圆结局，而是十分忠实于自己的艺术感觉。作者虽然主观上极力要把燕梦卿塑造成体现道学女性理想之“神”，但他同样充分地感受到了道学原则对于女性的悲剧性影响。因此，最终出现在我们面前的梦卿，还是一个多虑多病、不甘寂寞的普通女人。在被冷落的婚姻中她做不到安之若素，终因爱情婚姻上的不幸而早逝。可以说，燕梦卿的所有努力都是为了做个合乎正统观念的理想化女人，而这种努力潜意识上的目标却是为了在那个女人没有地位、除了相夫教子无法在社会生活中实现自己价值的时代，做一个享有荣誉的人。她以超人的毅力企图表现自己的价值，但她错误地把这种抱负纳入正统的道学思想模式，把恪守道学教条作为肯定和表现自己价值的方法，而道学观念是从根本上否定自我实现的。燕梦卿陷入了一种无法克服的矛盾之中，她愈要严肃认真地肯定自我存在的价值，便愈是以道学规范严格要求自己，其结果是，愈要成为一个有价值有意义的人，便愈是不成其为人。她从未停止过实现自我价值的骚动，而就范于道学观念的努力也因而从未稍息。她对自己的种种非人性的克制根本上却是出于人性的要求，她毁灭于理想与方法的矛盾之中，这是她自己，也是作者所始料不及的。

这种悲剧冲突的尖锐性是燕梦卿这个艺术形象的光辉所在。虽然写出这种悲剧冲突可能并非作者的本意，他更多的是出于彰扬梦卿的贤德淑范这一思路来塑造这个形象的，但梦卿的毁灭却是她企图成为一个合乎正统道德理想的女性的必然结局，作者在潜意识上感受到了这一点并深刻地表现了这一悲剧。因此，这部以礼教为宗旨、说教色彩很浓的小说，其内蕴就绝不仅是那些僵死而平庸的说教了，它使读者感受到了礼教教条与活生生的人之间关系的复杂性。就这方面而言，它也是我们了解明清正统性爱观的最真实生动的材料，远胜于那些抽象的教条。因为它不仅把正统性爱观的主要内容包罗无遗，更让读者了解了这些观念对女人的束缚和残害，它们扭曲了人的自然天性并最终造成了女性的无法摆脱的悲剧，使最虔诚地遵循这些教条的女人也成了最彻底的牺牲品，我们从而可以全面、深层次地了解正统性爱观对于当时社会生活的负面影响。

如果说《林兰香》的礼教宗旨最终为作者对燕梦卿人生遭际的深刻感受所压倒的话，那么，李绿园写作于乾隆年间的《歧路灯》则可以说是一部形象化的很纯粹的家训。整部小说基本上是由当时流行的种种家训教条构成的，内容网罗甚富，主题思想却十分鲜明——彰明以正统道德观训子的正确性，书中所强调的每一种思想几乎都可以在当时的家训中找出来。与《林兰香》相比，它可谓有所闻而发、有所学而发，却绝非有所感而发，我们在这部小说里很难发现作者自己独有的思想感受，正统道德观念在这部小说里保存得非常纯粹。因此，它虽非一部言情小说，爱情婚姻故事不是它的主要内容，但正统性爱观在这里仍表现得很充分，是一部值得注意的长篇小说。

《歧路灯》共一百零八回，书叙品行端方的儒生谭孝移之子谭绍闻，天资聪颖，自幼在父亲的管制之下，日日诵读理学经典，不知嬉玩为何事。然谭孝移早亡，其妻对儿子溺爱骄纵，加上庸师的误导，谭绍闻不久便抛却书本，荒废学业，酗酒、赌博、狎妓，无所不为，后又与浮浪子弟纠结在一起，拈花惹草、玩蟋蟀、斗鹌鹑、炼黄白、铸私钱、挥霍放荡，终致倾家荡产。饱受穷困沦落之后，谭绍闻逐渐悔悟，最后在父辈儒者的劝谏、义仆王中的扶持和族兄谭绍衣的提携下，改邪归正，重振家业。在这部小说里，谭绍闻的浪子回头经历被写成了一个三纲五常最终取胜的故事。谭的所有劣迹都源自对礼教的违背，他最后走上正路，也完全有赖于理学纲常的挽救。

《歧路灯》中作者着力塑造了三个正面人物形象，他们的方正品行里都有正统性爱观贯穿其中。其一是谭绍闻之父谭孝移。作者把他作为“醇儒”的典型，他认定读书即上品，但所读的书仅限于四书五经，他把性爱问题视为洪水猛兽，认为教训子女首先必须对性爱严加防范。因此，当他发现儿子在读《西厢记》时，即道：“杀吾子也!”而《金瓶梅》竟然是他死亡的直接原因，他看到这部色情小说，便“猛然一股火上心，胃间作楚，昏倒在地”[①]。从此卧病不起，竟至一命呜呼。其二是谭家的义仆王中。作者把他作为为仆之道的楷模介绍给读者，他事主竭忠，从不计较个人得失，主人虽为他赎身，他却认定自己乃永远的奴仆。小说为了表现他对寡居的主母（谭绍闻之母）的尊重，写到即使谭绍闻的朋友到家里与主母讲话，都是他所不能容忍的，第五十三回这样写道：

> 〔王中〕猛然见夏逢若公然在内楼昂昂坐着，与王氏说话，这一腔怒火陡然发作，口中收敛不住，直厉声骂道：“你是个什么东西儿，就公然坐到这里!”……原来王中忠

① 〔清〕李绿园：《歧路灯》第五十三回，栾星校注，中州书画社，1980 年，第 496—497 页。

> 心向主，一见了夏逢若坐在楼下，与家主母半边女人说话，这个恼法，切齿碎心。

不仅如此，为了竭忠于主人，王中还宁愿让自己心爱的女儿去给已经倾家荡产的谭绍闻的儿子为妾，而实际上王中一家早已脱离奴仆身份，有一定的财产，不必以这样低贱的身份嫁女。但在王中看来，这似乎也是他的义务的一部分。其三是谭绍闻之妻孔慧娘。作者把她塑造成一个孝亲敬夫、贤淑无妒的理想女性。她出身于醇儒家庭，自幼熏陶在道学思想的氛围中。新婚的第一天，她发现丈夫已与丫鬟冰梅生有一子，不惟无怨，反而更加礼敬冰梅，待她亲如姐妹，对孩子更是视若己出。孔慧娘知书达理，她对婆婆的糊涂和丈夫的放荡都有看法，决不同流合污，但又恪守妇道，只知一味孝敬温良，有时婉转劝谏，见志不从，又敬不违，并无固执己见之举。在作者看来，王中的苦谏是尽为仆之道，孔慧娘的温和婉转则是值得倡扬的妇道。她代表了作者的女性理想，在书中几乎被圣化了。

为了宣扬女子的三从四德，小说第四十一回还插叙了“一宗彝伦馨香的事体”。故事说的是一个二十五岁守寡的少妇韩氏，并无儿女，却决不改嫁，一心侍奉多病的婆婆。后来婆婆死去，她倾其所有为婆婆办了个很体面的丧事。邻居们都以为这下她再也没有负担，可以改嫁了，不料韩氏从未有过改嫁的念头，她认为婆婆既已死去，自己又无孤可抚，继续生存已没有任何价值和必要，因而随之自缢身亡。作者认为这是一件惊天动地的壮举，借小说中县令的话赞道："韩氏这宗大贤孝，虽是妇女，却满身都是纲常……此固中州正气所钟。"作者在回末诗中犹道"到今缕述真情事，犹觉笔端别样香"，心向神往，赞叹之情溢于言表。

正统性爱观在明清社会占有统治的地位，因此各种小说往往都有意无意地把自己的内容附会到它上面去，甚至那些猥琐淫亵的色情小说，也总是打着说教的幌子，从《金瓶梅》到《肉蒲团》，表面文字上都是以激烈批判纵欲为旨归的。但正统性爱观在实际社会生活中受到了很多冲击，一方面由于它严重违背人的自然天性，难以真正在社会生活中普遍地、严格地实行；另一方面也由于此起彼伏的各种社会思潮对它的动摇。因此，除了我们上面所介绍的这些特别正统的小说之外，正统性爱观在大部分明清小说中的存在都属于"拉大旗作虎皮"，是为了装点门面欺骗读者的。大量作品往往处于表面结构和深层结构的错位之中，说教是一套，实际倾向又是一套，这种思想内容上的乖离现象是我们分析明清小说中的正统性爱观时所必须注意的。

第二章
晚明的纵欲主义思潮

明代开国之后，战乱造成的巨创给社会留下了深刻的影响。在相当长的一段时间里，和平虽已使人民得到喘息，社会生产力却依然低下，无论是物质生活还是精神面貌，人们似乎都尚未从战乱中恢复过来，并由此带来了那种使晚明人缅怀不已的社会秩序的整肃、道德思想的划一和民风世俗的淳朴。但随着经济的发展和社会升平状态的持续，风俗亦相应变嬗，社会上萌动着一股追求物质享受和感官刺激的欲望潜流，并逐渐泛滥，沈德符《万历野获编》叙述这种流变过程曰：

> 国朝士风之敝，浸淫于正统，而糜溃于成化……至宪宗朝万安居外，万妃居内，士习遂大坏。万以媚药进御，御史倪进贤又以药进万，至都御史李实、给事中张善，俱献房中秘方，得从废籍复官。以谏诤风纪之臣，争谈秽媟，一时风尚可知矣。①

① 〔明〕沈德符：《万历野获编》卷二十一“佞幸”，中华书局，1959年，第541页。

到正德年间，社会上各种奢风侈俗开始形成，这个时期的最高统治者明武宗本身就是这种风气的代表，他极度放纵的后宫生活，是后来士人们重点批判的对象。但不能忽视的是，在批判的同时，相当一部分士人其实也正在热烈地追求这种生活方式，追求个人欲望的最大满足。正德以降，社会上普遍流行崇尚新异、寻求刺激、纵情逸乐的风气，尤其是从嘉靖直至南明王朝这段时间，整个社会侈靡相竞，人欲横流，纷纷以纵欲为风流，其规模之大、程度之深皆称得上是骇人耳目。其间虽亦引起不少正统人士的惊恐和谴责，却并不能挡住纵欲风气的猛烈冲击。直至清初统治者以血腥屠杀统一全国，压制汉人，纵欲风气方随之收敛消歇，而余波所及，仍深刻地影响了清代的士人。

从“心”到“身”的全面解放
——晚明纵欲风气的思想源流

晚明纵欲风气的形成，原因比较复杂，经济的发展及和平岁月的持久当然是它的最基本的因素，但对于晚明的士人来说，其最直接的影响却来自思想界。阳明心学，尤其是心学左派标新立异、扬波激浊，给当时的广大士人以巨大的影响，与明初相比，士人的思想面貌可以说是发生了一个翻天覆地的变化。

程朱理学在明代成为官学之后，在思想界占统治地位达一百五十多年，政治的参与使这种哲学思想越来越趋向僵死，活力全失、流弊日深，士人们厌倦和反感的情绪持续增长。一些有识之士注意到这种状况，便有吸收陆九渊心学的倾向，阳明心学就是在这样的思想氛围下应运而生的。王守仁（1472—1529），字伯安，余姚人，因筑室阳明洞，世称阳明先生。王阳明早年曾信仰程朱之学，对着房前的竹子做“格物”的功夫，格了七天，病了，仍“不得其理”，后反复琢磨，因悟：“天下之物本无可格者；其格物之功，只在身心上做。”①

王阳明汲取了陆象山“心即理”的学说，认为世界的本源在于心，“心之本体无所不该”②，“天下无心外之物”③。他指出：

〔心〕在物为理，处物为义，在性为善，因所指而异其名，实皆吾之心也。心外无物，心外无事，心外无理，心外无义，心外无善。④

因此，他认为程朱理学所谓“天理”，并不外在于心而存在，而是与心合一的。他反对朱熹的“外心以求理”，提出：

外心以求理，此知行之所以二也；求理于吾心，此圣门知行合一之教。⑤

心即理也，此心无私欲之蔽，即是天理，不须外面添

① 〔明〕王守仁:《传习录》下，中华书局，2016年，第105页。
② 〔明〕王守仁:《传习录》下，第84页。
③ 〔明〕王守仁:《传习录》下，第94页。
④ 〔明〕王守仁:《与王纯甫》，转引自〔清〕黄宗羲:《明儒学案》卷一〇，中华书局，1985年，第186页。
⑤ 〔明〕王守仁:《传习录》中，第38页。

> 一分。以此纯乎天理之心，发之事父便是孝，发之事君便是忠，发之交友治民便是信与仁。①

他认为人的本性中有“良知”，常人不过是为私欲所蔽，才有不道德的行为，因而道德修养的功夫，不在于努力学习完善良知，而在于减去私欲，以恢复至善的心之本体。为此他曾自豪地概括他的“致良知”学说云：

> 吾辈用功，只求日减，不求日增。减得一分人欲，便是复得一分天理，何等轻快脱洒！何等简易！②

阳明心学是一种富于活力的哲学思想，他不要门人死读书，认为人只要致力于发明本心，就可以自由所如，任情纵性，这对于当时为程朱理学思想所控制的思想界来说，乃清醒明快之一击。虽然他仍强调“存天理，灭人欲”，却给广大士人打开了一扇思想上的天窗，将他们从封闭而沉闷的思想桎梏中解放出来。当时的儒生，出于科举的要求，大多只读四书五经，囿于程朱理学的思想模式，举手投足，亦步亦趋。阳明心学的崛起，犹如登高一呼，以活泼泼之“心”来医治儒林的麻木和迂腐，倡“知行合一”之说以挽救儒学的颓势，确实给人以面目一新的感觉。他曾自豪地写道：“影响尚疑朱仲晦，支离羞作郑康成。铿然舍瑟春风里，点也虽狂得我

---

①〔明〕王守仁：《传习录》上，第3页。

②〔明〕王守仁：《传习录》上，第26页。

情。”这是王阳明在思想史上的超然卓越之处，他将理学的境界向前推进了一大步。

明代嘉靖以降，王学的影响几乎遍及全国，特别是江淮以南，势力更大。王阳明去世后，他的门生发展了他的学说，其弟子或再传弟子如王畿、王艮，以及深受其思想影响的何心隐、李贽等人，皆为不可羁束者，于师说颇多自我的发展和创造，沿着王阳明思想解放的一面，刻意求其新异，以达到振聋发聩的效果，于士林确实产生了巨大的震动。王畿（1498—1583），字汝中，别号龙溪，山阴人。他是王阳明的得意弟子，但他却将其师的学说推向了极端。他讲学强调本体，主张“在心上用功”，而不赞成“在事上用功”“在念上用功”，他认为王阳明的“致良知”说应该修改：

> 良知原是无中生有，即是未发之中。此知之前，更无未发，即是中节之和。此知之后，更无已发，自能收敛，不须更主于收敛；自能发散，不须更期于发散。当下现成，不假工夫修整而后得。致良知原为未悟者设，信得良知过时，独往独来，如珠之走盘，不待拘管而自不过其则也。①

也就是说，他认为对于悟者来说，良知无待乎“致”。因此他又主张“现成良知”说，即所谓“良知自然，不假纤毫力”，甚至宣称“应事有小过，不足累”。同时王畿反对把哲学神化使之脱离对真实生活的关注，他认为：

① 〔清〕黄宗羲：《明儒学案》卷一二《郎中王龙溪先生畿》，第239页。

今人讲学，以神明为极精，开口便说性说命；以日用饮食声色货利为极粗，人面前不肯出口。不知讲解得性命到入微处，意见盘桓只是比拟卜度，于本来生机了不相干，终成俗学。若能于日用货色上料理，时时以天则应之，超脱净尽，乃见定力。①

王畿的学说，顺应了时代的要求，对人的物质存在和独立意识表示了更多的尊重，反对人为的道德修养对人的束缚，其学说的思想解放的幅度因此也比王阳明大得多，对当时士人极具诱惑力。当然，它也引起了保守士人的极大不满，谤议蜂起；但思想潮流既已决堤，各种谴责和非议实际上是很难起到真正的阻拦作用的。

泰州学派的创始人之一王艮也是王阳明的嫡传弟子。王艮（1483—1541），字汝止，号心斋，泰州人。他与王畿一样，在崇拜倡扬阳明心学的同时，也“时时不满其师说”而有自己的“发明”，其中与当时社会生活密切相关的是他把王阳明的基本观点“心者，天地万物之主也”发展为“身为天地万物之本”的“尊身论”：

身也者，天地万物之本也；天地万物，末也。

身与道原是一件，至尊者此道，至尊者此身。尊身不尊道，不谓之尊身；尊道不尊身，不谓之尊道。须道尊身尊才是至善。②

---

①〔明〕王畿：《冲元会纪》,〔清〕黄宗羲：《明儒学案》卷一二，第240页。
②〔明〕王艮：《明儒王心斋先生遗集》卷一《答问补遗》。

> 知修身是天下国家之本，则以天地万物依于己，不以己依于天地万物。[①]

他把“吾身”放到了极高的位置，主张只有首先“安身”“保身”，才能事亲、事君，保国、保天下。而且他明确指出，“身”指的是七尺之躯的肉体，既然如此，要“尊身”也就必然要满足此身赖以存在的物质和精神需要。至此，王艮的理论出发点虽仍是为了君父家国，却在理论上承认了人欲的合理性，与理学的最基本思想“存天理，灭人欲”产生了根本的抵牾，人欲被认为是正当的，这种思想，对晚明社会纵欲风气的形成影响最为直接。

王艮的思想被泰州学派的后学进一步地发挥了。夏廷美认为，天理人欲之分“只在迷悟间。悟则人欲即天理，迷则天理亦人欲也”[②]。也就是说，天理人欲并非彼此对立、分离或矛盾的，而是一个问题的两个方面。何心隐对人欲的肯定尤为坚决，他认为人欲出于天性，是人生命中不可分离的组成部分：

> 性而味，性而色，性而声，性而安佚，性也。乘乎其欲者也。而命则为之御焉。[③]

因此他反对“绝欲”而主张“育欲”，并要求“与百姓同欲”。

① 〔明〕王艮：《明儒王心斋先生遗集》卷一《语录》。
② 〔清〕黄宗羲：《明儒学案》卷三二，第721页。
③ 〔明〕何心隐：《何心隐集》卷二，中华书局，1960年，第40页。

何心隐的思想在当时影响很大，所以当他因“妖逆”之名惨死狱中时，大量并不相识的人都对他表示同情或为他鸣不平。

如果说，王畿、王艮、何心隐等人的思想是在理学范畴内表露出悖离的话，那么发展到李贽，则成了对理学的公开背叛。李贽（1527—1602），号卓吾，泉州晋江人。他在思想上虽然深受泰州学派的影响，但他站在理学临近末路的边缘上挣脱了最后的束缚，对理学，乃至整个儒学进行了深刻的反思和猛烈的批判。

李贽在形式上接受王阳明的“致良知”说，但什么是良知呢？王阳明认为是仁义礼智信，李贽则认为是人的“童心”，“童心”即本心，它最纯粹，最自然，也最自由，乃人之真义。李贽认为，如果仁义礼智信出于童心，那无疑是人的良知，而那些自私自利的物欲，如果出之于童心，同样亦应是人的良知。既然王阳明认为真正的本心在于无拘无束、自由自在，那么，童心才是真正无拘无束、自由自在之心。人不应该隐讳自己的童心，哪怕是一己之私的童心，也要让它自由地生长和流淌。人，关键在于做一个堂堂正正的真人，光明磊落地按照自己的本心行事，而不能以后天被灌输的“道理闻见”为心：

> 夫既以闻见道理为心矣，则所言者皆闻见道理之言，非童心自出之言也。言虽工，与我何与？岂非以假人言假言，而事假事、文假文乎！盖其人既假，则无所不假矣。由是而以假言与假人言，则假人喜；以假事与假人道，则

> 假人喜；以假文与假人谈，则假人喜。无所不假，则无所不喜。满场是假，矮场何辩也！[①]

李贽对这种纯粹童心的倡扬，也使他在理论上必然地承认和肯定人的私心：

> 夫私者，人之心也。人必有私，而后其心乃见，若无私，则无心矣。[②]

他认为世人所普遍谴责的人的私欲，其实只是一种平常而自然的现象，“势利之心亦吾人禀赋之自然”，“虽圣人不能无势利之心”[③]，因此，人应该顺从而不是悖逆或摒除私欲：

> 富贵利达所以厚吾天生之五官，其势然也。是故圣人顺之，顺之则安之矣。[④]

李贽还认为“道”是像水一样遍地皆是的东西，而不是那种只在少数圣贤间传授继承的道统，他以其特有的痛快淋漓的文笔写道：

> 穿衣吃饭即是人伦物理，除却穿衣吃饭，无伦物矣。世间种种，皆衣与饭类耳，故举衣与饭，而世间种种自然在其中，非衣食之外，更有所谓种种绝与百姓不相同者也。[⑤]

---

①〔明〕李贽:《李氏焚书》卷三《童心说》。
②〔明〕李贽:《李氏藏书》卷二四《德业儒臣后论》。
③〔明〕李贽:《道古录》卷上。
④〔明〕李贽:《李氏焚书》卷一《答耿中丞》。
⑤〔明〕李贽:《李氏焚书》卷一《答邓石阳》。

并且说："圣人之道，无异于百姓日用，凡有异者，皆是异端。"穿衣吃饭在传统的理学中应是人欲的组成部分，现在李贽提出"穿衣吃饭即是人伦物理"，实际上也是把人欲提高到"天理"的地位，而传统的那个必须通过"灭人欲"才能获得的"天理"，被李贽作为"异端"给抛弃了。

李贽公开鼓吹人欲、私利，"圣人不欲富贵，未之有也"，为此他给许多历史上遭非议的人物翻案。他反对当时社会上流行的种种道德规范，对卓文君不待父母之命私奔司马相如的婚姻自主行为表示高度的赞赏，他认为女子在婚姻上惟父母之命是从，结果可能是"徒失佳偶，空负良缘"，不如"早自抉择，忍小耻而就大计"，"归凤求凰，安可诬也"。[①]这些见解之犀利和发表这些见解的勇气在明代浓厚的妇女节烈风气背景下倍可珍贵，其对当时社会的震撼力之大也就可以想象了。李贽还结合释道思想说过类似于宣扬纵欲的话：

> 贽尝言："成佛证圣，惟在明心，本心若明，虽一日受千金不为贪，一夜御十女不为淫也。"[②]

这种出儒入佛的思想方式对晚明纵欲思潮的形成和泛滥有着很直接的影响。晚明许多鼓吹人性解放的著名士人都把李贽奉为精神上的领袖，袁宏道对他尤其推崇备至：

---

① 参见〔明〕李贽：《李氏藏书》卷二九《司马相如传论》。
② 转引自〔明〕周应宾：《识小编·内篇》。

> 既见龙湖，始知一向掇拾陈言，株守俗见，死于古人语下，一段精光不得披露。至是浩浩焉如鸿毛之遇顺风，巨鱼之纵大壑。能为心师，不师于心；能转古人，不为古转；发为语言，一一从胸襟流出，盖天盖地，如象截急流，雷开蛰户，浸浸乎其未有涯也。①

袁氏三兄弟都深受李贽的影响，多次向他“问学”。实际上，晚明的绝大多数洒脱不羁的士人也都是受了李贽的启蒙。

追求人性的解放是晚明士人普遍的思想倾向。他们崇尚天然，追求自由适性的生活方式，并往往走向极端，在充分肯定个性解放的基础上，宣扬纵欲，寻求刺激。这是一个产生狂人、奇人、怪人的时代，士人在思想上少有顾忌，以冲破传统道德规范和世俗束缚为风流，纵欲的言论深得人心。这个时期在文坛上最具号召力的袁宏道的言论就很有代表性。袁宏道自称“笺经常驳宋儒章”②，从不讳言自己的种种欲望，并常常加以强调，以彰示自己所倡扬的新风尚。万历二十五年（1597），袁宏道在《与徐冏卿尺牍》中述及自己在人欲观念上的思路历程，其间充满了对现实人生欲望的企求和沉醉：

> 仆少时曾于小中立基，枯寂不堪。后遇至人，稍稍指以大定门户，始得自在度日，逢场作戏矣。天长人短，鬼多仙

---

①〔明〕袁中道：《吏部验封司郎中中郎先生行状》，〔明〕袁宏道著，钱伯城笺校：《袁宏道集笺校·附录二》，上海古籍出版社，1981年，第1650页。

②《袁宏道集笺校》卷一《赠李子髯》，第34页。

> 少。安得以浮泛不切之事，虚费此少壮日子哉？公欲求定，当识其大者，不然灿烂名园，粉黛歌儿，俱成剩物矣。①

这里所谓“至人”，指的就是李贽。但袁宏道没有像李贽那样做理论研究，而是非常直接地发表自己与传统观念截然不同的人生领悟，他曾无所顾忌地对当时被正统思想视为无比神圣的“道”表示鄙夷，而且不以追求欲望满足为耻：

> 夫闻道而无益于死，则又不若不闻道者之直捷也。何也？死而等为灰尘，何若贪荣竞利，作世间酒色场中大快活人乎？②

《致龚惟长先生书》中的一段话把袁宏道的这种人生追求和感悟表现得最为充分：

> 然真乐有五，不可不知。目极世间之色，耳极世间之声，身极世间之鲜，口极世间之谭，一快活也。堂前列鼎，堂后度曲，宾客满席，男女交舄，烛气熏天，珠翠委地，金钱不足，继以田土，二快活也。箧中藏万卷书，书皆珍异。宅畔置一馆，馆中约真正同心友十余人，人中立一识见极高，如司马迁、罗贯中、关汉卿者为主，分曹部署，各成一书，远文唐、宋酸儒之陋，近完一代未竟之篇，三快活也。千金买一舟，舟中置鼓吹一部，妓妾数人，游闲数人，泛家浮宅，不知老之将至，四快活也。然人生受用

① 《袁宏道集笺校》卷一一《与徐冏卿尺牍》，第500—501页。
② 《袁宏道集笺校》卷四一《为寒灰书册寄鄖阳陈玄朗》，第1225页。

> 至此，不及十年，家资田地荡尽矣。然后一身狼狈，朝不谋夕，托钵歌妓之院，分餐孤老之盘，往来乡亲，恬不知耻，五快活也。士有此一者，生可无愧，死可不朽矣。若只幽闲无事，挨排度日，此最世间不紧要人，不可为训。①

这里的每一条“真乐”，都是人对自我生存在物质上、精神上各色欲求的极度纵容，声气之间，大有为一日享乐而置社会道德规范和自己的终生于不顾的气魄。

值得注意的是，袁宏道任性纵情、追求享乐的言论只是晚明士人思想的一个代表而已，肆谈情欲是当时士人的普遍嗜好。徐渭认为文学艺术的起源就在于“情”：

> 睹貌相悦，人之情也。悦则慕，慕则郁，郁而有所宣，则情散而事已；无所宣，或结而疹，否则或潜而必行其幽，是故声之者，宣之也。②

这段话几乎与弗洛伊德的文艺起源于性压抑说完全一致（中国古代所谓“情”，并非现代意义上的纯粹的情感，而是指情欲，其中“欲”的成分占比重很大）。徐渭自称“猖狂能使阮籍惊，饮兴肯落刘伶后”③，他的思想、艺术直至行为举止都深为晚明士人所向往和推崇。晚明另一位大戏剧家汤显祖亦为言情大师，他认为自己的得意之作《牡丹亭》的主题就在于“情不知

---

①《袁宏道集笺校》卷五《致龚惟长先生书》，第205—206页。

②《徐渭集·徐文长三集》卷一九《曲序》，中华书局，1983年，第531页。

③《徐渭集·徐文长三集》卷五《醉中赠张子先》，第123页。

所起，一往而深，生者可以死，死者可以生”。情欲几乎被视为人的生命原动力。他曾公然以“情”与当时理学家所谓的“性”（指“天性”或“良知”，非现代的性爱之“性”）对抗。冯梦龙《古今谭概》记载了这样一则轶事：

> 张洪阳相公见《玉茗堂四记》，谓汤义仍曰：“君有如此妙才，何不讲学？”汤曰：“此正吾讲学。公所讲是性，吾所讲是情。”①

冯梦龙是晚明通俗小说大家，亦为晚明个性解放思潮中的弄潮儿，他特意收集整理了大量中国历史上的性爱故事，编撰成一部《情史》，并且在书前刻了一首“情偈”：

> 天地若无情，不生一切物。一切物无情，不能环相生。生生而不灭，由情不灭故。四大皆幻设，惟情不虚假。有情疏者亲，无情亲者疏。无情与有情，相去不可量。我欲立情教，教诲诸众生。子有情于父，臣有情于君。推之种种相，俱作如是观。万物如散钱，一情为线索。散钱就索穿，天涯成眷属。②

似乎“情”能够化生万物，是天地之间唯一真实的东西。这部书的内容正如作者在序中所说的“事专男女”，偈句中所谓君臣父子只不过是一个幌子而已。全书共二十四卷，除第一

① 《冯梦龙全集》第六册《古今谭概》佻达部第十一“汤义仍讲学”，江苏古籍出版社，1993年，第227页。

② 〔明〕冯梦龙：《情史》，岳麓书社，1986年，第1—2页。

卷“情贞类”宣扬女性的节烈之外，其余如情缘、情私、情爱、情痴、情感、情幻、情灵、情化、情憾、情报、情累、情疑、情鬼、情妖、情外、情通等，无不蒙上一层浓烈的情之崇拜的色彩。作者尤其钟情于那些违背正统道德观念、神秘而令人难以理喻的情爱故事，表现了一种对非常态的、富于刺激性的情爱的追求，这在晚明的士人社会中几乎成了一种时尚。

道德说教在情爱面前的无力状态在晚明的通俗小说戏曲中得到了充分的表现，“三言”“二拍”等市井小说都展示了当时世风日下、人欲横流的状况。关于这个问题，前人已有相当丰富深入的论述。明初被视为崇高神圣的道德教条在晚明却往往成了被嘲弄的对象，这一点在晚明的某些幽默的戏曲曲白里表现得尤其明显。如晚明黄方胤单本剧集《陌花轩杂剧》就是相当生动的例子，其第二本《再醮》写女子丁氏嫁人不称其意，遂频频更换丈夫，十八岁已三易其夫，还很不满意，准备再找如意郎君。同时剧中又写了一个已无亲人且没有子嗣却仍苦志守节的寡妇郑氏。丁氏与郑氏相见之后，有一段针锋相对的讽骂，语气非常微妙。作者表面上谴责丁氏，骨子里却不乏对寡妇的嘲弄和对敢作敢为的丁氏的钦慕，读来颇觉精彩：

> 郑氏：你伤风败俗，是一个贩汉。
> 丁氏：你孤辰寡宿，是一个鬼妻。

郑氏：你油头粉面，好一似瓦楞上的娼妓。
丁氏：你黄皮寡瘦，好一似坟堆里的骷髅。
郑氏：你张来相，李来看，卖脸儿不知羞耻。
丁氏：你风不吹，雨不洒，夜深时没个温存。
郑氏：你年少连更三主，贱肉尚不回头。
丁氏：你鬓发已经半白，老货定难出产。①

两人相骂虽似旗鼓相当，但从语气看，丁氏显然略占上风。苦志守节的神圣感已经没有了，对寡妇的同情似乎也很少，现世生活被摆到了首位，那种为了信念而自我折磨的行为受到嘲弄。作者对执着追求性爱满足的丁氏似贬而实褒，这一派明修栈道暗度陈仓的笔法，正是晚明名教颓败、人欲彰扬形势下的必然产物。

人情以放荡为快，世风以侈靡相争
——晚明社会的纵欲风气

晚明士人肯定人欲、张扬个性的思潮是与当时社会的纵欲风气密切地联系在一起的。纵欲的追求全面地反映在社会生活的各个方面，考察这个时期的社会生活令人有兴味盎然之感。

一、社会风俗的变化

纵观明代社会的发展，明中期确实是一段特别值得注意的历史时期，经历了一百五十余年和平岁月的休养生息之

① 〔明〕黄方胤：《陌花轩杂剧》，中国书店，1994年，第31叶B—32叶A。

后，社会财富急剧积累。虽然各种社会问题和矛盾仍在严重地磋磨和耗费着这个王朝，使其暮气日深，但从表面上看，整个社会，尤其是都市，普遍呈现出一派繁荣昌盛、富庶升平的气象，人们的生活和道德观念开始发生巨大的裂变，竞奢炫奇、风流放纵成了大多数人的生活追求，与明初淳朴俭约、循规蹈矩、不尚浮华的社会风貌形成了鲜明的对照。这种变化，尤其是社会风气和道德观念的变化，给当时的人们留下了太深刻的印象。明中晚期的许多士人笔记都记录了身处这个转变时期的深刻感受。写作于明弘治年间的王锜《寓圃杂记》曰：

> 吴中素号繁华，自张氏之据……邑里潇然，生计鲜薄，过者增感……迨成化间，余恒三、四年一入，则见其迥若异境，以至于今，愈益繁盛，闾檐辐辏，万瓦甃鳞，城隅濠股，亭馆布列，略无隙地。舆马从盖，壶觞罍盒，交驰于通衢。水巷中，光彩耀目，游山之舫，载妓之舟，鱼贯于绿波朱阁之间，丝竹讴舞与市声相杂。凡上供锦绮、文具、花果、珍馐奇异之物，岁有所增，若刻丝累漆之属，自浙宋以来，其艺久废，今皆精妙，人性益巧而物产益多。①

一些士人在深切怀念过去的同时激烈地批判当前，顾起元《客座赘语》卷一言及时人如何求田问舍、投贽干名、卖官鬻爵、服舍亡等，进而营声利、蓄伎乐、狎倡优、耽博弈，因

① 〔明〕王锜：《寓圃杂记》卷五《吴中近年之盛》，中华书局，1984年，第42页。

而更加怀念正、嘉之前的“风尚醇厚”。同书卷五提到当时士人王丹丘《建业风俗记》写道：

> 正德中，士大夫有号者十有四五，虽有号，然多呼字。嘉靖年来，束发时即有号。末年，奴仆、舆隶、俳优，无不有之。又云嘉靖十年以前，富厚之家，多谨礼法，居室不敢淫，饮食不敢过。后遂肆然无忌，服饰器用，宫室车马，僭拟不可言。又云正德已前，房屋矮小，厅堂多在后面，或有好事者，画以罗木，皆朴素浑坚不淫。嘉靖末年，士大夫家不必言，至于百姓有三间客厅费千金者，金碧辉煌，高耸过倍，往往重檐兽脊如官衙然，园囿僭拟公侯。下至勾阑之中，亦多画屋矣。①

嘉靖年间袁袠《世纬》卷下亦言：

> 今士大夫之家，鲜克由礼，而况于齐民乎！其大者则丧葬婚娶，动逾古制。古者哭则不歌，今乃杂以优伶，导以髡缁，笙管铙鼓，当哀反乐。会葬者携妓以相娱，主丧者沉湎以忘返。古者婚姻六礼而已，今乃倾赀以相夸，假贷以求胜。履以珠缘，髻以金饰，宝玉翠绿，奇丽骇观。长衫大袖，旬日异制。京师则世禄之家，两浙则富商大贾，越礼逾制，僭拟王者，是故巨室之婚丧者一，而中人之破产者几矣。②

明中晚期方志中的“风俗”类，几无例外地记载了世风民情

---

①〔明〕顾起元：《客座赘语》卷五，中华书局，1987年，第170页。
②〔明〕袁袠：《世纬》卷下“革奢”，页十五至十六，《四库全书·子部·儒家类》三。

的这种明显的变化，当时经济文化最为发达的江南地区尤甚。《崇祯松江府志》卷七“风俗”曰：

> 僮竖之变：初，士夫随从皆青布衣，夏用青苎，冬有衣铁色粗褐者，便为盛服，然不常用。近僮竖皆穿玄色罗绮，至有天青、暗绿等色，中裙里衣或用红紫，见宾客，侍左右，恬不为异，虽三公入座间亦有之。凡一命之家与豪侈少年，竞为姣饰，不第亡等，家法可知矣。[①]

《崇祯乌程县志》卷四比较嘉兴一带民情风俗的变化曰：

> 今则佻达少年，以红紫为奇服，以绫纨作衵衣。罗绮富贵家，纵容仆隶亦僭巾履。新巧屡更，珍错争奇，只供目食。至博戏呼卢，衣冠辈亦靦颜为之。[②]

晚明士民对生活享受的追逐大大地刺激了手工业的发展，纺织刺绣、工艺美术等行业都愈趋精巧，达到了前所未有的水平，如华亭顾绣、苏杭锦缎，几臻绝境。士民服饰式样亦时出新制，由过去的几十年不变，发展到此时的两三年以至一年一换，样式之多，令人目不暇接。[③]

明代初年，官方为社会制定了严格的等级制度，不但人的身份要分三六九等，服饰、舆马、房舍也都有相应的严格

---

① 《崇祯松江府志》,《日本藏中国罕见地方志丛刊》,书目文献出版社，1991年,第188页。

② 《崇祯乌程县志》,《日本藏中国罕见地方志丛刊》,第294页。

③ 参见〔明〕顾起元:《客座赘语》卷一。

规定。但明中期之后，随着人们个体意识的加强和经济实力的实际变化，这种身份等级制度受到很大冲击，原先处于下层社会的人们更着意于服饰宅第方面模仿上层社会以装点门面、抬高身份，因此明初的有关规定实际上也就成了一纸废文。张瀚《松窗梦语》卷七“风俗纪”曰：

> 国朝士女服饰，皆有定制。洪武时律令严明，人遵画一之法。代变风移，人皆志于尊崇富侈，不复知有明禁，群相蹈之。如翡翠珠冠、龙凤服饰，惟皇后、王妃始得为服；命妇礼冠四品以上用金事件，五品以下用抹金银事件；衣大袖衫，五品以上用纻丝绫罗，六品以下用绫罗缎绢；皆有限制。今男子服锦绮，女子饰金珠，是皆僭拟无涯，逾国家之禁者也。①

似乎只要有一定的财富的基础，任何人，甚至于奴仆、倡优等贱民，也都可以公然地“后饰帝服”，士民恬不为怪。《万历野获编》卷五曰：

> 在外士人妻女，相沿袭用袍带，固天下通弊，若京师则异极矣。至贱如长班，至秽如教坊，其妇外出，莫不首戴珠箍，身被文绣。一切白泽麒麟、飞鱼、坐蟒，靡不有之。且乘坐肩舆，揭帘露面，与阁部公卿，交错于康逵，前驱既不呵止，大老亦不诘责。②

---

①〔明〕张瀚：《松窗梦语》卷七“风俗纪”，中华书局，1985年，第140页。
②〔明〕沈德符：《万历野获编》卷五“勋戚·服色之僭”，第148页。

等级观念的放松和人自由度的提高，不能不说是晚明人性解放思潮的一大成绩。

士人作为当时领导社会潮流的阶层，其好侈靡、重个性、有意标新立异的倾向也表现得尤为突出。《万历野获编》在谈到晚明官员士人的服饰器用时举例说：

> 故相江陵公，性喜华楚，衣必鲜美耀目，膏泽脂香，早暮递进，虽李固、何晏，无以过之。一时化其习，多以侈饰相尚，如徐渔浦泰时冏卿，时为工部郎，家故素封，每客至，必先侦其服何抒何色，然后披衣出对，两人宛然合璧，无少参错，班行艳之。
>
> ……协院中丞许少微宏网，朱紫什袭，芳馥遥闻……此公居官以廉著闻，盖性使然也。又友人金赤城汝嘉太守，家无儋石，貌亦甚寝。每过入室，则十步之外，香气逆鼻。冰纨雾縠，穷极奢靡，至以中金为熏笼，又为溺器，而作吏颇清白。第负乡人债数千，不能偿耳。盖八识田中，带此结习，不能铲也。又如大司空刘晋川东星，遇冬月，则御纱袍，遇暑月，则披纻袍……冏卿冯谦川渠束带时，缺其二三胯，同寅皆笑之，恬不为怪。此则似出有意矣。
>
> ……又近年有一御史按江南，邑令辈至织成双金刻丝花鸟人物，冒之溲器之上，御史安然享之。①

从这些史料看，当时官员的好修饰、竞侈靡的生活习惯更多的是一种时尚而非腐败，风流佻达是士人的韵事，为一时快

---

①〔明〕沈德符：《万历野获编》卷十二“吏部·士大夫华整”，第316页。

乐宁可倾家荡产。公安三袁时皆以放纵著称，袁宏道在谈他的弟弟袁中道的诗时，还特别提到他平日“性喜豪华，不安贫窘；爱念光景，不受寂寞。百金到手，顷刻都尽，故尝贫；而沉湎嬉戏，不知樽节，故尝病；贫复不任贫，病复不任病，故多愁”①。晚明著名散文家张岱亦在《自为墓志铭》一文中回忆自己的早年风习道：

> 少为纨绔子弟，极爱繁华，好精舍，好美婢，好娈童，好鲜衣，好美食，好骏马，好华灯，好烟火，好梨园，好鼓吹，好古董，好花鸟，兼以茶淫橘虐，书蠹诗魔。②

这段话极能反映晚明士人的追求和风尚，其中不少行为无论在以前还是在以后都被目为有碍道德，但在当时人看来，却是很风流的。

这种侈靡习气甚至影响了槛外的僧人、道士，他们也尽一切可能追求尘世乐事而无视宗教的清规戒律。晚明通俗小说中关于和尚、道士宣淫的题材比历史上的任何一个时代都要多得多，这当然是一定生活真实在文学中的折射。《万历野获编》载万历间以精于讲经而风靡天下的名僧雪浪：

> 性佻达，不拘细行。友人辈挈之游狎邪，初不峻拒。或曲宴观剧，亦欣然往就。时有寇四儿名文华者，负坊曲盛名，每具伊蒲之馔，邀之屏阁，或时一赴……

---

①《袁宏道集笺校》卷四《叙小修诗》，第188页。

②〔明〕张岱：《瑯嬛文集》卷五《自为墓志铭》，光绪三年刊本。

> 雪浪有侍者数人，皆韶年丽质，被服纨绮，即衵衣亦必红紫，几同烟粉之饰。予曾疑之，以问冯开之祭酒："比丘举动如此，果于禅律有碍否?"冯笑曰："正如吾辈蓄十数婢妾，他日何害生西方登正觉耶。"其爱护之如此。[①]

僧人行为如此，士人似乎完全能够接受。

风流放诞的士风造就了晚明社会对怪异、惊世骇俗的行为的崇尚，一些士人在穿戴、举止、言论上都力求标新立异，如王艮喜欢头戴"五常冠"，身着深衣古服，行为怪诞，危言耸听。[②]徐渭亦然，个性极强，不肯稍与世俗妥协，"晚年愤益深，佯狂益甚，显者至门，或拒不纳。时携钱至酒肆，呼下隶与饮。或自持斧击破其头，血流被面，头骨皆折，揉之有声。或以利锥锥其两耳，深入寸余，竟不得死"[③]，自称"半儒半释还半侠"。徐渭生前虽淹蹇不闻于世，死后却受到晚明士人的狂热崇拜。而崇拜的原因除了他在艺术和文学方面的绝世天才之外，往往还包括他怪诞的行止，正如梅客生所概括的"病奇于人，人奇于诗"，这成了当时士人的个性的偶像。万历年间著名诗人张献翼（字幼于、幼予）更堪称这个时期狂放士风的代表。张自觉高标出世，行为怪诡荒诞，刻意与世俗作对，晚明不少士人笔记都记载了这位奇人的轶事。

---

① 〔明〕沈德符:《万历野获编》卷二十七"释道·雪浪被逐",第692—693页。
② 参见〔清〕黄宗羲:《明儒学案》卷三二"处士王心斋先生艮",第709页。
③ 《袁宏道集笺校》卷一九《徐文长传》,第716页。

《万历野获编》言张献翼经常“身披采绘荷菊之衣，首戴绯巾，每出则儿童聚观以为乐”[①]。明郑仲夔《耳新》卷五载：

> 张幼于献翼好为奇诡之行……置有五色须，每出行，携之满袖中，不数步，辄更带焉……
>
> 张幼于每喜着红衣，又特妙于乐舞，因著《舞经》。家有舞童一班，皆亲为教演成者。舞时，非其臭味不欲令见也。又每日令家人悬数牌门首，如官司放告牌样，或书“张幼于卖浆”，或书“张幼于卖舞”，或书“张幼于卖侠”，或书“张幼于卖痴”，见者捧腹不已。[②]

钱谦益《列朝诗集小传》所载更奇：

> 〔张幼于〕与所厚善者张生孝资，相与点检故籍，刺取古人越礼任诞之事，排日分类，仿而行之。或紫衣挟伎，或徒跣行乞，遨游于通邑大都，两人自为俦侣，或歌或哭……每念故人及亡妓，辄为位置酒，向空酬酢。孝资生日，乞生祭于幼于，孝资为尸，幼于率子弟衰麻环哭，上食设奠，孝资坐而飨之，翌日行卒哭礼，设妓乐，哭罢痛饮，谓之收泪。自是率以为常。[③]

这种怪诞的行止在当时似颇不乏响应者，《万历野获编》卷二十三又曰：

---

① 〔明〕沈德符：《万历野获编》卷二十三“士人·张幼予”，第582页。

② 〔明〕郑仲夔：《耳新》页三一，《丛书集成初编》第2946册。

③ 〔清〕钱谦益：《列朝诗集小传》丁集上《张太学献翼》，上海古籍出版社，1983年，第453页。

同时吴中有刘子威，文苑耆宿也。衣大红深衣，遍绣群鹤及獬豸，服之以谒守土者。①

《板桥杂记》载当时名士邹公履：

游平康，头戴红纱巾，身着纸衣，齿高跟屐，佯狂沉湎，挥斥千黄金不顾。②

晚明士人的这种放诞怪诡的行为，与其说是苦闷的象征，不如说是挣脱理学长期束缚之后个性意识的泛滥所致。傲世独立、洒脱不羁成了这个时期的理想人格，高标出世的行为往往会获得轰动效应，因此也有不少士人在这种时代潮流中哗众取宠，刻意以诡异放诞的行止去媚俗，风潮所趋，固未足怪。

二、江南青楼与名士风流

我们知道，明初宣德年间官方曾有一次娼妓制度的大改革，这就是废除唐代以来的官妓制，严禁官员狎妓宿娼，“官吏宿娼，罪亚杀人一等；虽遇赦，终身弗叙”③。明初确曾严厉地处理过多起官员宿娼事件，但这一禁令在明代未能坚持实行，史料中就有皇帝“幸妖妓”的记录。王世贞《凤洲杂编》：“景帝时召妖妓李惜儿入宫，武宗时狎晋阳妓刘氏，号

① 〔明〕沈德符：《万历野获编》卷二十三“士人·张幼予”，第582页。
② 〔清〕余怀：《板桥杂记》下卷，〔清〕虫天子编：《香艳丛书》，第3665页。
③ 〔明〕王锜：《寓圃杂记》卷一“官妓之革”，第7页。

刘娘娘。”[①]皇帝如此，官员当然亦不乏例，如何良俊《四友斋丛说摘抄》之三曰：

西北士大夫饮酒皆用伎乐，余偶言及之，朱子价曰：“马西玄丁忧回去，亦与娼家饮酒。”[②]

禁妓之令在晚明尤其受到冲击，官员狎妓的事例时见诸笔记。《万历野获编》卷二十八“果报·守土吏狎妓”云：

今上辛巳壬午间，聊城傅金沙令吴县，以文采风流为政，守亦廉洁，与吴士王百穀厚善，时过其斋中小饮，王因匿名妓于曲室，酒酣出以荐枕，遂以为恒……癸未甲申间，临邑邢子愿，以御史按江南，苏州有富民潘璧成之狱，所娶金陵角妓刘八者亦在谳中。刘素有艳称，对簿日呼之上，谛视之，果光丽照人。因屏左右密与订，待报满离任，与晤于某所。遂轻其罪，发回教坊。未几邢去，令人从南中潜窜入舟中，至家许久方别。二公俱东省人，才名噪海内，居官俱有惠爱，而不矜曲谨如此。[③]

从各种史料看，晚明的妓禁已不很严，妓业十分发达。如果说官员为了政治上的前途还不得不有所顾忌，那么，没有职位的广大士庶商贾已普遍地以狎妓为风流也属自然。晚明人情小说中反映妓院兴隆和妓女命运的作品数量十分可观。谢

① 〔明〕王世贞：《凤洲杂编·上幸妖妓》页二〇，《丛书集成初编》第2810册。
② 〔明〕何良俊：《四友斋丛说摘抄》页二八二，《丛书集成初编》第2809册。
③ 〔明〕沈德符：《万历野获编》卷二十八“果报·守土吏狎妓”，第713页。

肇淛《五杂组》卷八："今时娼妓布满天下，其大都会之地动以千百计，其他穷州僻邑，在在有之。"①尤其是明末江南如金陵、扬州、杭州等地的妓院行业呈现了中国历史上少有的繁盛局面，"妓家各分门户，争妍献媚，斗胜夸奇"②，如秦淮河的灯船和河房、扬州的二十四桥风月、西湖中秋夜之箫管丝竹皆以曲里风情而名著一时，许多士人笔记载其盛况。张岱《陶庵梦忆》叙江南风情，无处没有女妓点缀其间。如嘉兴烟雨楼"湖多精舫，美人航之"；姑苏"虎丘八月半，土著流寓、士夫眷属、女乐声伎、曲中名妓戏婆……无不鳞集"；扬州清明日"四方流寓及徽商西贾、曲中名妓、一切好事之徒，无不咸集"；南京"秦淮河河房，便寓、便交际、便淫冶，房值甚贵，而寓之者无虚日……两岸水楼中，茉莉风起动儿女香甚，女客团扇轻纨，缓鬓倾髻，软媚着人"。他还生动地记述二十四桥风月曰：

> 巷口狭而肠曲，寸寸节节，有精房密户，名妓、歪妓杂处之。名妓匿不见人，非向导莫得入。歪妓多可五六百人，每日傍晚，膏沐熏烧，出巷口，倚徙盘礴于茶馆酒肆之前，谓之"站关"。③

在这样的社会基础上，晚明出现了一批品评名妓、专叙妓业

---

①〔明〕谢肇淛：《五杂组》卷八，中华书局，1959年，第225页。
②〔明〕余怀：《板桥杂记》卷上，〔清〕虫天子编：《香艳丛书》，第3640页。
③〔明〕张岱：《陶庵梦忆》卷四，上海书店，1982年，第32页。

的笔记，其中不乏《板桥杂记》这样的名著，它们将晚明士人狎妓的习惯和趣味巨细无遗地记录下来，给后人留下了大量生动直观的材料。

多才多艺的江南名妓与风流倜傥的才士名人是晚明江南社会上领一代风骚的人物，名妓如马湘兰、卞玉京、董小宛、李香君、柳如是等都积极参与社会生活，她们与名士深相期许的知己般的浪漫关系一时传为佳话，为广大士人所神往，在社会上产生了不可低估的影响。士人普遍以与名妓交往为荣事，纵情青楼、千金买笑，被时人视为风流的标志。钱谦益《列朝诗集小传》丁集记载了许多晚明诗人征歌选妓、沉醉青楼的轶事，如万历间诗人李言恭“家于金陵，赋诗结社，征歌选妓，有承平王孙之风”；久客广陵的莆田诗人黄世康“遨游青楼，极宴放歌，有杜牧之风”；诗人朱承采更有一番豪举：

> 万历甲辰中秋，开大社于金陵，胥会海内名士，张幼于辈分赋授简百二十人，秦淮伎女马湘兰以下四十余人，咸相为缉文墨，理弦歌，修容拂拭，以须宴集，若举子之望走锁院焉。承平盛事，白下人至今艳称之。①

这种“盛事”，最为晚明士人所艳羡。类似的文酒声伎之会，在当时江南一带几成风气，不少士人笔记记载了这类“盛事”：

---

①〔明〕钱谦益：《列朝诗集小传》丁集上《齐王孙承采》，第471页。

> 嘉兴姚壮若，用十二楼船于秦淮，召集四方应试知名之士百有余人。每船邀名妓四人侑酒，梨园一部，灯火笙歌，为一时盛事。先是嘉兴沈雨若，费千金定花案，江南艳称之。①

张岱《陶庵梦忆》还记载了他在家乡绍兴亲自组织的一次类似的盛会：

> 崇祯七年闰中秋，仿虎丘故事，会各友于蕺山亭。每友携斗酒、五簋、十蔬果、红毡一床，席地鳞次坐。缘山七十余床，衰童塌妓，无席无之。在席七百余人，能歌者百余人，同声唱“澄湖万顷”，声如潮涌，山为雷动。诸酒徒轰饮，酒行如泉。夜深客饥，借戒珠寺斋僧大锅煮饭以大桶担饭继。命小傒芥竹、楚烟于山亭演剧十余出，妙入情理，拥观者千人。②

晚明士妓交往情事，20世纪以来颇受学人关注，此不赘述。③

三、自蓄声伎

蓄声伎风气的形成亦为晚明纵欲主义思潮中的重要内容之一。明中期以降，或许是因为官员不敢公然违禁而又在当时的

---

①〔明〕余怀：《板桥杂记》卷下，〔清〕虫天子编：《香艳丛书》，第3662页。
②〔明〕张岱：《陶庵梦忆》卷七，第62页。
③ 参见王书奴：《中国娼妓史》，上海三联书店，1988年重刊版；陈寅恪：《柳如是别传》，上海古籍出版社，1980年；陶慕宁：《青楼文学与中国文化》，天津人民出版社，2024年。

纵欲风气之下不甘于寂寞吧，一些有声望、有财力的官员士人便纷纷蓄声伎以为胜，自置家乐在社会上蔚为风气。蓄声伎在明清两代不但合法，往往还是主人风流的标志。如此不但可以保全声名，便于随时娱乐或客来命乐饮酒，同时也使声伎有更多的时间精工技艺。晚明家乐的水平往往比社会上的声伎更高一些，一些名士权贵的家乐在规模上也可以与戏班媲美，如《四友斋丛说摘抄》中的一则记载说：

> 有客从山东来者，云李中麓家戏子几二三十人，女妓二人，女僮歌者数人。[①]

而江南蓄声伎之风尤炽，《松窗梦语·风俗纪》中有一段很值得注意的话：

> 夫古称吴歌，所从来久远。至今游惰之人，乐为优俳。二三十年间，富贵家出金帛，制服饰器具，列笙歌鼓吹，招至十余人为队，搬演传奇；好事者竞为淫丽之词，转相唱和；一郡城之内，衣食于此者，不知几千人矣。人情以放荡为快，世风以侈靡相高，虽逾制犯禁，不知忌也。[②]

张岱《陶庵梦忆》于江南蓄声伎风气之盛亦颇多记载，“包涵所”一则叙杭州官员包涵所家声伎的排场：

---

① 〔明〕何良俊：《四友斋丛说摘抄》页二八一，《丛书集成初编》第2809册。
② 〔明〕张瀚：《松窗梦语》卷七，第139页。

> 西湖三船之楼，实包副使涵所创为之。大小三号，头号置歌筵储歌童，次载书画，再次偫美人。涵老声妓非侍妾比，仿石季伦、宋子京家法，都令见客……客至则歌童演剧，队舞鼓吹，无不绝伦。①

又有“张氏声伎”一则，自叙其家在杭州从万历年间开始蓄声伎，家中先后曾有过可餐班、武陵班、梯仙班、吴郡班、苏小小班和平子茂苑班等六个戏班：

> 主人解事日精一日，而傒僮技艺亦愈出愈奇。余历年半百，小傒自小而老，老而复小，小而复老者凡五易之。②

同书还详细谈到当时江南大户精练家乐的情形：

> 朱云崃教女戏，非教戏也。未教戏，先教琴，先教琵琶，先教提琴、弦子、箫管、鼓吹、歌舞，借戏为之，其实不专为戏也……丝竹错杂，檀板清讴，入妙腠理。唱完以曲白终之，反觉多事矣。西施歌舞，对舞者五人，长袖缓带，饶身若环。曾挠摩地，扶旋猗那，弱如秋药。③

一些士人还认真地在家乐中进行自己的戏剧艺术实践：

> 刘晖吉奇情幻想，欲补从来梨园之缺陷。如《唐明皇游月宫》，叶法善作，场上一时黑魆地暗，手起剑落，霹雳一声，黑幔忽收，露出一月，其圆如规。四下以羊角染五

---

①〔明〕张岱:《陶庵梦忆》卷三,第24—25页。
②〔明〕张岱:《陶庵梦忆》卷四,第34页。
③〔明〕张岱:《陶庵梦忆》卷二,第12页。

> 色云气，中坐常仪，桂树吴刚，白兔捣药。轻纱幔之内，燃赛月明数株，光焰青黎，色如初曙。撒布成梁，遂蹑月窟。境界神奇，忘其为戏也。其他如舞灯，十数人手携一灯，忽隐忽现，怪幻百出，匪夷所思……彭天锡向余道：“女戏至刘晖吉，何必男子，何必彭大。”天锡，曲中南董，绝少许可，而独心折晖吉家姬。①

《列朝诗集小传》丁集载当时不少诗人都有蓄声伎之嗜，如何良俊“晚蓄声伎，躬自度曲，分刌合度。秣陵金阊，都会佳丽，文酒过从，丝竹兢奋，人谓江左风流，复见于今日也”②。诗人唐献可“读书任侠，蓄声伎，鉴别古书画器物，家蓄女伎，极园亭歌舞之胜。风流好事，甲于江左”③。时人视蓄声伎为名士风流，倾慕不已。黄宗羲《思旧录·范景文》载晚明殉节的大学士范景文自置家乐，平常家居，“每饭则出以侑酒，风流文采，照映一时”。明末四公子之一冒辟疆“家有园亭声伎之胜”④，他的如皋水绘园是明晚期名士才人常聚之所在，同时也以其声伎著称于世，如杨枝、紫云、秦箫、灵雏等人，色艺冠绝一时，士人为之赋诗作词，趋之若鹜。据载冒辟疆“投辖开尊，辄出家伶娱坐客”。

蓄声伎的现象在晚明的上流社会非常普遍，而且一直延

---

①〔明〕张岱：《陶庵梦忆》卷五，第45页。

②〔清〕钱谦益：《列朝诗集小传》丁集上《何孔目良俊》，第450—451页。

③〔清〕钱谦益：《列朝诗集小传》丁集上《唐公子献可》，第472页。

④〔清〕钮琇：《觚剩》卷二“吴觚中·小杨枝”，《笔记小说大观》第17册，广陵古籍刻印社，1984年，第30页。

续到清代，我们在《红楼梦》中还可以看到对大观园中私家戏班的生动描写。但清代社会上蓄声伎普及的程度和士人对家乐的兴趣都再没有恢复到晚明这种繁盛状态。

四、药石秘术的流行

明中期之后的纵欲风气导致了房中术的再度兴起。房中术在自汉至唐的很长一段时间里曾经作为养生术风靡于世，汉魏南北朝时期尤烈，出现了多种关于房中术的著作。唐代之后，它似乎被淡忘了，是明中晚期竞侈炫奇的世风唤起了人们对它的记忆。上层人士开始重新热衷于谈论房中术，名士骚人公然参与其中而不以为耻，他们为此广置姬妾，企盼在满足声色享受之时兼获延年益寿、长生不老之功效。社会上又出现种种故弄玄虚的房中术著作，炼丹采补之说风靡一时。现存明代房中书至少有三种——《既济真经》《修真演义》《素女妙论》，内容大同小异，不外乎视女性为炼丹的丹炉，使男性从性行为中得益。当然绝大部分热衷于房中术的人都不是对它的理论感兴趣，而不过是借此宣淫，因而房中术在晚明总是与色情小说密切联系在一起，“三峰大药”之类的理论不仅经常被色情小说逐字逐句地引用，也总是被与各种媚药秘方并提。媚药在明中晚期社会上的泛滥是与房中术同步的，明宫廷对此不但不忌讳，反而十分热衷，明中期以后，不少人以向皇帝进献房中术和媚药获得高官厚爵。《万历野获编》卷二十一列举各朝史实，触目惊心：

> 成化间，方士李孜省，官通政使礼部左侍郎掌司事，妖僧继晓，累进通玄翊教广善国师；正德间，色目人于永，拜锦衣都指挥。皆以房中术骤贵，总之皆方技杂流也。至士人则都御史李实、给事中张善，俱纪于《宪宗实录》中。应天府丞朱隆禧、都御史盛端明、布政司参议顾可学，皆以进士起家，俱以方药受知世宗，与邵、陶诸人并列……又若万文康，以首揆久辅宪宗。初因年老病阴痿，得门生御史倪进贤秘方，洗之复起，世所传为洗鸟御史是也。万以其方进之上，旁署臣万安进。①

嘉靖年间进药之风最盛，《万历野获编》卷二十一罗列史实曰：

> 嘉靖初年，士大夫尚矜名节，自大礼献媚，而陈洸、丰坊之徒出焉。比上修玄事兴，群小托名方技希宠，顾可学、盛端明、朱隆禧，俱以炼药贵显，而隆禧又自进太极衣，为上所眷宠，乃房中术也。②

这个时期皇帝给进药者的封赐也最为优厚，当时有个大名鼎鼎的陶仲文，他的生平经历可谓是晚明进药荣显的典型：

> 陶仲文以仓官召见，献房中秘方，得幸世宗，官至特进光禄大夫柱国少师少傅少保、礼部尚书、恭诚伯，禄荫至兼支大学士俸。子为尚宝司丞，赏赐至银十万两，锦绣蟒龙斗牛鹤麟飞鱼孔雀罗缎数百袭，狮蛮玉带五六围，玉印文图记凡四。封号至神霄紫府阐范保国弘烈宣

---

① 〔明〕沈德符：《万历野获编》卷二十一“佞幸·秘方见幸”，第547页。

② 〔明〕沈德符：《万历野获编》卷二十一“佞幸·士人无赖”，第541页。

教振法通真忠孝秉一真人。见则与上同坐绣墩，君臣相迎送，必于门庭握手方别。至八十一岁而殁，赐四字谥，其荷宠于人主，古今无两。时大司马谭二华纶受其术于仲文，时尚为庶僚，行之而验。又以授张江陵相，驯致通显以至今官……盖陶之术，前后授受三十年间，一时圣君哲相，俱堕其彀中，叨忝富贵如此。汉之慎恤胶、唐之助情花，方之蔑如矣。①

但嘉靖朝因秘方得幸者远不止陶一人，除了前面提到过的一些士夫之外，著名的得宠者还有：

陶之前则有邵元节，亦至封伯官三孤，亦得四字谥，但以年稍不久，故尊宠大逊陶。同时又有梁指甲者封通妙散人，段瘸子亦封宣忠高士。②

《万历野获编》还具体记载了当时流行的秘方的种类、原料和炼制方法：

嘉靖间，诸佞幸进方最多，其秘者不可知，相传至今者，若邵、陶则用红铅，取童女初行月事炼之如辰砂以进。若顾、盛则用秋石，取童男小遗去头尾炼之如解盐以进。此二法盛行，士人亦多用之。然在世宗中年始饵此及它热剂，以发阳气，名曰长生，不过供秘戏耳。致穆宗以壮龄御宇，亦为内官所蛊，循用此等药物，致损圣体。③

① 〔明〕沈德符：《万历野获编》卷二十一“佞幸·秘方见幸”，第546—547页。
② 〔明〕沈德符：《万历野获编》卷二十一“佞幸·秘方见幸”，第547页。
③ 〔明〕沈德符：《万历野获编》卷二十一“佞幸·进药”，第547页。

今世皆重红铅，亦炼童女经事为药进之，不特士人为然。①

明中晚期宫廷的淫靡之风是与民间的风气相呼应的，当时的士人以纵谈药石秘术为风流洒脱，一些风流名士如袁宏道、冯梦龙等，其集子中往往都有相关内容。《骨董琐记》卷四载晚明大书画家、南京礼部尚书董其昌“居乡豪横……老而渔色，招致方士，专请房术”②。董之次子因在家乡华亭强占民女发生纠纷，招致乡人不满，后竟引出晚明江南士人与官方对峙的一大公案。同时，社会上公然流行淫器，明无名氏撰《如梦录》，详载晚明开封风土人情，其中《街市纪》部分，写到当时街市上公开出售“广东人事、房中技术”及“助老扶幼、走马乌须”之药。在这方面，小说《金瓶梅》中的材料尤为丰富，给我们展开了一幅生动直观的风情画卷。在描述主人公西门庆的纵欲生活时，此书描述了大量的春药和淫器，并指出它们都是在当时市面上流行的。小说第三十八回中写道：“西门庆见妇人好风月，一径要打动他，家中袖了一个锦包儿来，打开里面，银托子、相思套、硫磺圈、药煮的白绫带子、悬玉环、封脐膏、勉铃，一弄儿淫器。”类似的文字在晚明的狭邪小说《浪史》《绣榻野史》等书中也广泛存在。

晚明的小说笔记所提到的淫器，记得最多的是“广东人事”（即《金瓶梅》中的“景东人事”）和缅铃（或作“勉

---

①〔明〕沈德符：《万历野获编》卷二十八“鬼怪·京师狐媚”，第729页。
② 邓之诚：《骨董琐记》，中国书店，1991年，第132页。

铃”)，这两种淫器在《万历野获编》中均有较详细的记载。晚明社会中存在的淫器非常多，除了市面上流行的，还有一些挖空心思制造出来以取悦于王公贵族的新奇玩意儿。据载，权倾朝野、显赫一时的严嵩父子就收藏了许多世所罕见的亵器：

> 闻籍分宜时，有亵器，乃白金美人，以其阴承溺。①

姚灵犀《瓶外卮言》亦曰：

> 王世贞《史料后集》载，世蕃当籍，有金丝帐、金溺器、象牙厢金触器之类，执政恐骇上闻，令销之。②

翻阅晚明笔记，有关材料颇不鲜见。

五、春宫画册

色情艺术在社会上的大肆泛滥是晚明社会纵欲思潮的又一标志。《万历野获编》卷二十六载：

> 幼时曾于二三豪贵家见隆庆窑酒杯茗碗，俱绘男女私亵之状。盖穆宗好内，故以传奉命造此种。③

同书“春画”条又曰：

> 予见内庭有欢喜佛……大珰云：每帝王大婚时，必先

---

①〔明〕沈德符：《万历野获编》卷八“内阁·权臣籍没怪事”，第211页。
② 姚灵犀：《瓶外卮言·金瓶小札·景东人事》，天津书局，1940年，第160页。
③〔明〕沈德符：《万历野获编》卷二十六“玩具·瓷器”，第654页。

导入此殿，令抚揣隐处、默会交接之法，然后行合卺，盖虑睿禀之纯朴也。今外间市骨董人，亦间有之，制作精巧……此外有琢玉者多旧制，有绣织者新旧俱有之。闽人以象牙雕成，红润如生，几遍天下。总不如画之奇淫变幻也。工此技者，前有唐伯虎，后有仇实甫，今伪作纷纷，然雅俗甚易辨。①

案，欢喜佛本为佛教密宗的一种修炼方式，从经义上说，并不含性娱乐色彩，但它在明代宫廷中令人啼笑皆非地成了性“教科书”；到了社会上，与当时的纵欲思潮结合在一起，便“几遍天下”，全失密宗本义，成为箧中秘玩。

正如沈德符所说的，晚明社会上最为流行的色情艺术是春画（亦即春宫画），由于社会的需要和画家们的热烈兴趣，春宫画很快成了这个时期人物画的一大题材，士人们热衷于观赏、谈论、收藏甚至亲自制作春宫画册，一些一流的大画家如唐寅、仇英亦技痒难禁，创作过很精致、艺术性很高的春宫画，我们在许多明清士人的笔记尺牍中都可以读到他们对这些艺术作品的赞赏和神往。②现在我们虽然已看不到这些作品，但从唐寅的词曲中仍可想见他对色情艺术痴迷的程度。③晚明的春宫画有多种风格鲜明的艺术流派，呈现出中国

① 〔明〕沈德符：《万历野获编》卷二十六“玩具·春画”，第659页。

② 参见刘达临：《中国古代性文化》，宁夏人民出版社，1993年，第828页。

③ 据《太平清话》，唐寅曾撰有《风流遁》，皆青楼戏语，今不传。然如《唐伯虎全集》卷四《黄莺儿·咏美人浴》（中国书店，1985年影印本）等，亦极春画之意。

艺术史上未曾有过的繁荣局面。坊间亦公然刊行春宫画册，如《金瓶梅》中所提到的《二十四解》，《肉蒲团》中的《三十六宫春》等，都是由书坊出售的。据荷兰学者高罗佩《秘戏图考》考证，晚明社会春宫画册非常流行，品种风格各异，而以五色套印的木版春宫画册最为精美。这类画册装裱非常讲究，以二十四幅的册页居多，画面之外皆配以色情诗词。《秘戏图考》记载了高氏见过的八种画册，即《胜蓬莱》《风流绝畅》《花营锦阵》《风月机关》《鸳鸯秘谱》《青楼剟景》《繁华丽锦》《江南消夏》，它们大多产生于从隆庆到崇祯的近八十年里，而成就最高的精品多制作于万历天启年间，这是套色木版春宫画的全盛期，画面纯以线描，气韵生动，清新脱俗，分别用红、黄、绿、蓝、黑五种颜色套印，且严丝合缝毫不走样，给人以明洁流畅之感。可以说，它不仅是春宫画册中的佼佼者，也代表着中国传统的套色木版画的最高成就，堪称晚明纵欲主义思潮在艺术领域的一朵奇葩。后来清代坊间也刊行过大量的春宫画册，但艺术质量与此不可同日而语，趣味低俗，制作亦远为粗糙。这种精粗雅俗的区别，与士人参与程度的深浅及画家对性行为的认识和态度有很大的关系。由于晚明士人以纵情声色为风流，视性行为为自然人性的流露而不以为耻、不以为邪，江南一带风流名士往往纯粹出于兴趣斥资精工制作这些春宫画册，将士人优雅脱俗的艺术趣味浸入其中。他们将此举作为一种韵事而非以营利为目的，每一件作品的制作都被视为认真的艺术创造。而随着明王朝的覆灭，士人这方面的闲情逸致已不复存在，春宫画相应地也堕为书商盈利的商品，成了迎合世俗的猥亵玩品。同时清代官方严厉查禁春宫画，提心吊胆的创作背景加上急功近利的创作心态，当然就很难产生精致的艺术品了。因此，明清两代春宫画的区别，也可以说是性爱风气变异在艺术领域清晰生动的投影。

受晚明纵欲主义思潮的影响，对中国文化极为倾倒并热衷于仿效的邻国日本，这个时期的春宫画也极为繁盛，而且作品之精致优雅出人意料，很有一些精品流传到国内市场，许多士人甚至认为其水平超过了中国。李诩《戒庵老人漫笔》卷一曰：

> 世俗春画，鄙亵之甚，有贾人携倭国春画求售，其图男女，惟远相注眺，近却以扇掩面，略偷眼觑，有浴者亦在帏中，仅露一肘，殊有雅致。其绢极细，点染亦精工。①

《万历野获编》卷二十六亦曰：

> 倭画更精，又与唐、仇不同，画扇尤佳。余曾得一箑，面上写两人野合，有奋白刃驰往，又一挽臂阻之者，情状如生。②

但《秘戏图考》的作者在考察了大量的原始材料后认为，

① 〔明〕李诩：《戒庵老人漫笔》卷一“倭国春画”，中华书局，1982年，第39页。
② 〔明〕沈德符：《万历野获编》卷二十六“玩具·春画”，第659页。

日本这个时期的春宫画多受中国影响，在套色印版等制作方面更是完全沿承了中国的技术而未能很好地得其真传，因而总体水平上要比中国的粗糙一些，前两书所言，当为个别例子。值得注意的是，日本的春画之所以又流回中国求售，当然是因为晚明社会拥有一个火热的春画市场，人们热衷于观赏、品评和收藏，社会需求量很大。

营造纵欲的理想王国
——晚明的色情文学

色情文学的泛滥是晚明纵欲思潮中最引人注目的现象，无论是把文学作为社会现实的真实反映还是作为一种时代意识的表现来看，都可以说，它既是晚明社会纵欲风气的产物，又对这种风气起着推波助澜的作用，它以一种更纯粹、更凝练的方式营造了一个完全没有现实生活中种种障碍的纵欲的理想王国，在那里作者可以充分地表现对纵欲的强烈的欲望和追求。明中期之后，色情文学大量涌现，形成了中国文学史上罕见的繁荣局面，新作迭出，颇具规模，内容涉及面极广，从中可以充分地感受到当时社会人心躁动、人欲横流的状况。从艺术上看，也不乏可读之作，产生了像《金瓶梅》这样高质量的色情文学杰作，在文学史上占有异常重要的地位。另如小说《痴婆子传》等，对邻国日本的古典文学也产生了深刻的影响。

晚明的通俗文学大量充斥着色情内容，而色情文学亦以通俗文学为主。被袁宏道、冯梦龙等人推崇备至、以之为明代真正可以传世之诗的民间小曲中，百分之七八十的内容都是关于性爱的。这些小曲在当时遍及南北，从勾栏曲院、酒楼庙会直至家庭私宴，处处可闻，最为人们所喜闻乐见。不但娼妓优伶必得精通以娱客，百姓人家的妻妾丫鬟往往也十分熟悉这些俚曲，小说《金瓶梅》就大量引用它们。潘金莲时常在西门庆面前唱曲希宠，她是如此熟悉这些小曲，以至言谈间曲文总是脱口而出，而与她对话的女子，即使正经如吴月娘者，也总是能立即明白其意。西门家的其他丫鬟如春梅、玉箫等，也都是吹拉弹唱色色皆精，招之即来，既是丫鬟，亦为家乐，这在当时的富户中亦属常景。从成化年间的《新编四季五更驻云飞》一直到明末冯梦龙的《山歌》等俚曲集子，曲词是越写越艳，表现男女私情的描写也愈加裸露而不讲究含蓄，语言热辣辣地充满激情，反映了对性爱的由衷赞赏和强烈渴求，极具特色。晚明这类集子时有出现，数量可观。顾起元《客座赘语》卷九曰：

> 里衖童孺妇媪之所喜闻者，旧惟有《傍妆台》《驻云飞》《耍孩儿》《皂罗袍》《醉太平》《西江月》诸小令，其后益以《河西六娘子》《闹五更》《罗江怨》《山坡羊》。《山坡羊》有沉水调，有数落，已为淫靡矣。后又有《桐城歌》《挂枝儿》《干荷叶》《打枣干》等，虽音节皆仿前谱，而其语益为淫靡，其音亦如之。视桑间濮上之音，又不翅相去

千里。诲淫导欲，亦非盛世所宜有也。[①]

这些小曲的作者多为市井小民及里巷妇女，经娼妓歌童的传唱而流入上层社会，与当时士人的纵欲思潮一拍即合，得到士人的高度评价，袁宏道认为它们堪与《诗经》并提：“《毛诗》郑卫等风，古之淫词媟语也，今人所唱《银柳丝》《挂针儿》之类，可一字相袭不?”[②]他在《叙小修诗》中又曰：

吾谓今之诗文不传矣。其万一传者，或今闾阎妇人孺子所唱《擘破玉》《打草竿》之类，犹是无闻无识真人所作，故多真声，不效颦于汉魏，不学步于盛唐，任性而发，尚能通于人之喜怒哀乐嗜好情欲，是可喜也。[③]

这些小曲对文人的创作亦产生了巨大的影响，许多文人希图从中汲取蓬勃的生命力，热衷于模仿那种既新巧又淳朴的艺术风格，一些通俗小说甚至直接引用俚曲来表现主题。因此晚明有不少士人兴趣盎然地从事俚曲的搜集、编纂和仿作的活动，取得了较大的成绩。

最能反映当时社会纵欲风气之烈的当然还数明中晚期大量涌现的狭邪小说，从数量规模到内容观念，它们都可以说是晚明纵欲思潮所留给后人的最丰富、生动、直观的材料。据近年来学者们的搜集，明代现存的这类小说有《如意君

① 〔明〕顾起元：《客座赘语》卷九“俚曲”，第 302 页。

② 《袁宏道集笺校》卷十一《与江进之》，第 515 页。

③ 《袁宏道集笺校》卷四《叙小修诗》，第 188 页。

传》《金瓶梅》《绣榻野史》《昭阳趣史》《浪史》《玉闺红》《别有香》《龙阳逸史》《弁而钗》《宜春香质》《一片情》《欢喜冤家》《僧尼孽海》《痴婆子传》《素娥篇》《春梦琐言》等近二十种，但这些还只是有幸保存下来的一部分，由于入清后官方多次下令禁毁“淫词小说”，晚明狭邪小说散佚失传者甚多，如当时一再地被与《金瓶梅》并提的《玉娇李》，现在就完全失传了。上列的不少书目，如《龙阳逸史》《痴婆子传》等，在汉土原亦久已失传，都是近年来学者在日本发现的。由此可以估计，晚明的狭邪小说的数量当比现存的多得多。

明代的狭邪小说大多为明中期以后的作品，以万历至崇祯年间的为最多。它们或以性刺激为宗旨，或出于一种对性的狂热崇拜和表现欲，专写那种怪诞奇异的性心理和性行为，内容十分丰富。处于纵欲思潮之下的小说家们，把一切与性有关的情节都张扬到了极致，欲望的热流扑面而来。从现代性学的角度看，它们几乎可以说是包罗万象。在性兴趣上，涉及异性恋、同性恋、双性恋、虐恋、物恋、足恋，以及异装癖、窥淫癖、露阴癖等现象；在性行为描写方面，为了尽可能地追求刺激性和新奇感以获得哗众取宠的效果，这些小说挖空心思地描写非常态的性行为，姿势技巧五花八门、炫人耳目，比房中术之故弄玄虚有过之而无不及；在性的关系上，其内容除了最常见的通奸、宿娼、卖淫之外，还时常涉及狎童、乱伦、强奸、群交、杂交（异性恋与同性恋同时进行)、猥亵幼儿等场面；最后，这些小说更大量地写到各种性器具、春药及骇人听闻的男性性器官扩大手术，罗列种种关于男女性器官的奇闻轶事。因此，从文化史的角度说，它们亦可被视为中国古代性事及性意识最鲜活生动的标本。

一、性的崇拜与《金瓶梅》

性崇拜，尤其是对男性性能力、性器官的崇拜，可以说是明中晚期狭邪小说共同的倾向。这也是男性中心社会纵欲思潮所必然产生的倾向。事实上，性的崇拜堪称晚明纵欲思潮潜在的宗旨，剖析这种性崇拜倾向正是我们深入了解晚明纵欲思潮的一把钥匙。而把这种倾向表现得最为深刻和充分的应推色情文学巨著《金瓶梅》。《金瓶梅》的伟大成就与晚明那些纯粹寻求刺激、缺乏才气的色情小说当然不可同日而语，它是晚明纵欲风气在文学上的结晶。在这部巨作中，我们可以看到晚明社会上纵欲的趣味倾向及其主要的内容和形式。而所有这些在这部小说里都被表现得如此深刻而富有血肉感，其丰富的内蕴确为同时期任何文本资料所不可企及。

与许多伟大的文学作品在主题思想上常常显示出难以把握的复杂性和矛盾性一样，《金瓶梅》的表层语言与它的深层结构也显然存在着矛盾。尽管关于《金瓶梅》的主题学术界众说纷纭，但有一点似乎没有什么疑问，亦即兰陵笑笑生在作品中明确表达的思想往往不是其真正的倾向。《金瓶梅》一直以否定的口吻来写西门庆，谴责他贪色溺欲、仗势欺人，设计恶有恶报的情节表明作者的态度：西门庆本人在如日中天的壮年时期因纵欲丧命；刚刚死去，其宠妾就与他人有染，不久一夫多妻的家庭便树倒猢狲散，美妾艳婢或嫁为他人之妻妾，或沦落风尘倚门卖笑；更为严重的是，他受到了在当时人看来最为残酷的报应——无嗣。但是，如果我们深入作品本身，读它的全部内容而非截取那些人为安排的情节或跳出情节的议论，可以发现，这些看似清晰的议论多是浮在小说表面的说教，它们与小说的内在思想很难取得一致，有时甚至是相悖的。事实上，《金瓶梅》中始终充盈着对性、性能力、性器官的狂热崇拜。说教在书中只不过是作者借正统道德观以障人耳目的幌子，是外在的；而性的崇拜是作品的血肉所在、生命所在，它是内在的，抽掉了它，小说就只能剩下一个苍白干枯的躯壳。在这方面，我认为清代那些主张禁毁《金瓶梅》的卫道士，往往比那些把此书捧为“寓教化之真义及苦孝之苦心”的批评家如张竹坡等更能触及小说的本质，张竹坡们都认为自己读出了普通读者所未能领悟的“真义”，但这“真义”其实只是牵强附会地把这部“淫书”与正统道德观念联系在一起而已。对于一部反传统的作品，竭力从中找出合乎正统观念的因素，把这视为一大优点借以抬高作品，是我们小说批评中一个卑陋而自以为是的传统，通常不能轻易地接受。

《金瓶梅》全书的结构是众星拱月式的，西门庆是它的最中心人物，许许多多、各式各样的女性围绕着西门庆争风吃醋，西门庆也征服了书中所有他感兴趣的女性。整部小说沿着西门庆与一个又一个女人的性关系展开了波澜迭起的情节，西门庆死后，小说随之黯然失色，虽仍写了二十余回，却写得如群龙无首般张皇，只剩下对西门庆死后其家庭状况的凄凉交代。其中不乏通奸、淫乱的情节，但激情全失，那些富于情致的打情骂俏和浓情烈欲的场面亦随之不见。可以说，作者始终对西门庆深怀崇拜之情，在作者的心目中，西门庆实际上就是一种战无不胜的伟大的男性性能力的象征。他是一个暴发户，但他在经商理财、做官处事上并没有表现出过人的才干，他在清河县的显赫财力和权势有一大部分来自拜倒在他性能力之下的富有的女人而并非他个人的苦心经营。因此，作为一个艺术形象，西门庆与其说是新兴的资本主义的代表，不如说是明中晚期纵欲思潮中的性偶像更切合实际一些。

与正统性爱观之重视女性贞操不同，在以性爱为主要内容的《金瓶梅》里，当时社会上对于女性的种种道德要求都被忽略了，小说中的女性形象几乎没有言情小说里常见的纯洁的处女，她们都有丰富的性经验并总是怀着对性的渴求。《金瓶梅》的热情所注是性，西门庆更是完全从性的角度来看待女性的。西门庆热衷于渔猎“好风月”的女人，因此他取舍女人的标准和欣赏女人的趣味都与其时常人有所不同，世人所最为流连的豆蔻年华的少女引不起西门庆的多大热情。小说第三十七回写西门庆去韩道国家，韩妻王六儿引着女儿韩爱姐出来拜见，这爱姐生得“一表人物”，但好色之徒西门庆看上的却是其母而非其女，“这西门庆且不看他女儿，不转睛只看妇人”，以致看得“心摇目荡，不能定止”。[①]在《金瓶梅》中，激情纵欲的场面总是在西门庆与风骚妇人之间进行的，而那些收用丫鬟的情节通常是一笔带过，只能作为陪衬。西门庆对于女性的贞操很少真正看重，他萦萦难忘、百计追求的是性经验丰富的女人，而这些女人是否结过婚或有过淫乱行为，他都并不太计较，甚至李瓶儿中途改主意转嫁蒋竹山，事后反悔又欲再嫁西门庆，西门庆也还是接纳了她，李瓶儿最终且成了西门庆最宠爱的妾。值得注意的是，这些女人虽有丰富的性经验，最终却都为西门庆过人的性能力所征服，心悦诚服地与西门庆生活在激情之中。这也可以说是《金瓶梅》性崇拜主题最重要的特点。小说中所有主要的女角色的经历皆是这个主题的体现。如西门庆第三房妾孟玉楼，她在前夫死后对西门庆一见钟情，推辞了嫁给尚推官儿子尚举人为继室这样一个安享荣贵的机会而坚持到西门家做妾，并声称不计较西门庆“打妇熬妻”“眠花宿柳”的恶习。她也不是看上西门庆的财富，相反，她带着很大一笔财产嫁了过去，倒使西门庆发了一笔不小的妻财。西门庆第五房妾潘金莲身世堪悲，先做已近暮年的张千户的通房丫头，后又被惩

① 参见〔明〕兰陵笑笑生：《金瓶梅词话》第三十七回，梦梅馆校本，台北里仁书局，2009 年，第 541—542 页。

罚性地嫁给外形丑陋的武大郎，只有西门庆才使她真正地感受到性的满足和乐趣。这个总是怀着性饥渴的不甘寂寞的女性，虽然以后仍与不少男人有过性接触，但西门庆始终是她激情的中心。在整部小说中，所有的女人都围着西门庆转，他几乎从来不会遭到拒绝（偏偏他又多喜欢有夫之妇），当然，金钱和权力起到了相当大的辅助作用，但从小说情节看，不能不承认西门庆过人的性能力是征服女人的最重要因素。孟玉楼、李瓶儿、林太太这些有钱也有一定势力的女人，她们既不贪图西门家的财产，亦非畏惧他的权势，是西门庆所给予她们的性满足使她们心旌动摇、不能自持，以至愿意为他献出自己的一切。

李瓶儿这个《金瓶梅》中最优美的艺术形象，其性格发展过程可以说是西门庆作为性崇拜偶像征服女性的一个最典型的例子，也是小说中写得最为动人而又合情合理、耐人寻味的部分。李瓶儿最初在小说中出现时，伶伶俐俐，虽已嫁为人妻，但仍是一个对于性蒙昧无知的女子。丈夫花子虚镇日在外嫖妓饮酒作乐，她对丈夫的行为十分不满，但应该说，她这时的心境尚属平静。是西门庆的出现，勾起了她对情欲的强烈渴求，她很快便臣服于西门庆。事实上，西门庆的日常行径与花子虚并没有什么不同，他们本来就是一起狎游的好友，但这些引起李瓶儿对丈夫不满的原因却丝毫没有使她不满于西门庆："谁似冤家这般可奴之意，就是医奴的药一般。白日黑夜，教奴只是想你。”[①]她一心一意打算跟了西门庆，将家中大笔财产开始偷偷地转移到西门家，对丈夫则表现得十分绝情，花子虚破产了，她并无丝毫怜悯，而是终日痛骂，终至花子虚因气丧身。李瓶儿的这种冷酷无情且带些势利的性格也同样表现在对第二任丈夫蒋竹山的态度上。由于忍受不了西门庆暂时的冷落，她鬼使神差、急不可耐地嫁了行医的蒋竹山。她也曾经打算好好过日子，拿出钱来让丈夫开生药铺，但不久她就反悔了。小说第十九回写道：

> 却说李瓶儿招赘了蒋竹山，约两月光景。初时蒋竹山图妇人喜欢，修合了些戏药，县门前买了些什么景东人事、美女相思套之类，实指望打动妇人心。不想妇人曾在西门庆手里狂风骤雨都经过的，往往干事不称其意，渐渐颇生憎恶，反被妇人把淫器之物，都用石砸的稀烂，都丢掉了。又说：“你本蛐蟮，腰里无力，平白买将这行货子来戏弄老娘！我把你当块肉儿，原来是个中看不中吃蜡枪头、死王八！”……被妇人半夜三更赶到前边铺子里睡。于是一心只想西门庆，不许他进房中来。[②]

蒋竹山被西门庆使人毒打之后，“两只腿剌八着”，“哭哭啼啼”，李瓶儿又一次表现得非常冷酷，不惟没有同情，反而“唦在脸上”，“即时催他搬去”，“临出门，妇人还使冯妈妈舀了一锡盆水，赶着泼去，说道：‘喜得冤家离眼前’”。之后，

---

① 〔明〕兰陵笑笑生：《金瓶梅词话》第十七回，第 228 页。
② 〔明〕兰陵笑笑生：《金瓶梅词话》第十九回，第 258—259 页。

李瓶儿含羞忍辱再次求西门庆纳她为妾。西门庆心中愤恨，在她过门后故意冷落她，拿鞭子抽她，但李瓶儿心甘情愿地承受。当西门庆不无嫉恨地问她："我比蒋太医那厮谁强？"李瓶儿的激情冲口而出：

> 他拿什么来比你！你是个天，他是块砖，你在三十三天之上，他在九十九地之下。休说你仗义疏财……这等为人上之人，只你每日吃用稀奇之物，他在世几百年还没曾看见哩！他拿什么来比你？你是医奴的药一般，一经你手，教奴没日没夜只是想你。①

如果小说只写到这里，《金瓶梅》的性崇拜思想可能就过于浅薄而与那些粗制滥造的色情小说没有什么区别了。然而最奇妙而令人感动的转变在李瓶儿嫁到西门家之后发生了，这个此前见异思迁、势利狠毒、缺乏家庭责任感而只知追求淫欲的女人，在终于成为西门庆的宠妾之后，她的心境变得异常安宁，天性中美好的东西也随之发挥出来了。她变得十分随和、善良、真诚并且很关心别人，似乎情欲的满足使这个女人感受到一种深深的、别无所求般的幸福，而这种幸福感更慢慢地使她不再那么总是怀着性饥渴。在西门家，她不但没有像潘金莲那样与别的男人调情，并且在一夫多妻的家庭里表现得温顺谦让，从不争风吃醋。或许是因为她对自己的情爱充满信心吧，她甚至不愿意西门庆过于宠爱她而劝他

① 〔明〕兰陵笑笑生：《金瓶梅词话》第十九回，第268页。

照顾别人。性的满足使她从精神到肉体都得到了升华。值得注意的是，李瓶儿一直是一个感情型的而不是理念型的女人，是西门庆妻妾中最没有心机的一个，她的这些行为不是对某种道德观念的实践，而是一种人性美的自然流露，因而并不让人感到矫揉造作。《金瓶梅》的深刻之处在于把这一切变化写得那么合情合理，丝毫没有突兀之感。可以说，李瓶儿是小说中西门庆所接触过的女人中最为优美的形象，而这样一个优美的女性形象却是在西门庆的参与下——准确地说，是通过性的洗礼才塑成的。诚如不少学者所指出的，李瓶儿这个艺术形象正像她的名字是女性性器官的象喻一样，代表着女性的性存在。小说令人信服地写出了当她在情欲没有得到重视和满足时可能是魔鬼，而一旦得到了重视和满足她会成为天使的奇妙状况。小说把这个富于魅力的女人身上的这一番曲折经历和深刻变化写得十分纯粹，这种变化完全是唯性的，道德、金钱、地位等因素在这里不起作用，突出了西门庆作为性崇拜偶像存在的伟大力量，反映了作者意识深层对性的狂热崇拜，而这也正是小说性崇拜主题最充分的体现。

西门庆在小说中不仅征服了众多的女性，在与众多男性形象的横向比较中，他也始终是最为强有力的。作者在行文中虽时时对西门庆持谴责、批评的口吻，但《金瓶梅》里除了西门庆，所有的男性都显得猥琐无能，或穷酸懦弱，或迂滞冥顽，或轻佻油滑，几乎都不堪入目。花子虚、王三官都是有财有势的男人，他们也都酷好眠花宿柳，但与其说是他们包占妓女，不如说是他们被妓女包占了，他们根本驾驭不了女人。蒋竹山则不但穷酸蠢懦，经西门庆稍施计谋便一败涂地，而且他本身在女人面前除了长跪不起之外，也十分无能。西门庆的女婿陈经济堪称《金瓶梅》中又一个风流人物，出身富贵人家，祖上颇有资财，他惯于勾引女人，斗胆染指过西门庆所宠爱的潘金莲、春梅、宋蕙莲，正如小说第九十六回所谓“眼光带秀心中巧，不读诗书也可人”，“一生多得阴人宠爱”[①]，但他根本把握不住自己的有利地位，最终身败名裂，不但保护不了女人，反而自己“还与人家做老婆”——沦落为乞丐无赖的男宠，二十八岁便死于非命。此外，西门庆虽“热结十兄弟”，这些兄弟却没有一个是站得起来的，全属仰西门之鼻息的帮闲，做一些打托、说情、起哄、拉皮条之类的事，以期博得一饮一啄。至于像温葵轩那样的酸秀才，虚伪迂腐、猥亵无耻，更让人感到可卑可笑。小说最后部分所描写的战死沙场的周守备，似乎勉强可算是《金瓶梅》里的一个正面人物，但他却完全不了解女人，因而被春梅蒙在鼓里，是非不辨，内帏混乱，可悲可叹。通过这种种男人的无能状态，《金瓶梅》突出了西门庆强有力的雄性形象，深化了它的性崇拜主题——性是衡量男性价值的标准。

《绣榻野史》是晚明继《金瓶梅》之后的又一部重要的色

---

① 〔明〕兰陵笑笑生:《金瓶梅词话》第九十六回，第 1634 页。

情小说，清初坊间书商据此稍作改编又名《怡情阵》。如果说，《金瓶梅》的性崇拜主题是与作品对人和社会的深刻表现联系在一起，从而展示了广阔的社会人生画卷的话，那么《绣榻野史》则几乎摒弃了所有与性无关的因素而成为一部纯粹极性之快乐的作品。为了尽可能地追求性刺激，这部小说几乎将一切可能发生的性事都写到了，且笔法夸张到极致。小说情节大致为：扬州秀才姚同心（号东门生）与一个小他十二岁的小秀才赵大里交好，"日里是弟兄，夜里是夫妻一般"[①]。后东门生娶了一个十八岁的美貌女子金氏为妻，因东门生极爱赵大里，便也允许赵与金氏同宿。赵与金氏皆性能力过人，纵欲之余，金氏感到有愧于东门生，思另觅女色报答。赵大里之母麻氏，三十多岁，姿容美丽，守寡多年，金氏便设计诱引麻氏与东门生交好，麻氏在体验到情欲的巨大快乐之后，断然放弃守节，便让金氏转与赵大里为妻而自己嫁与东门生。但这种婚姻名分却不限制他们混乱的性关系，实际上四人杂居，以合同纵欲为乐，其间更插进不少丫鬟侍女。床榻之侧，母子相见不以为羞；卧室之内，男色女色交叠进行。小说中有不少男性或女性的同性恋性行为描写，但作者似乎完全不着意于它的特殊之处，在这里性的刺激和满足才是至上的，其余的一切皆可以忽略。

---

① 〔明〕吕天成：《绣榻野史》页九二，《思无邪汇宝丛书》第2册，法国国家科学研究中心、台湾大英百科股份有限公司合作出版，1995年，第104页。

从这样一种性观念出发，中国传统道德中特别重视的名分纲常，尤其是母亲的崇高意义皆遭到轻蔑，东门生既纵容妻子与赵大里淫乐，赵大里亦对母亲与东门生交好表示赞同。似乎性羞耻感在这里被涤除得干干净净。在这方面，《绣榻野史》比《金瓶梅》走得远得多，《金瓶梅》始终没有脱离当时真实的社会大环境，西门庆本人不断勾引有夫之妇，但他却绝对容忍不了自己的妻妾与别的男人接触。林太太与西门庆私通，也对儿子王三官严格保密，而西门庆是同样很重视这种隐秘性的。《绣榻野史》与《金瓶梅》的这种区别，有它艺术水平方面的原因，然而也不能不说是晚明社会纵欲风气深入发展的结果。当然，《绣榻野史》的结尾部分还是颇受《金瓶梅》关于纵欲的说教的影响，金氏、麻氏、赵大里均因纵欲不得好死，到阴间变为猪或骡子。东门生十分惶恐，幡然悔悟，便削发为僧以期赎罪。这虽然是一种“拉大旗作虎皮”的说教，但从潜意识上看，也不能不说是作者在肆写性之极乐后的一种畏惧感和一点残存的性羞耻感使然吧。

到了风月轩又玄子的《浪史》，则连这点残存的羞耻感也被收拾得干干净净。《浪史》的主旨是寻求纯粹的性快乐，情为其次，而贞节之类的道德观念则完全不予考虑。小说以浪子梅素先为中心，写他的一系列拈花惹草勾引妇女的故事。到小说结尾时，虽然与他交好的妇人娈童因纵欲过度而死去一些，他却仍然是：

> 一年四季，无日不饮，无日不乐。又娶着七个美人，共两个夫人，与十一个侍妾，共二十个房头，每房俱有假山花台，房中琴棋诗画，终日赋诗饮酒，快活过日，人都称他为地仙。①

小说从男性中心意识出发，极写他享尽性爱之欢乐，几乎将浪子写成性的化身，“凭他甚的贞节，女人见了无有不动心者”（第三十五回）。小说中的三个女主人公，李文妃与安哥为有夫之妇，潘素秋为守节寡妇，但她们在浪子面前都无法抵御情欲的诱惑，置一切名节于不顾，热切地追求性的满足，其中李文妃最具典型性，她曾自吟一绝道：

> 妾是杨花性，随风逐浪颠。但爱风流子，安知名分严。②

在未遇浪子之前，李循规蹈矩，过着一种合乎社会道德原则的生活，但浪子激起了她强烈的性欲渴求，不但因此弃家背夫，而且一发不可收，也与浪子的男宠陆姝交好。情欲的闸门一旦打开，她再也无法以道德来控制自己，性开始左右她的一切行为。而这也可以说是书中所有人物的行为原则。书中赵大娘为了讨好浪子，毫不犹豫地将自己年少的女儿出卖给浪子。浪子的妹妹梅俊卿为满足情欲，设巧计与哥哥发

---

①〔明〕风月轩又玄子：《浪史》页二四五至二四六，《思无邪汇宝丛书》第4册，1995年，第257—258页。

②〔明〕风月轩又玄子：《浪史》页一九九，《思无邪汇宝丛书》第4册，第211页。

生乱伦行为。在这部小说里，不但男主人与丫鬟婢女的性行为被视为天经地义，女主人与男仆这种封建社会最为忌讳的性关系也同样被认为是自然而然的。

《浪史》与《绣榻野史》都以鼓吹纵欲、追求性刺激为宗旨，性描写毫无顾忌，极尽夸张之能事。不但弃名教如敝屣，也完全无视当时社会的真实状况，一味凭主观意愿展开想象，写得天花乱坠。而《浪史》比《绣榻野史》更进一步的是它全书自始至终没有丝毫说教，彻底打破了晚明大部分色情小说先淫纵后说教的写作模式。它没有在结尾处加上个恶有恶报或幡然悔悟的情节，而是通过仙人之口道：

> 贤弟……你原名登仙籍，这些夫人侍妾都是天上仙姬，共是一会。你在这里可以避祸乱，出死生矣。①

小说结局是浪子与他的众多妻妾尽皆仙去，这个结局明确地表白了作者的主观意向，他绝不认为浪子的行为是什么罪恶，而以为这才是极乐的世界，寻求到了性的满足的人就是非凡的仙人。人生或有时尽，而仙人的享乐将是永恒的。

二、似是而非的说教

考察说教在晚明色情小说中的位置及其内容的演变可以比较清晰地看出晚明纵欲风气的发展轨迹。《金瓶梅》大致写作于嘉靖年间，是明代色情小说中较早的一部，因此它的说

---

①〔明〕风月轩又玄子:《浪史》页二五〇,《思无邪汇宝丛书》第4册,第262页。

教色彩亦相对较为浓厚。小说中西门庆纵欲丧身、潘金莲不得好死最能表现作者在理智上对纵欲行为的评价。而作者直接站出来进行说教的文字更不鲜见，绣像本《金瓶梅》开篇第一回即告诫世人：

> 罗袜一弯，金莲三寸，是砌坟时破土的锹锄；枕上绸缪，被中恩爱，是五殿下油锅中生活。①

此回最后又以这样一首诗作结：

> 二八佳人体似酥，腰间仗剑斩愚夫。
> 虽然不见人头落，暗里教君骨髓枯。②

这些自欺欺人的说教似乎很能让作者感到安慰，使他洗去了一些纵欲的罪恶感和羞耻感而得以冠冕堂皇地向读者交代。这种与内容严重矛盾的说教模式对晚明色情文学影响很深，甚至春宫画册也常拿这些说教来点缀，如晚明的《鸳鸯秘谱》中就有一首诗道：

> 生我之门死我户，几个惺惺几个悟。
> 夜里铁汉自思量，长生不老由人做。③

随着纵欲风气的日渐深入，色情小说中的说教文字不但数量越来越少，其内容本身也在发生微妙的变化，说教的分

---

①《新刻绣像批评金瓶梅》第一回，东京大学双红堂文库藏明刊本，第2叶B。
②《新刻绣像批评金瓶梅》第一回，第1叶A。
③〔荷〕高罗佩：《秘戏图考》，杨权译，第205页。

量亦越来越轻。其中最为耐人寻味的是著名的色情小说《肉蒲团》。这部被怀疑为李渔所作的长篇小说，虽产生于清初，其风格趣味却一承晚明遗风，因此同样可以视之为晚明纵欲风气的产物。

《肉蒲团》这个带着浓厚佛教意味的书名使读者首先会面临这样一个问题——它到底是借法宣淫，还是借淫宣法？这个问题本身表明了它应是一部说教色彩很浓的色情小说。《肉蒲团》第一回开宗明义，宣称男女交媾应限于夫妻之间且当有益于宗祧，谋淫他人之妻，有伤阴德，必有报应。即使夫妻之间，若纵欲无度，亦伤精耗血，有害无益。《肉蒲团》全书以佛教的因果报应作为故事框架，作者思路十分清晰，在放纵的色情描写中似乎从未忘记说法。小说开头时，写男主人公未央生聪俊绝世，然性耽女色，一心要娶天下第一佳人。他与括苍山孤峰禅师对坐谈禅，机锋甚合，禅师便劝他摒弃杂念出家为僧，警告他“淫人妻女而不报者，古今并没有一个”[①]。但未央生留恋红尘，执迷不悟。接下来小说进入中心部分——对未央生一系列性放纵行为的描写。首先是未央生得知一个道学家的女儿玉香姿容绝世，遂聘定入赘其家。不料玉香姿容虽好，风情不足。未央生便用春宫画册来移其性情，玉香情窦大开，夫妇极枕席之欢。这个情节的象喻是很

① 〔清〕情隐先生编次：《肉蒲团》页一四七，《思无邪汇宝丛书》第15册，1994年，第159页。

明白的，未央生为道学家的女儿找回了人的本性，道学的教育在情欲面前不堪一击。懂得了性之欢乐的玉香在孤闺寂寞时更成了一个性乱者。玉香的性历程与作者明确提出的戒欲说教实质上的相悖，提醒读者《肉蒲团》也同样存在着表面说教与深层内蕴相矛盾的问题。

未央生不久借口游学，辞别妻子丈人，专意寻访佳人，途中结识义盗赛昆仑，此人由于常常藏在别人屋里过夜，各种性事无所不晓，因而使未央生见识大为丰富，获益良多。后又依他的主意，做了生殖器移植扩张手术，大大地增强了自己的性能力。未央生超人的性能力使与他交往的女子无不心甘情愿地臣服，他先后征服了六个美貌的女子，春风得意。然而与此同时，其妻玉香却与人勾搭成奸并被卖到京城娼家。后未央生来到妓院，玉香羞愧交加，自缢身亡。未央生面对死于妓院的妻子，方想起三年前禅师的劝诫，由此参透了性爱的真义，毅然投括苍山出家。那些淫污玉香的男人也大多感悟，在括苍山共成正果。作者由此给小说命名《肉蒲团》，又别名《觉后禅》。

从表面上看，《肉蒲团》的这种说教性的因果报应结构似乎深受《金瓶梅》的影响，但如果认真地审读其具体情节，可以发现它们的内蕴已经发生了很大的变化。虽然《肉蒲团》的作者声称纵欲是一种罪过，必遭报应，但事实上，小说中所有纵欲的男人都没有遭到像西门庆那样攸关生死的实质性报应，反而都因纵欲而修成正果，获致肉体和精神上的双重升华。从小说的情节发展看，未央生的一切放荡行为都是他最终达到觉悟的必经之路，他只有坐到肉蒲团上方能获得觉后禅，否则聪明绝世也无法真正体悟。由此推论，未央生的纵欲行为对于他的最后升华是必需的。也就是说，这种故事结构本身并不能推导出戒欲的结论，相反得出的却是纵欲的必要性。而尤其值得注意的是，所谓因果报应并没有使纵欲的男人本身的利益受到损害，所有的报应都落到了与他们相好的女人身上，她们做了纵欲丈夫的替罪羊和牺牲品，备遭痛苦和蹂躏，最终自杀或被杀，皆不得好死。甚至未央生两个年幼无知的女儿，也为了赎还其父的纵欲罪而"又不出痘，又不惊风，好好的睡在床上，就一齐死了"[①]。小说中的女性为男性承担了所有的报应，没有一个获得好结果，更遑论如未央生般地升超了。

如果说，西门庆的纵欲丧身还展现了作者对纵欲的畏惧，强调了纵欲的悲惨结局，那么《肉蒲团》里所谓因果报应已完全似是而非。这样的故事内容事实上让人感到纵欲并不会有什么了不得的报应，相反会更有利于彻悟。并且回头是岸，一旦觉悟，照样可以得道升天。

佛理在这里起的不是戒欲的作用而是在宽容纵欲行为，这种思维模式为晚明的许多色情小说家所共有。把佛理与纵

---

① 〔清〕情隐先生编次：《肉蒲团》页四八四，《思无邪汇宝丛书》第15册，第496页。

欲行为牵扯在一起的现象在晚明的色情文学和艺术作品中是非常普遍的，晚明春宫画册《花营锦阵》中的最后一幅就很有典型意义，画面上一对裸体男女合抱成圆形共坐于蒲团之上，右题云：

> 荷风醒暑倦，并坐蒲团，把禅机慢阐。驾莲航，扑个殷勤；开法门，往来方便。
>
> 你身有我，我身有你。团栾头做圆满。愁亦愁，苦海无边；喜刹那，善根种遍。①

画家和诗人显然在追求某种象喻，这种哲理境界是与肉欲紧密地联系在一起的，它强调的是在肉欲享受的极度欢乐中可以获得升华，而绝不会导致对肉欲的否定。这是晚明纵欲风气发展日趋深入的结果。性崇拜在晚明已不再像《金瓶梅》那样还是潜意识，而是明白地走到了前台，为社会所接受。因此，色情小说里的劝世诲俗云云读来非常虚伪而没有说服力，恐怕连作者自己也压根儿不相信，只不过是欺世盗名瞒天过海的一种手段而已。

三、《痴婆子传》与女性纵欲的实质性悲剧

明中晚期还出现过两部以较浅近的文言写就而影响较大的色情小说《如意君传》和《痴婆子传》。前者成书年代较早，作于正德九年（1514）之前，演武则天宫廷秽乱事，其

---

① 〔荷〕高罗佩：《秘戏图考》，杨权译，第427页。

中的性描写，尤其是对男性巨大生殖器的崇拜，对晚明的色情小说具有较深的影响。但它毕竟是较为早期的作品，远不如晚明色情小说那样恣肆淫纵、无所忌惮。《痴婆子传》大致创作于嘉靖万历年间，则是一部十分典型的晚明色情小说。[①]

小说的主要内容是女主人公上官阿娜在七十岁的垂暮之年对自己一生性经历的回忆。上官阿娜在儿时就听邻居一少妇演说男女相悦之事——完全从男女性生理的区别入手，这也定下了全书以性描写为中心的基调，从性爱中获取最大的感官欢乐成了书中人物的性爱宗旨。阿娜十二三岁时与表弟慧敏有私，十四五岁挑引家奴色俊，肆情纵欲。嫁到亲家后，除丈夫之外，她与伯、叔、妹婿、男仆、戏子、和尚及家塾先生均有过性关系，更有甚者，她与妯娌沙氏一起轮番与公公发生乱伦行为。阿娜问翁曰："假令钻而有孕，子乎？孙乎？"其翁答曰："二美皆吾妻也，何论垂死之姑及浪荡子乎？"[②]后来阿娜生一子，但连她自己也不知道这究竟是谁的孩子："不知其为盈郎者？大徒者？伯与叔者？翁与夫者？抑佛门弟子者？子貌不偏肖，予亦不能决。自思之曰，必有为

① 参见〔明〕芙蓉主人辑：《痴婆子传》"出版说明"，《思无邪汇宝丛书》第24册，1995年，第79—84页。
② 〔明〕芙蓉主人辑：《痴婆子传》页五二，《思无邪汇宝丛书》第24册，第128页。

之父者。”[①]冲破一切道德观念的束缚，无所顾忌，不计后果，肆意寻求肉体享乐，正是这一时期色情小说的最大特点。

值得注意的是，由于本书纵欲的主人公是一个女性，她的结局也就比其他色情小说中的男主人公悲惨得多。她在夫家被视为“败节女”而遣回娘家，作者一再咒骂她“固是畜类”，并表示他的写作宗旨就是要以阿娜的经历来“警世戒俗”。她当然不可能因纵欲悟道而修成正果、升超为仙，她只能在孤凄无依的暮年一再反省：

> 我之中道绝也，宜哉！当处闺中时，惑少妇之言，而私慧敏，不姊也。又私奴，不主也。既为妇，私盈郎，又为大徒所劫，亦不主也。私翁私伯，不妇也。私饕，不嫂也。私费，不姨也。私优复私僧，不尊也。私谷，不主人也。一夫之外，所私者十有二人，罪应莫赎。宜乎夫不以我为室，子不以我为母。茕茕至今，又谁怨焉？[②]

《痴婆子传》的主题表现出迥异于晚明其他色情小说的两重性，一方面它也肆写情欲，尽可能地追求刺激；另一方面小说主人公所受到的惩罚却是实质性的，并且上官阿娜在纵欲过程中绝没有像西门庆在《金瓶梅》里那样受到崇拜，虽然她本人始终怀着对性的渴求，但在绝大多数的

① 〔明〕芙蓉主人辑：《痴婆子传》页五八，《思无邪汇宝丛书》第24册，第134页。
② 〔明〕芙蓉主人辑：《痴婆子传》页六七，《思无邪汇宝丛书》第24册，第143页。

性行为中，她充当的是男性泄欲的玩弄品，受到作者和书中每一个人物的鄙视。这其实也是晚明纵欲思潮的一大特色。晚明的纵欲是以男性为中心的，女性的纵欲行为只不过是男性的陪衬，是为男性的需要而准备的。而以女性为中心的纵欲是绝对不能为社会所宽容的。因此，这部以女性为中心的色情小说，其观念却与那些以男性为中心的色情小说并无二致。这种状况在清代得到延续，如《株林野史》《昭阳趣史》都是以男性中心意识来写以女性为纵欲行为中心的色情小说，我们在这些小说里完全找不到女性本身的意志和她们真实的生活状况。

这部小说篇幅虽短，却很有那种乐极生悲、大起大落的人生沧桑感，书中贯穿着一种世事无常、及时行乐的无奈的人生感慨，这在大多数一味追求性刺激的晚明色情小说中显得与众不同。《痴婆子传》在日本曾经流行，据学者分析，日本17世纪的著名作家井原西鹤就是在它的影响下写出其代表作《好色一代女》的。从艺术上看，《痴婆子传》确实是一部很值得注意的作品。

晚明还出现过三部专写男性同性恋的小说集《龙阳逸史》《弁而钗》和《宜春香质》，亦属纵欲思潮的产物，具有重要的社会文化史研究价值，我们将放在下一章论述。

入清之后，社会上陆续出现过大量的色情小说，由于距今年代较近，保存下来的也比明代的多一些，现在可以看到的有三十多种。但清代的色情小说在激情上大不如晚明，才思不足，想象力贫乏，且往往流于奇诡怪诞，喜于采补术中转圈，有钻了牛角尖再退不出来之感。这大约是由于晚明的纵欲风气随着明代的灭亡而消退，熏风不再，郑卫之音自难为继的缘故吧。

第三章 明清社会男性同性恋风气

晚明名士张岱在《自为墓志铭》中曾说过这样一段话来概括自己的早年生活：

> 少为纨绔子弟，极爱繁华，好精舍，好美婢，好娈童，好鲜衣，好美食，好骏马，好华灯，好烟火，好梨园，好鼓吹，好古董，好花鸟，兼以茶淫橘虐，书蠹诗魔。①

这“十二好”几乎涉及当时年轻士人享乐的所有内容，值得注意的是，其中竟堂而皇之地声称自己“好娈童”，字里行间且颇带自我炫耀的意味，这在以前是不太可能出现的，但在明中晚期已成为士人的普遍习气。作为晚明纵欲风气的一个重要组成部分，男性同性恋在当时风靡整个社会，得到了社会的承认，并在晚明的纵欲思潮消歇之后还一直延续，直至清末民初，风气呈愈演愈烈之势。同性恋作为一种性爱的形

① 〔明〕张岱：《嫏嬛文集》卷五《自为墓志铭》，光绪三年刊本。

式在这四百年左右的时间里几乎享有与异性恋同样的地位，相当一部分士人还把它视为风流韵事而竞相追逐。

同性恋本是一种在任何地区、时代、社会都可能出现的现象，古今中外的各种文化中，似乎还没有哪一种可以断言未曾发生过同性恋事例。中国历史上大量的文献包括正史都有关于同性恋问题的记载，多写及帝王男宠的《佞幸列传》是中国历代正史中从未缺少过的项目。西方同样如此，古希腊人视同性恋为高尚纯洁的爱情；基督教文化以仇视同性恋著称，然而据一些学者的研究，早期的基督教文化对同性恋也非常宽容[①]。但是我们必须注意的是，同性恋在人类的性爱生活中基本上是处于次要位置的，其居然成为一种普遍的社会风气，在人类性史上也属罕见。因此，对于明清时期的这种特殊的性爱风气，我们亦应给予特殊的关注。它对于我们全面、深入地了解明清时期的性爱风气，无疑是一个不可回避的重要问题。

致娈童为厮役，狎丽竖若友昆
——明中晚期社会男风流行状况

明代的同性恋风气，严格说来应是明中期之后的男性同

① 参见John Boswell的*Same-Sex Unions in Premodern Europe*, Vintage,1995和*Christianity, Social Tolerance, and Homosexuality*: *Gay People in Western Europe from the Beginning of the Christian Era to the Fourteenth Century*, University of Chicago Press, 2005。21世纪初，这些著作在西方学界引起了极大的关注。

性恋风气。它是随着当时的纵欲风气而迅速形成的。在此之前，明初期的文献中虽然并非完全没有关于男性同性恋的记载，但基本上是零散的个别现象，没有形成风气，更不会得到人们普遍的认可。是明中晚期的那种冲破一切道德规范的束缚、刻意追求新奇和刺激的社会思潮促成了男性同性恋的泛滥。热衷此道的人员上至帝王公侯，下至庶民百姓，而士人是其中最为活跃的，同时也是领导时代潮流的阶层。当时社会上形成了京师、江浙、闽南等三个同性恋中心区域，以及形成了京师中官员与小唱，江浙间商贾士绅与小官，闽南的契兄弟、契父子几种具有代表意义的男性同性恋关系。其时同性恋卖淫现象相当普遍，一些大都市出现了专为同性恋服务的卖淫场所——男院，同性恋在社会上被视为一种普通的性行乐方式。

一、明宫廷中的男风状况

明代宫廷似有好男风的传统，从现存的史料看，明代的大部分皇帝都有幸臣。帝王的后宫生活，向来为史家所密切关注，《明史》沿袭历代正史的习惯，撰有以帝王男宠为主要对象的《佞幸列传》，明代各种笔记和野史中的有关记载亦屡见不鲜，因此我们在这方面可以掌握较为丰富的史料。

明代宫廷中的男风之好比之社会上的同性恋风气似乎要发生得更早一些，《万历野获编》卷三载明英宗之幸臣曰：

> 有都督同知马良者，少以姿见幸于上，与同卧起。比自南城返正，益厚遇之。驯至极品，行幸必随，如韩嫣、张放故事。①

同书卷六又写到弘治年间内帏混乱的状况：

> 时寿宁侯张鹤龄、建昌侯延龄，以椒房被恩，出入禁中无恒度。②

明正德皇帝武宗的男色之好，堪称明列朝帝王之最。武宗特别喜欢年少英俊的娈童，男宠不计其数，身份也很复杂。《明史·佞幸列传》曰：

> 武宗日事般游，不恤国事，一时宵人并起。钱宁以锦衣幸，臧贤以伶人幸，江彬、许泰以边将幸，马昂以女弟幸。祸流中外，宗社几墟。③

武宗在宫廷中日为“嬖倖盘结左右”，他慷慨地封这些男宠为“义子”，赐姓朱，为他们起造豪华府第，允许他们参与政治活动，甚至掌握军权。其“义子”钱宁、江彬等气焰都很嚣张，恃宠干预朝政，权势炙手可热。在这些男宠中，江彬、许泰都以勇武善战见赏于武宗，以至武宗与之“出入豹房，同卧起”，爱幸有加：

---

①〔明〕沈德符：《万历野获编》卷三“宫闱·英宗重夫妇”，第79页。
②〔明〕沈德符：《万历野获编》卷六“内监·何文鼎”，第160页。
③《明史》卷三〇七《佞幸列传》，中华书局，1984年，第7875页。

> 同赐姓为义儿。毁积庆、鸣玉二坊民居，造皇店酒肆，建义子府。……中外事无大小，白彬乃奏。①

钱宁初亦以善射为武宗宠，“赐国姓，为义子，传升锦衣千户”，武宗对他言听计从，钱宁由此飞扬跋扈，“其名刺自称皇庶子”，他们的关系甚至密切到这种地步：

> 帝在豹房，常醉枕宁卧。百官候朝，至晡莫得帝起居，密伺宁，宁来，则知驾将出矣。②

豹房是武宗行乐的场所，过去人们总以为武宗在那里沉溺女色，其实，武宗在豹房的宠嬖中有为数不少的娈童，明清的正史、野史都指出过这一点。这种状况曾经引起了正德年间朝臣们的极大不安，他们为皇帝之沉溺男色而不思嗣续大事深感忧虑，御史周广冒死上了一则奏疏：

> 陛下承祖宗统绪，而群小献媚荧惑，致三宫锁怨，兰殿无征。虽陛下春秋鼎盛，独不思万世计乎？中人稍有资产，犹蓄妾媵以图嗣续。未有专养螟蛉，不顾祖宗继嗣者也。义子钱宁本宦竖苍头，滥宠已极，乃复攘敓货贿，轻蔑王章。甚至投刺于人，自称皇庶子，僭踰之罪所不忍言。陛下何不慎选宗室之贤者，置诸左右，以待皇嗣之生。诸义儿、养子俱夺其名爵，乃所以远佞人也。③

---

① 《明史》卷三〇七《佞幸列传》，第7886、7887页。

② 《明史》卷三〇七《佞幸列传》，第7891页。

③ 《明史》卷一八八《周广传》，第5000—5001页。

武宗的终无子嗣，应与他的这种性倾向有关。这位以放荡著称的皇帝，酷好标新立异，同性恋对他来说显然更具有刺激性。《明武宗外纪》道：

> 〔武宗〕遍游宫中，日率小黄门为角抵蹋鞠之戏，随所驻辄饮宿不返。其入中宫及东西两宫，月不过四五日。①

武宗曾以各种方法搜罗男宠，他从宫里的太监中遴选娈童作贴身随从，当然也与他们进行性娱乐活动：

> 武宗初年，选内臣俊美者以充宠幸，名曰“老儿当”，犹云等辈也。时皆用年少者，而曰老儿，盖反言之。②

徐充《暖姝由笔》卷三亦曰：

> 正德初，内臣最宠狎者入老儿当，犹等辈也。然实不计老少，惟宠狎是尊。余近访知老儿当皆选年少俊秀小内臣为之，岂闳、籍孺之类欤？③

当然，武宗渔色的对象绝不限于内臣，他在外出游幸活动中亦四处搜罗娈童：

> 武宗南幸，至杨文襄（一清）家，有歌童侍焉。上悦其白皙，问何名，曰杨芝。赐名曰“羊脂玉”，命从驾北上……

---

①〔清〕毛奇龄：《明武宗外纪》，上海书店，1982年，第12—13页。

②〔明〕沈德符：《万历野获编补遗》卷一“内监·老儿当”，第820页。

③〔明〕徐充：《暖姝由笔》卷三，〔明〕陶挺：《说郛续》卷十九。

> 先是上出宣府，有歌者亦为上所喜，问其名，左右以“头上白”为对，盖本代府院中乐部，镇守太监借来供应者，故有此诨名。上笑曰：“头既白，不知腰间亦白否?”逮上起，诸大珰遂阉之。盖虑圣意或欲呼入内廷，故有此问。①

“羊脂玉”的故事在晚明流传甚广，李诩《戒庵老人漫笔》、史梦兰《全史宫词》等书都记载了这一轶事。

一些无赖士人为了投武宗之所好，竞相呈献男色希宠。《万历野获编》卷二十一曰：

> 兵部尚书王琼头戴罛刺亵衣，潜入豹房，与上通宵狎饮。
>
> 原任礼部主事杨循吉，用伶人臧贤荐，侍上于金陵行在，应制撰杂剧词曲，至与诸优并列。②

伶人臧贤后来“承武宗异宠”，“赐一品服”，与士人交往自称“良之”。③在明代，一般读书人才称字称号，伶人敢于称字，这是前所未有的，因而招致了士人的不满。臧贤得宠后常受托向武宗议事请官，朝议纷纷，路人侧目。

明武宗纵情声色的生活虽受到当时官员和士人的普遍指责，却对社会上的纵欲风气产生了相当的影响。皇帝胡作非为的勇气使局促于枯淡严厉的道德教条之下本来就渴望享乐的人们大开眼界，他们在潜意识里艳羡这种生活，武宗酷好

① 〔明〕沈德符：《万历野获编补遗》卷三“佞幸·正德二歌者”，第891页。
② 〔明〕沈德符：《万历野获编》卷二十一“佞幸·士人无赖”，第541页。
③ 参见〔明〕沈德符：《万历野获编》卷二十一“佞幸·伶人称字”，第545页。

男风的性倾向对于余桃断袖之风在晚明的迅速蔓延应该说是有着某种潜移默化的作用。

明神宗万历皇帝亦有此好，他曾效法武宗在内臣中选娈童与同卧起，并招弄臣起驾：

> 今上壬午、癸未以后，选垂髫内臣之慧且丽者十余曹，给事御前，或承恩与上同卧起，内廷皆目之为十俊……其时又有一缇帅，为穆庙初元元宰之曾孙，年少美风姿，扈上驾幸天寿山，中途递顿，亦荷董圣卿之宠。每为同官讪笑，辄惭恧避去。①

天启皇帝好男色的倾向似乎比万历更强一些，各种史料、宫词都记载熹宗对异性没有太大兴趣，所谓"厌近女色""上不好女色""君王不爱倾城色"，但他在宫中却有一位非常宠爱的太监"高小姐"，与之一同嬉戏游玩，形影相随。明末秦兰徵《天启宫词一百首》言天启宫中的这一段情事曰："御前牌子高永寿，年未弱冠，丹唇秀目，姣好如处女，宫中称为高小姐。宴会之际，高或不与，举座为之不欢。"②后来高不幸在一次戏水中溺死西苑，熹宗甚为伤心，曾特命"于大高殿作法事，放河灯追荐之"③。故刘城《天启崇祯宫词三十三首》有诗云：

---

①〔明〕沈德符：《万历野获编》卷二十一"佞幸·十俊"，第548页。

②〔明〕朱权等：《明宫词》，北京古籍出版社，1987年，第39页。

③〔明〕朱权等：《明宫词》，第29页。

> 汉帝椒风绝等侪，六宫粉黛枉金钗。高家小姐蛾眉好，那用凌波窄锦鞋。①

诗中“窄锦鞋”借指女人，谓熹宗好男色不近女子的性倾向。熹宗的有关轶事在民间亦流传颇广，当然难免被夸大而走样，如明末长篇历史小说《梼杌闲评》所写的就是这段历史时期的宫廷故事，其中第二十三回写道：

> 皇上万几之暇，不近妃嫔，专与众小内侍顽耍，日幸数人。②

甚至南明小朝廷，福王纵情逸乐的对象亦大半为梨园子弟：

> 〔福王〕狎近匪人，巷谈里唱，流入大内；梨园子弟，供奉后庭；教坊乐官，出入朝房。诸大老无以目之，共呼为老神仙。③

明代宫廷里南风熏沐的状况可以说是明代社会上男性同性恋盛行一时的一个小小的缩影，当时人们特有的同性恋观念，如严格区分同性恋中主动与被动角色在性关系上的不平等，歧视同性恋中的被动角色，视同性恋为行乐方式因而男色女色并行不悖的双性恋心态，以及人们从生育的角度对同性恋的批评，在宫廷中都有典型的显现。重视这一部分相对

---

① 〔明〕朱权等:《明宫词》,第65页。
② 〔明〕佚名:《梼杌闲评》,人民文学出版社,1983年,第280页。
③ 〔明〕夏完淳:《续幸存录》,《明季野史三十四种》第六册,国家图书馆出版社,2012年,第110页。

来说史料较为丰富和切实的历史，对于我们深入地了解当时的男性同性恋风气显然是很有意义的。

二、晚明士人与同性恋风气

宫廷中的同性恋风气当然会有一定的社会影响，但真正使男性同性恋在晚明成为一种社会风气的，应该说还是整个社会的性观念和性取向的改变，尤其是广大士人和官员的积极参与。在中国古代，士人是社会潮流的领导者，他们的趣味和倾向有时比朝廷的诏令更具号召力。除了那些以正统自居的道学家之外，明中期以后的士人通常不仅不排斥或谴责同性恋，反而常将其视作一种风流韵事而津津乐道，并加以倡扬。

晚明士人对同性恋的宽容和肯定首先表现在一批大文学家、诗人及名士们的言行上。汤显祖《牡丹亭》第二十三出“冥判”，以十分轻松的调侃笔调，写了酷好男风的李猴儿在冥间所受到的喜剧性的发落，表明了作者对同性恋者的宽容态度。在现实生活中，汤显祖对同性恋行为也是十分同情以至赞赏的。万历十二年（1584），当时的礼部主事、名士屠隆曾“泛舟置酒，青帘白舫，纵浪泖浦间，以仙令自许。在郎署，益放诗酒。西宁宋小侯少年好声诗，相得欢甚。两家肆筵曲宴，男女杂坐，绝缨灭烛之语，喧传都下，中白简罢官”[①]。但汤显祖认为这是名士风流、洒脱不羁的表现，他为

① 〔清〕钱谦益:《列朝诗集小传》丁集上《屠仪部隆》,第445页。

此写诗道：

> 赤水之珠屠长卿，风波宕跌还乡里。岂有妖姬解写姿？岂有狡童解咏诗？机边折齿宁妨秽，画里挑心是绝痴。古来才子多娇纵，直取歌篇足弹诵。情知宋玉有微词，不道相如为侍从。此君沦放益翩翩，好共登山临水边。[①]

时隔一年，著名的戏曲家、南京国子监博士臧懋循又因“风流任诞”“与所欢小史衣红衣，并马出凤台门”而受弹劾罢官归里[②]，汤显祖把这两件因好男风而罢官的事件联系在一起，写作了一首传颂一时的《送臧晋叔谪归湖上，时唐仁卿以谈道贬，同日出关，并寄屠长卿江外》，其中有句云：

> 君门如水亦如市，直为风烟能满纸。长卿曾误宋东邻，晋叔讵怜周小史。自古飞簪说俊游，一官难道减风流？深灯夜雨宜残局，浅草春风恣蹴球。杨柳花飞还顾渚，箬酒苕鱼须判汝。兴剧书成舞笑人，狂来画出挑心女。仍闻宾从日纷纭，会自离披一送君。却笑唐生同日贬，一时臧榖竟何云。[③]

这种敢做名教罪人的叛逆精神和蔑视世俗名利、追求纵情适性的洒脱风度，对当时士人震动很大，明末时钱谦益赞叹道：

---

① 《汤显祖诗文集》卷七《怀戴四明先生并问屠长卿》，上海古籍出版社，1982年，第202—203页。

② 参见〔清〕钱谦益：《列朝诗集小传》丁集上《臧博士懋循》，第465页。

③ 《汤显祖诗文集》卷七《送臧晋叔谪归湖上，时唐仁卿以谈道贬，同日出关，并寄屠长卿江外》，第204页。

“艺林至今以为美谈。”①

臧懋循在京为官期间，放纵无所忌惮，而其狎游对象多为娈童。《万历野获编》卷二十六中有“项四郎”一则云：

> 今上乙酉岁，有浙东人项四郎名一元者，挟赀游太学，年少美丰标。时吴兴臧顾渚懋循，为南监博士，与之狎。同里兵部郎吴涌澜仕诠，亦朝夕过从，欢谑无间。臧早登第，负隽声，每入成均署，至悬球子于舆后，或时潜入曲中宴饮……南中人为之语曰：“诱童亦不妨，但莫近项郎。一坏兵部吴，再废国博臧。”②

京官男风之盛，于此可见一斑。

晚明大散文家张岱在《陶庵梦忆》中的一篇短文《祁止祥癖》里以一段同性恋情事充分地表达了自己的看法和态度：

> 人无癖不可与交，以其无深情也；人无疵不可与交，以其无真气也。余友祁止祥有书画癖，有蹴鞠癖，有鼓钹癖，有鬼戏癖，有梨园癖。壬午，至南都，止祥出阿宝示余。余谓：“此西方迦陵鸟，何处得来？”阿宝妖冶如蕊女，而娇痴无赖，故作涩勒，不肯着人。如食橄榄，咽涩无味，而韵在回甘。如吃烟酒，鲠餶无奈，而软同沾醉，初如可厌，而过即思之。止祥精音律，咬钉嚼铁，一字百磨，口口亲授，阿宝辈皆能曲通主意。乙酉，南都失守，止祥奔归。遇土贼，刀剑加颈，性命可倾，阿宝是宝。丙戌，以

---

①〔清〕钱谦益：《列朝诗集小传》丁集上，第465页。

②〔明〕沈德符：《万历野获编》卷二十六“嗤鄙·项四郎”，第676页。

> 监军驻台州。乱民卤掠，止祥囊箧都尽。阿宝沿途唱曲，以膳主人。及归，刚半月，又挟之远去。止祥去妻子如脱屣耳，独以娈童崽子为性命，其癖如此。①
>
> 案，祁止祥名豸佳，山阴人，是晚明非常著名的艺术家。

张岱对祁的坎坷而执着的同性恋经历大为赞赏，并认为这就是十分宝贵的人的“深情”和“真气”之所在。晚明的士人就是这样常常给同性恋以慷慨、无所忌讳的褒扬。

小说家冯梦龙的同性恋观同样是很值得注意的。冯在他所编著的《情史》里专列“情外”一类，搜集自古以来各种文献中所载的同性恋故事，并时加评点。他认为：

> 男女并称，所由来矣。其偏嗜者，亦交讥而未见胜也……世固有癖好若此者，情岂独在内哉？②

明确地将同性恋与异性恋相提并论，并认为两者之间不存在优劣或正常与反常的区别。这种观念，几乎接近现代的同性恋理论了。

万历年间进士陈泰交还曾撰写过一篇被认为是过于“放诞风流”的《优童志》，并坦然地把它收入自己的文集中。③中国古代士人向来十分注重自己文集的严肃性，喜欢维护一

---

① 〔明〕张岱：《陶庵梦忆》卷四，第35—36页。

② 〔明〕冯梦龙：《情史》，第860页。

③ 参见《四库全书总目》卷一八〇，集部别集类存目，中华书局，1965年，第1628页。

种正经庄重的形象，虽然平日也会有许多游戏之作，但都不收进文集。陈泰交此举亦时风浸染所致也，在别的时期几乎是不可想象的。

浸淫于这样的社会风气，一些士人本来无男风之好，但也为潮流所裹挟，逐渐地热衷起同性恋来。《万历野获编补遗》记载了这样一件事：

> 周用斋汝砺，吴之昆山人，文名藉甚……馆于湖州南浔董宗伯家，赋性朴茂，幼无二色。在塾稍久，辄告归。主人知其不堪寂寞，又不敢强留，微及龙阳子都之说，即恚怒变色，谓此禽兽盗丐所为，盖生平未解男色也。主人素念其憨，乃令童子善淫者，乘醉纳其茎。梦中不觉，欢洽惊醒，其童愈嬲之不休，益畅适称快。密问童子，知出主人意，乃大呼曰："龙山真圣人！"数十声不绝。明日其事传布，远近怪笑。龙山为主人别号。自是遂溺于男宠，不问妍媸老幼，必求通体。其后举丁丑进士，竟以好外，羸惫而殁。①

士人平日相聚，亦常以男风相谑。王同轨《耳谈类增》卷三七载当时士人黄季主、张维时皆佳公子美少年，相见之下，黄故谑之曰："沅有芷兮澧有兰，思公子兮未敢言。"张毫不示弱，应声对曰："兰有秀兮菊有芳，怀佳人兮未敢忘。"这种隐喻男风以取乐的态度，在明初是会被认为有伤风化的，

---

①〔明〕沈德符：《万历野获编补遗》卷三"士人·周解元淳朴"，第896页。

但在晚明人看来却很风流潇洒。故沈德符概括晚明的这股士风曰：

> 得志士人，致娈童为厮役；钟情年少，狎丽竖若友昆。[①]

基督教文化中的同性恋耻辱感，在中国古代本来就十分淡薄，到了晚明，男风习尚成俗，一部分士人更引以为风流了。

三、跟官的门子，献曲的小唱

晚明官员士人狎男色的对象主要有两类：一是被私人占有的、以仆役身份出现的娈童；二是在社会上公开卖淫的歌童。其时于京中，人们常常把跟官的门子、献曲的小唱作为这两类人的代表。

门子本指为官员应门的仆役，但在晚明男风盛行的状况下，他们往往被赋予了特殊含义——由年少的娈童充当，从而成为性娱乐的对象。门子兼作男宠的现象其实在晚明十分普遍，并不限于京城，远离京城繁华的外仕官员在枯寂中常常以拥有俊美的娈童做门子为乐事。谢肇淛《五杂组》卷八有云：

> 外之仕者，设有门子以侍左右，亦所以代便辟也。而官多惑之，往往形诸白简。[②]

阿蒙《断袖篇》也记载了这样一件轶事：

---

① 〔明〕沈德符：《万历野获编》卷二十四“风俗·男色之靡”，第622页。

② 〔明〕谢肇淛：《五杂组》卷八，第209页。

> 陕西车御史梁，按部某州，见拽轿小童，爱之，至州，令易门子。吏目以无应，车曰："如途中拽轿小童亦可。"吏曰："小童乃递运所夫。"驿丞喻其意，进言曰："小童曾供役上官。"竟以易之。强景明戏作《拽轿行》云："拽轿拽轿，彼狡童兮大人要。"末云："可怜吏目却不晓，好个驿丞到知道。"①

《五杂组》卷五更载有这样一段官员与门子的对话：

> 国朝周文襄在姑苏日，有报男子生子者，公不答，但目诸门子曰："汝辈慎之。近来男色甚于女，其必至之势也。"②

可见当时的人们总是很自然地将门子与男色联系在一起。明中晚期的许多通俗小说也反映了这一情况。《金瓶梅》中西门庆的男宠书童，作者就交代他"原是县中门子出身"，被县官作为尤物送给了西门庆。③天启年间小说《童婉争奇》中写妓女骂娈童曰：

> 你狗苟蝇营，何不去官府中当一名打扇的门子？④

---

① 〔明〕阿蒙编著：《断袖篇》，〔清〕虫天子编：《中国香艳全书》九集第二卷，董乃斌等点校，团结出版社，2005年，第1059页。

② 〔明〕谢肇淛：《五杂组》卷五，第136页。

③ 《金瓶梅》第三十一回："那时本县正堂李知县，会了四衙同僚，差人送羊酒贺礼来。又拿帖儿送了一名小郎来答应，年方一十六岁，本贯苏州府常熟县人，唤名小张松，原是县中门子出身，生的清俊，面如傅粉，齿白唇红，又识字会写，善能歌唱南曲……西门庆一见小郎伶俐，满心欢喜，就拿拜帖回复李知县，留下他在家答应，改换了名字，叫做书童儿。"见《金瓶梅词话》第三十一回，第441页。

④ 〔明〕竹溪风月主人浪编：《童婉争奇》，《明清善本小说丛刊》第七辑《邓志谟专辑》，台湾天一出版社，1988年。

晚明小说《龙阳逸史》第十九回也写到范公子在燕京做官后，遇上旧日相好花姿，旧情难忘，“遂留在家中做个门客”。

在这种形势下，一些潦倒的读书人若做了门客的活，心里便很不是滋味。《耳谈类增》卷一九所载的一则轶事可以说是意味深长的：

> 〔李方伯〕分守湖州时，有分巡傅公门子，善属对。傅出对云：“一般门子，拙者厚而能者薄，可谓不均。”即应声曰：“既是男儿，幼则学而壮则行，自怜弗类。”①

这样的自嘲是很辛酸的。

门子服务的对象多为有较高职务的官员，他们为主人所独占，虽多从事性服务，却与一般意义上的卖淫有别。晚明京城男风盛行的一个最重要的标志还在于京城中形成了一个规模可观的男妓——亦即各种史料中经常提到的献曲的小唱——阶层和市场。小唱是当时京中对那些专以陪酒唱曲、充当同性恋行为中被动角色来谋生的人的称呼。晚明的北京前门外有一条莲子胡同（或称帘子胡同），那里是小唱们的聚居地。明末史玄《旧京遗事》云：

> 唐、宋有官妓侑觞，本朝惟许歌童答应，名为小唱。而京师又有“小唱不唱曲”之谚。每一行酒止，传唱上盏及诸菜，小唱伎俩尽此焉。小唱在莲子胡同，门与倡无异，其殊

① 〔明〕王同轨：《耳谈类增》，吕友仁、孙顺霖校点，中州古籍出版社，1994年，第166页。

好者，或乃过于倡，有耽之者，往往与托合欢之梦矣。①

褚人获《坚瓠集》五集卷三“南风”亦叙晚明京中状况曰：

京师所聚小唱最多，官府每宴，辄夺其尤者侍酒以为盛事，俗呼为南风。②

晚明小说《梼杌闲评》中牵涉到较多的同性恋故事，第七回里就有一段关于“帘子胡同”的描写：

西边有两条小胡同，唤做新帘子胡同、旧帘子胡同，都是子弟们寓所……只见两边门内都坐着些小官，一个个打扮得粉妆玉琢，如女子一般，总在那里或谈笑，或歌唱，一街皆是。又到新帘子胡同来，也是如此。③

晚明小说《绣榻野史》中亦有这样一段文字：

原来余桃是北京旧莲子胡同学小唱出身，东门生见他生得好，新讨在家里炒茹茹的。④

“炒茹茹”是晚明某些地区关于同性恋行为的隐语。

小唱在晚明的京城几乎泛滥成灾，朝廷有关机构采取措施驱逐他们，却总是难以奏效。《万历野获编》卷二十六“嗤

---

①〔明〕史玄：《旧京遗事》，北京古籍出版社，1986年，第25页。

②〔清〕褚人获：《坚瓠集》五集卷三，张杰编：《断袖文集：中国古代同性恋史料集成》2，天津古籍出版社，2013年，第556页。

③〔明〕佚名：《梼杌闲评》第七回，第75页。

④〔明〕吕天成：《绣榻野史》页一三四，《思无邪汇宝丛书》第2册，第146页。

鄙·非类效仕宦”曰：

> 向年有小唱恣肆，得罪司城御史，上疏尽数逐去，久之稍稍复集。人问其何以久不见，则曰：“敝道中人人修洁，无奈新进言官风闻言事，以致被论出城待罪。今公论已明矣。”一时为之破颜。①

沈德符不禁把这种状况与魏晋六朝时“男宠大兴，甚于女色”②的情形联系在一起，发出感叹：

> 小唱盛行，至今日几如西晋太康矣。③

由于小唱们有很多机会接触豪贵，他们的收入自然也颇为可观。一些色相出众、巧于应酬者甚至由此赚钱捐职而改变身份：

> 其艳而慧者，类为要津所据，断袖分桃之际，赉以酒赀仕牒，即充功曹，加纳候选，突而弁兮，旋拜丞簿而辞所欢矣。以予目睹，已不下数十辈。④

这在等级森严的封建社会晚期实在是一件令人难以置信的事，但它确实发生了。还有一些小唱则利用与官员饮酒作乐的机会充当特务的角色：

---

①〔明〕沈德符：《万历野获编》卷二十六“嗤鄙·非类效仕宦”，第677页。
②《晋书》卷二九《五行志下》，中华书局，1987年，第908页。
③〔明〕沈德符：《万历野获编》卷二十四“风俗·小唱”，第621页。
④〔明〕沈德符：《万历野获编》卷二十四“风俗·小唱”，第621页。

诇察时情，传布秘语，至缉事衙门，亦藉以为耳目。①

可见由于当时特殊的社会背景和小唱阶层的壮大，小唱已在一定程度上参与了政治，成为一股值得注意的社会力量。

明代京城中的小唱，最初多来自江浙一带，但后来蔓延到北方。谢肇淛《五杂组》卷八曰：

其初皆浙之宁绍人，近日则半属临清矣，故有南北小唱之分。然随群逐队，鲜有佳者。间一有之，则风流诸缙绅，莫不尽力邀致，举国若狂……至于娟丽儇巧，则西北非东南敌矣。②

由于南方来的小唱灵慧柔媚，备得官员士人的青睐，因此出身北方的小唱往往对客人诈称南人。《万历野获编》卷二十四中记载了这样一则笑话：

近日又有临清、汴城以至真定、保定儿童，无聊赖亦承乏充歌儿，然必伪称浙人。一日遇一北童，问："汝生何方？"应声曰："浙之慈溪。"又问："汝为慈溪府慈溪州乎？"又对曰："慈溪州。"再问："汝曾渡钱塘江乎？"曰："必经之途。"又问："用何物以过来？"则曰："骑头口过来。"盖习闻侪辈浙东语，而未曾亲到，遂堕一时笑海。③

小唱阶层中这种重南轻北的倾向一直延续到清代。

---

①〔明〕沈德符：《万历野获编》卷二十四"风俗·小唱"，第621页。
②〔明〕谢肇淛：《五杂组》卷八，第209页。
③〔明〕沈德符：《万历野获编》卷二十四"风俗·小唱"，第621页。

四、江南风月中的娈童狎客

京师小唱多出身于江浙，这个现象同时也说明了江浙间的男风之盛。沈德符认为晚明的同性恋风气是“盛于江南而渐染于中原”[①]，因而明人多称男风为“南风”，有时亦称男妓卖淫的场所男院为“南院”。余怀《板桥杂记》曾生动地描绘过崇祯年间南京的盛况：

> 金陵都会之地，南曲靡丽之乡，纨茵浪子，潇洒词人，往来游戏，马如游龙，车相接也。其间风月楼台，尊罍丝管，以及娈童狎客，杂伎名优，献媚争妍，络绎奔赴。垂杨影外，片玉壶中，秋笛频吹，春莺乍啭。[②]

杭州的男风之盛，在明代是很著名的。《金瓶梅》第三十六回写安进士眷恋娈童曰：

> 原来安进士杭州人，喜尚南风。[③]

崇祯初年小说《龙阳逸史》第七回：

> 原来那杭州正是作兴小官的时节，那些阿呆真叫是眼孔里着不得垃圾，见了个小官，只要未戴网巾，便是竹竿样的身子，笋壳样的脸皮，身上有几件华丽衣服，走去就

---

① 〔明〕沈德符：《万历野获编》卷二十四“风俗·男色之靡”，第622页。
② 〔清〕余怀：《板桥杂记》，〔清〕虫天子编：《香艳丛书》，第3661页。
③ 〔明〕兰陵笑笑生：《金瓶梅词话》第三十六回，第534页。

是一把现钞。[①]

一些游冶儿对此十分沉溺，《耳谈类增》卷五十一“浙富翁子死荡”条有载：

> 万历间，浙有富翁子，性喜浮荡，翁以晚年得子，娇纵之，任其与优人狎，遂与偕亡。

苏州的男风同样很盛，而且尤以出娈童著称。在晚明直至整个清代，苏州娈童都以其灵秀的外表、柔媚的举止和良好的南曲修养称冠江南，名闻遐迩。晚明的不少通俗小说都写到过豪商富绅到苏州物色娈童的情节。[②]很多人甚至以能与姑苏娈童狎游作为自己身份的一种标志。因苏州在明代文风极盛，出过不少状元，有人便戏称姑苏的特产是状元与娈童。晚明的同性恋小说中关于苏州娈童的故事最多，娈童集中的现象使苏州的同性恋风气特别严重，给当地的少年造成了很坏的影响，甚至同性恋小说专集《宜春香质》的作者也感叹苏州的风气曰：

> 如今世事一发不好了，当时相处小官，以为奇事。如今小官那要人相处？略有几分姿色，未至十二三，梳油头，挽苏髻，穿华衣，卖风骚，就要去相处别人，那要人相处他。[③]

---

① 〔明〕京江醉竹居士：《龙阳逸史》页一七九，《思无邪汇宝丛书》第5册，1995年，第190—191页。

② 参见晚明小说《龙阳逸史》《弁而钗》《宜春香质》等。

③ 〔明〕醉西湖心月主人：《宜春香质·风集》第二回，《明清善本小说丛刊初编》第18辑，台湾天一出版社，1985年。

万历年间姜准的《岐海琐谈》是一部专写浙南一带风俗民情的笔记，其卷七亦曰：

> 《周书》曰："美男谓之破老"……今瓯俗此风盛行，甚至有斗阋杀伤讼之于官者。①

大约是这些事给作者的印象太深刻了，《岐海琐谈》中至少有三处提及这一风气。与此相应的，便是江浙间一些正统人士对男风盛行的深重忧虑。万历年间江阴李诩《戒庵老人漫笔》卷六摘引了当时的一篇共三十六条的家训，其中第五条明令"家无俊仆"，第二十四条"家僮无鲜衣恶习"，可见娈童习气已引起正统人士的恐慌，而这种规定在此前似乎是没有必要的。晚明陈龙正《家矩》亦把"勿蓄优伶"作为一条重要的律令。山阴刘宗周《人谱类记》就强调"警蓄俊仆"，他认为："淫罪多端，男淫更大"，"养生家每言男淫损神，尤倍于女。况比顽童者，闺门必多丑声，最宜防戒"。②明末彭士望《耻躬堂文抄·示儿婿书二通》之二曰：

> 今之少年，私相讲习，成一学术。或稚而儿戏，或老而世法，或好名而争忌，或角慧而夸奇，或狎亵而顽比。③

作者将"狎亵""顽比"与青少年的"好名""角慧"等

① 〔明〕姜准：《岐海琐谈》卷七，页十二，《敬乡楼丛书》。

② 〔明〕刘宗周：《人谱类记》卷五，光绪三年湖北崇文书局刊本。

③ 〔明〕彭士望：《耻躬堂文钞》，《四库禁毁书丛刊》第52册，北京出版社，2000年。

缺点相提并论，可见男风之盛确实已成为一个令人关注的社会问题。

晚明纵欲主义思潮之下，金陵、姑苏、杭州等印刷出版高度发达的城市一度大量出版春宫画册，而受男风之渐，这些画册中很不乏同性恋的场面。如晚明十分著名的、印刷精美的《花营锦阵》，其中第四幅即为一成年男人与一小断的性行为画面，图旁题诗云：

> 座上香盈果满车，谁家少年润无瑕。为探蔷薇颜色媚，赚来试折后庭花。
>
> 半似含羞半推脱，不比寻常浪风月。回头低唤快些儿，叮咛休与他人说。①

诗中点明了画里主人公追求新奇和刺激的心态，推崇同性恋而贬抑异性恋为“寻常浪风月”。类似的画图在这个时期的其他画册和小说插图中亦颇不少见。

五、闽地的“契兄弟”“契儿”风俗

福建沿海一带，是晚明社会男性同性恋风行的第三大区域，大量的史料表明当时那一带盛行“契兄弟”“契儿”风俗。《万历野获编补遗》曰：

---

①〔荷〕高罗佩：《秘戏图考》，杨权译，第337页。案，此诗题作《翰林风》，明人有称男风为“翰林风月”的习惯（见小说《石点头》第十四卷开篇）。此外，诗中如“香盈果满车”，用潘岳典，喻指美男。“试折后庭花”，是明清时期最常用的关于男性同性恋行为的隐语。高罗佩认为此图及诗所叙乃异性恋，误。

闽人酷重男色，无论贵贱妍媸，各以其类相结。长者为契兄，少者为契弟。其兄入弟家，弟之父母抚爱之如婿。弟后日生计及娶妻诸费，俱取办于契兄。其相爱者，年过而立，尚寝处如伉俪……其昵厚不得遂意者，或相抱系溺波中，亦时时有之。此不过年貌相若者耳。

近乃有称契儿者，则壮夫好淫，辄以多赀聚姿首韶秀者，与讲衾裯之好。以父自居，列诸少年于子舍。①

这种风俗，还见载于《坚瓠集》等多种笔记。

福建契兄弟风俗，与当时京城及江南一带的同性恋风气在内容和形式上都有所不同。在京城和江南，男风多与卖淫联系在一起，属于一种性娱乐方式，与婚姻不可相提并论。而闽地这一风俗却是比较认真的，基本上不存在卖淫现象，相反，契兄弟同居，往往需要近似于婚姻的仪式，性伴侣也较为固定。而且，所有这些行为都是公开的，可以得到社会（包括父母亲朋）的认可。此外，在京城及江浙一带，官员、士人和商人是狎游男色的主体，而闽地的契兄弟习俗双方多为平民百姓，他们如娶媳妇一般积攒一定的钱财去结成这种同性恋的契约关系。明末清初的不少通俗小说都写到了这一风俗，如晚明天然痴叟（席浪仙）《石点头》第十四卷中写道：

至若福建有几处，民家孩子若生得清秀，十二三岁便

① 〔明〕沈德符：《万历野获编补遗》卷三“风俗·契兄弟”，第902—903页。

有人下聘。漳州词讼，十件事倒有九件是为鸡奸一事。[①]

《笑林广记》中的一则笑话亦以此习俗为背景：

有与小官契厚者，及长，为之娶妻，讲过通家不避。一日，闯入房中，适亲家母在，问女曰："何亲？"女答曰："夫夫。"[②]

李渔《无声戏》中有一篇《男孟母教合三迁》，专写晚明闽地契兄弟习俗，其中虽不免掺和着一些李渔作为江南士人的主观色彩，但我们从中仍可以读到有关该风俗生动且相对可靠的描写：

由建宁、邵武而上，〔男风〕一府甚似一府，一县甚似一县。

要晓得福建的南风，与女人一般，也要分个初婚、再醮。若是处子原身，就有人肯出重聘，三茶不缺，六礼兼行，一样的明婚正娶。[③]

这篇小说写成年男子许季芳酷好男风，遇上绝色娈童尤瑞郎。许倾家荡产聘瑞郎做契弟，两情甚洽。瑞郎为了永远保持这种亲密的关系，竟自行阉割，改女装，自名"瑞娘"，做了许的"妻子"，并从此也如女人般闭于深闺。许深为众人所妒，

---

① 〔明〕天然痴叟：《石点头》第十四卷"潘文子契合鸳鸯冢"，贝叶山房，1947年，第360页。

② 〔清〕游戏主人：《笑林广记》卷七"夫夫"条。

③《李渔全集》第八卷，浙江古籍出版社，1992年，第108、115页。

被害身亡。瑞娘坚守贞操，抚养许之遗孤成人，自己则一直女装至终老。小说最后有睡乡祭酒评曰：

> 若使世上的龙阳个个都像尤瑞郎守节，这南风也该好；若使世上的朋友个个都像许季芳多情，这小官也该做。①

把贞节、多情引进同性恋，这正是闽地男风接近于婚姻关系的一个特点。

闽俗男风盛行，一些好男色的官员到福建做官时便会充分地利用这一机会。冯梦龙《情史》卷二二载：

> 吾乡一先达督学闽中。闽尚男色，少年俱修泽自喜。此公阅名时，视少俊者，暗记之，不论文艺，悉加作养，以此得谤。罢官之时，送者日数百人，皆髫年美俊，如一班玉笋。相随数日，依依不舍。归乡不咎失官，而举此夸人，以为千古盛事。②

而契兄弟一词亦渐由闽地传播到别处，以至当时某些小说常以“兄弟”作为男宠的代名词。《金瓶梅》第九十六回叙及陈经济落魄做了侯林儿的男宠，写道：

> 众人看见经济不上二十四五岁，白脸子，生的眉目清俊，就知是侯林儿兄弟，都乱调戏他。③

---

①《李渔全集》第八卷，第130页。
②〔明〕冯梦龙：《情史》，第859页。
③〔明〕兰陵笑笑生：《金瓶梅词话》第九十六回，第1633页。

同回又写来了个看相的老人，众人便对着他起哄陈经济道："你相他相，倒相个兄弟。"可见"兄弟"一词的特殊含义在当时的北方亦已流行。

京城、江南和福建是晚明男风最为流行的三个中心区域。但在这三个地区之外，实际上也很不乏男风的流行。晚明小说《石点头》第十四卷的开头就有一段当时各地对男性同性恋的不同称呼的记载：

> 那男色一道，从来原有这事，读书人的总题叫做翰林风月。若各处乡语，又是不同。北方人叫炒茹茹，南方人叫打篷篷，徽州人叫塌豆腐，江西人叫铸火盆，宁波人叫善善，龙游人叫弄苦葱，慈溪人叫戏虾蟆，苏州人叫竭先生，大明律上唤作以阳物插入他人粪门淫戏。话虽不同，光景则一。①

从这些俚语中可见各地男风之盛。我们现在从晚明的各种笔记中，也时常可以发现有关记载，如《五杂组》卷四：

> 渡江以北，齐、晋、燕、秦、楚、洛诸民，无不往泰山进香者……及祷祠以毕，下山舍逆旅，则居停亲识皆为开斋，宰杀狼籍，醉舞喧呶，娈童歌倡，无不狎矣。②

写的是泰山，所涉却广及齐、晋、燕、秦、楚、洛六地之民，男风之风靡各地于此可见一斑。

---

① 〔明〕天然痴叟：《石点头》第十四卷，第359—360页。
② 〔明〕谢肇淛：《五杂组》卷四，第98页。

写作于万历年间的王临亨《粤剑编》卷二叙广东一带风气曰："穗城人富而俗侈，设席宴客，日费二三十金，常有荡子以千金买一顽童者。"①亦可作为旁证。

冯梦龙《情史》的"情外类"一卷搜集各种笔记中的各地同性恋轶事甚多，如《梁生》言东粤事、《万生》言湖北黄州事、《宝应朱凌溪》言陕西事，等等，都有一定的参考价值。

展示男风众世相
——明中晚期的同性恋文学

囿于传统的偏见和正统士人对性爱问题的排斥，不少士人视有关材料为琐言猥谈而略去不载。因此，明中晚期各种史料笔记虽为我们留下许多关于当时男风盛行的较为可靠的资料，但就我们现在所能看到的这些东鳞西爪的记载，对于深入地了解这种性爱风气来说，还是过于简略了。而弥补这种缺憾最好的办法或许就是阅读这个时期的小说戏曲，它们丰富的内容，有助于我们完整而生动地了解当时这种性爱风气的原貌。

一个时代的文学往往也就是这个时代风气的一面镜子，明中晚期的人情小说，都或多或少地掺杂着对男风的描写，风气所及，甚至历史演义或武侠小说，亦不免略带一二。至于像《金瓶梅》《绣榻野史》《浪史》等狭邪小说，其中的同

① 〔明〕王临亨：《粤剑编》卷二"志土风"，中华书局，1987年，第78页。

性恋描写更是赤裸裸的。不过这些小说多以描写异性恋为主而把同性恋作为陪衬或点缀。随着男风日趋泛滥，晚明开始出现专以男性同性恋风气为题材的小说，构成了一个史无前例的同性恋文学系统，从文化史的角度看，它们为这场性爱风气给后人留下了大量生动直观的信息。

明代最早专写同性恋的小说似应追溯到万历天启年间，小说家邓志谟所写的中篇《童婉争奇》，内容叙都城某花柳街上，有一男院长春苑，有一妓院不夜宫。因世人喜爱娈童，长春苑百般繁华，不夜宫十分寂寞。妓女们对娈童非常嫉恨，便时时挑衅，与娈童们互相辱骂，甚至大打出手。最后经一书生的调解，他们相互认识到彼此的长处，言归于好。书中把男院置于与妓院完全平等的位置，并有意强调男院如何比妓院更受人欢迎。这个作品的出现，表明时人对同性恋已是司空见惯，并趋向于把它视为性生活中的重要组成部分，与异性恋同样合理。但这个作品调侃游戏的色彩过浓，掺和了过多的典故和打油诗，文笔亦嫌呆滞，这些都影响了小说的深度和力度，当然它也就未能产生大的影响。

此后值得一提的是天然痴叟的《石点头》，这部小说刊行于崇祯初年，书首有龙子犹（冯梦龙）序。其时正值江南男风泛滥。此书第十四卷“潘文子契合鸳鸯冢”，写的正是一个哀婉的同性恋故事，情节大致是晋陵书生潘文子和湘潭书生王仲先都到杭州求学，两人同住一屋而生爱慕之意，为先生所斥逐。于是他们废学弃家，避往永嘉罗浮山中，在那里买田耕种，过了一段自由自在的日子。后自筑坟墓，同日逝去，不久墓上生出两棵紧相拥抱的大树，上有比翼鸟宛转和鸣。这个故事的原型出自南朝无名氏《三吴记》，为潘章和王仲先“情若夫妇”事[①]，后又见载于梁陈间《稽神异苑》及元人林坤《诚斋杂记》，流传颇广。虽有原型，但这篇小说根据明人的观念大加演绎，于中颇可窥见晚明习气。如小说写潘文子容貌出众姿态风流，与他接触的男人便都想入非非：

> 那些读书人都是老渴子，看见潘文子这个标致人物，个个眼出火，闻香嗅气。年纪大些的，要招他拜从门下；中年的，拉去入社会考；富贵的，又要请来相资……还有和尚道士，巴不得他做个徒弟；还有一等老白赏，要勾搭去奉承好男风的大老官。[②]

又写到潘文子在杭州求学，同窗们也都在他的美貌之前丑态百出。应该说，这些都属于晚明特有的世相而非仅是对一段古代传说的重提。这篇小说写得波澜迭起，非常生动，表现了时人对同性恋的浪漫化想象。

崇祯年间可谓是中国同性恋小说创作的成熟期和旺盛期。这个时期最为引人注目的成就是在不到十年的时间里出版了三部同性恋小说专集，这就是京江醉竹居士的《龙阳逸史》

① 参见《太平广记》卷三八九《潘章》，脱出处，据《类说》卷四十《稽神异苑》，应出自《三吴记》。
② 〔明〕天然痴叟：《石点头》，第361—362页。

和笔耕山房醉西湖心月主人的《弁而钗》《宜春香质》。虽然从艺术水平上看，它们还比较粗糙且失之猥亵，但笔法上的朴拙使之较好地保留了当时社会的原始面貌。它们反映的社会面很广，对风气的表现也很深入，尤其是关于男妓阶层的内容非常丰富，因此具有异常重要的社会文化史价值。

一、《龙阳逸史》与小官阶层

《龙阳逸史》是一部在汉土久已失传的小说。近年有学者在日本的佐伯文库发现了它，保存完好，书前有崇祯五年（1632）的题辞和叙，全书共二十回，一回演一故事，各配有插图，共二十幅，图旁附题诗词亦共二十首，系晚明刊本。正如书名所显示的，《龙阳逸史》里的所有故事都以男性同性恋为题材，且以反映小官阶层的生活为主。所谓小官，是明代江南一带对在同性恋行为中只扮演被动角色并以此获得报酬的少年的称谓，嗜古的文人常给他们一个雅号——“龙阳”。本书中故事发生的背景遍及全国各地、各民族，但从作品中所表现的风俗习惯及人物称谓等方面来看，它反映的主要是明末江浙一带的风气，尤其是金陵、姑苏、杭州等都市的小官的生活。

本书作者对当时社会上的同性恋风气似乎感慨良多，我们在小说中的每一回都能看到这样的文字：

而今的人，眼孔里那个着得些儿垃圾，见个小官，无论标致不标致，就似见血的苍蝇攒个不了。[①]

连这近来的大老官，也都是只生得两个眼眶子，哪里识些好歹，见着个未冠，就说是小官，情愿肯把银子结识。[②]

近来人上，个个都作兴了小官。[③]

在这种风气之下，小官在社会上备受欢迎，越来越多的少年出于各种原因而成为小官。他们的队伍迅速壮大，成为一个引人注目的新的社会阶层。小说第五回写到鄮州有个骆驼村，村里“共有百十个人家……倒出了二三十个小官”，“来到骆驼村里。只见东家门首，也站着个小官；西家门首，也站着个小官”[④]。这些小官狂热地争夺市场，“见了那样大老官，不必你先有他的意思，他倒先打点你的念头”[⑤]。小说第三回还写到每年正月，小官们都齐集土地庙，祈神灵保佑他们新年里生意兴盛。有固定的程式和日期从事此类封建迷信活动，实际上也是小官阶层自我意识成熟的标志。当然，尤其值得注意的是，小官们正逐渐地形成自己的一套营业方式，“也思量要立起一个

① 〔明〕京江醉竹居士：《龙阳逸史》页八九，《思无邪汇宝丛书》第5册，第101页。

② 〔明〕京江醉竹居士：《龙阳逸史》页一二九，《思无邪汇宝丛书》第5册，第139页。

③ 〔明〕京江醉竹居士：《龙阳逸史》页二〇〇，《思无邪汇宝丛书》第5册，第212页。

④ 〔明〕京江醉竹居士：《龙阳逸史》页一四五、一四七，《思无邪汇宝丛书》第5册，第157、159页。

⑤ 〔明〕京江醉竹居士：《龙阳逸史》页六八，《思无邪汇宝丛书》第5册，第80页。

行业来，倒与那做娼妓的做了对头”①。作者以一种近乎笔记的纪实性笔法，详细地记述了大量有关情况。

从小说中看，晚明小官们的营业方式大致可以分为两个大类。第一类是游散在社会上的小官，他们是半隐蔽性的，通常经过中介人牵线，在一定时期内为某一固定的主顾服务，而公开身份多为主人的侍童或门子。这类小官又因出身和收入的不同而分为两种情况，一种是有人身自由的小官，他们虽为某一主顾所包用，但常立有契约，契约中规定了报酬数目、服务年限和范围等。他们所得的收入是固定的，除了立契约时一次性付给中介人报酬之外，收入全部归自己支配。小说第二回写到小官李小翠与富户邵囊就立了这样一个合同：

> 三面言定，每岁邵奉李家用三十金，身衣春夏套，外有零星用度，不入原议之中。此系两家情愿，各无异说。如有翻复等情，原议人自持公论。恐后无凭，立此议单，各执一纸存证。②

卖淫者与主顾订立契约，确定报酬等容易产生争端的事项，这在封建制的古代中国是十分少见的，而《龙阳逸史》多次写到有关情况，可见其时男性同性恋卖淫活动已相当成熟。这类小官的卖淫不等于卖身，如果有人愿意出更高的价钱，

---

①〔明〕京江醉竹居士:《龙阳逸史》页一九一,《思无邪汇宝丛书》第5册,第203页。

②〔明〕京江醉竹居士:《龙阳逸史》页一〇四,《思无邪汇宝丛书》第5册,第116页。

而小官又很乐意的话，他们往往就会移情别恋，金钱是控制他们行止的最重要因素。这些人在晚明的各类小官中堪称自由职业者，一切凭个人意志行事。他们较少被强迫，多半对同性恋感兴趣，在经济上也相对优裕。

另一种半隐蔽性的小官则远为不幸，他们多是仆役出身或幼年时即被卖与这家主人，没有人身自由，命运为主人所主宰，为主人提供性服务、没有固定收入，只能凭主人的兴致而获得一些赏赐，平时还需兼顾主人家的粗细活计。他们的同性恋行为大多是因为受主人的操纵，被迫献出一切，有时甚至连生命安全也没有保障。小说第十七回写了这样一个故事。孤儿马天姿自幼沦至陈员外家，为主人所宠嬖，但陈夫人嫉妒不容，一日便以酒灌醉马天姿，将他装在袋子里抛到河中，后幸为人救起。经此一遭，马天姿不但没有想去控告或报仇，反而战战兢兢地惟恐被送回陈家，于是他求人秘密地将自己卖到别人家做小官。不久，此事仍为陈员外所知，陈丝毫不为杀人未遂感觉畏惧，反而名正言顺地将马天姿领回。马不胜惶恐，便潜逃到外地做戏子。在这个事件中，陈家之所以持有马天姿的生杀大权，而马亦完全无力维护自己的人身权利，原因即在于他在陈家的身份相当于家生奴隶，没有人身自主权，当然更谈不上改换主顾了。这种状况在晚明的富户中十分常见。小说《金瓶梅》里的书童即属此类，他面容姣好，但本人并非对同性恋有多大的兴趣，相反他是个异性恋者（最后他还是拐了个丫头潜逃），然而主人既然需要他，他也就一味顺从，因为他原是被人作为礼物送到西门家的，没有人身自由。这些人介乎小官和家奴之间，他们做小官也不是以明确的卖淫方式进行的，属于小官阶层中的特殊部分，但在晚明浓烈的同性恋风气之下，他们的存在是十分普遍的。

《龙阳逸史》中可见的小官的第二类营业方式是如妓院一般地公开挂牌营业。从小说中看，这种公开的卖淫活动亦主要分为两种形式。其一是个人单独地挂牌营业。小说第十八回叙小官葛妙儿请人为自己画了幅肖像挂在家门口，权作营业招牌。但这种形式在晚明还十分罕见，很多人不明白招牌的含义，“都只道是卖画儿的样子，决没个晓得卖这一道的”。作者也是将此作为一种世风不古——“小官都是这样出头露面”——的奇事来写的。这样的小官当然有人身自由，所得的收入亦全部归个人支配，它在晚明虽尚属稀罕事，却可以说是清代中期以后相公私寓制的雏形，清中期后小官个人挂牌营业在京城十分普遍。其二是由类似于妓院老鸨式的人物发起并提供场所，收购一定数量的小官聚居其中，专门从事公开的卖淫活动，这种形式当时通称为“男院”或“南院”。《龙阳逸史》正式写到这种男院的计有第八、第十四、第十五回三个回目。第十四回写一个富户卞若源：

做的生业不在三百六十行经纪中算账的。你道他做的是那一行？专一收了些各处小官，开了个发兑男货的铺子，好的歹的，共有三四十个。①

第十五回写到一个名叫崔舒的员外：

不做一些别的经营，一生一世专靠在小官行中过活。你道怎么靠着小官就过得活来？他见地方上有流落的小官，只要几分颜色，便收到家里，把些银子不着，做了几件时样衣服，妆粉了门面，只等个买货的来，便赚他一块。②

聚集到这种男院中来的，一般都是被卖身的少年和流落在社会上无家无业、衣食维艰的小官。他们被男院收购之后，没有人身自由，行动要受到严格管制，收入的绝大部分都要上交男院的老板。而小说中这种生意做得最为昌盛的要数第八回所写“刘松巷”里的“小官塌坊”。刘松巷原是个妓院集中的所在，后因故倒闭，一个叫鲁春的富户就出钱收购了其中五十余间房子，又搜罗了许多小官，即向社会各界发出“知会帖儿”：

南林刘松巷，于某月某日换主，新开小官塌坊，知会四方下顾者，招接不误。③

---

① 〔明〕京江醉竹居士：《龙阳逸史》页二八九至二九〇，《思无邪汇宝丛书》第5册，第301—302页。

② 〔明〕京江醉竹居士：《龙阳逸史》页三〇八，《思无邪汇宝丛书》第5册，第320页。

③ 〔明〕京江醉竹居士：《龙阳逸史》页一九三，《思无邪汇宝丛书》第5册，第205页。

这个小官塌坊在“天下也没有第二个”的“绝色娈童范六郎”的招牌下，渐渐热闹，以至“各人的生意都打发不开”，“竟把那娼妓人家都弄得断根绝命”。最后娼妓们终因坐不住冷板凳而告官要求封闭小官塌坊。这个小官塌坊实际上就是从事同性恋公开卖淫活动的专业街，规模之大直欲压倒妓院。

一个繁华的小官塌坊兴起在一片倒闭的妓院上，这个故事结构颇费作者一番苦心经营，我们于其中可以读出作者那种十分露骨的对性爱风气向同性恋转换的快感。而这也几乎可以说是这部小说的中心思想之一，同样的构思反复地出现在本书的其他篇目中。作者的态度已不仅是把妓院和男院视为相等的性娱乐场所，而且更乐于设计这种男色压倒女色的情节，仿佛向世人宣示，男性同性恋已代替异性恋而成为社会上性爱风气的主流。小说第十一回开篇道：

> 近日来，人上都好了小官，那些倚门卖俏绝色的粉头，都冷淡了生意，不是我说得没人作兴，比如这时一个标致妓女和一个标致小官在这里，人都攒住了那小官，便有几个喜欢妓女的，毕竟又识得小官味道。①

这个回目叙述的是姑苏名妓韩玉姝有一个弟弟韩玉仙，也是城中“数得起的小官”，两人因故都到杭州营业，遇上了一个知情识趣的主顾沈葵。沈葵既好玉姝，又爱玉仙，“见了玉姝

---

① 〔明〕京江醉竹居士：《龙阳逸史》页二四一，《思无邪汇宝丛书》第5册，第253页。

已是醉了大半，这番又见了个玉仙，连个魂灵都掉下了”。但不久他“那个热急急的心肠倒牵系在玉仙身上”，渐渐地，他只与玉仙打得火热而视玉姝为累赘。[①]玉姝在杭州很难揽到生意，因为“近日来，杭州大老都是好小官的”，最后还是玉仙挈带姐姐，说情让沈葵娶了玉姝作偏房，大家一起欢喜过日子。作者在这个故事里不但企图证明名妓不如小官诱人，更处心积虑地设置了妓女只有依赖小官方能找到一条好活路的结局，主观倾向十分强烈。本书第四回同样在表现这个主题。小说主人公宝楼家盈万贯，娶了个烟花女子范丽娘为妻，但婚后宝楼好狎小官，家财荡尽。丽娘劝阻未果。两人关系经过一番风风雨雨，丽娘托人“到苏州去，只拣标致的小厮讨了两个，凭他早晚受用”，总算避免了一场家庭危机，宝楼从此收心敛性，一心治家。也就是说，挽救宝楼免于堕落的，虽是范丽娘的智慧，但能使宝楼安心在家而不外出浪荡的，却是因为丽娘为他买了两个标致小官，小官的力量显然远胜于妓女出身的妻子，丽娘只有求助于小官方能保全这个家庭。因此，小说第九回开头有这样一段话：

> 如今偏是那有家室的，多好着这一道。情愿把身边那闭月羞花、沉鱼落雁、二八的娇娘，认做了活冤家，倒将那笋壳脸皮、竹竿身子、积年的老要看做了真活宝。常有那

---

① 〔明〕京江醉竹居士:《龙阳逸史》页二四八至二四九,《思无邪汇宝丛书》第5册,第260—261页。

肯做人家、要丈夫好的女眷们，说着小官切齿之恨。①

在作者看来，小官在社会上走红，显已引起女性的嫉妒，并在相当程度上危及两性婚姻家庭。

肆意夸张男色压倒女色显然出自本书作者的主观顾向，但冷静地审视这部小说，我们应该注意到一个不容忽视的现象，即小说中的人物，大多好男风而不排斥异性恋，用现代的术语来说，亦即多属双性恋者。如第七回中姚瑞在与两个妓女游湖时与小官史小乔一见钟情，第十一回沈葵的狎童是由狎妓发展来的，而第四回里的宝楼在好小官的同时娶烟花女子为妻，他们显然都对异性有一定的兴趣而非那种排斥异性的纯粹的同性恋者。这也可以说是明清两代同性恋风气共有的背景。《金瓶梅》里西门庆纵欲的对象既多女子，亦穿插了不少的娈童。晚明邓志谟《童婉争奇》的故事结局就有意被设计成娈童和妓女都认识到彼此的长处，于是争吵平息，彼此和平共处。晚明以风流放诞自命的一批名士如屠隆、臧懋循、张岱等人，对同性恋与异性恋都是同样地投入。而最典型的当数晚明茅维的两个带着浓厚双性恋色彩的杂剧《双合欢》和《金门戟》。《双合欢》讲述了一个同性恋、异性恋在同一人身上并行不悖，同时获得极大满足的故事，所谓“娈童季女，并与作兴”，作者对这个故事充满了艳羡之情，

① 〔明〕京江醉竹居士：《龙阳逸史》页二〇五，《思无邪汇宝丛书》第5册，第217页。

似乎人类的情感只有这样获得两方面的满足才算是完美的。《金门戟》亦然，叙窦太后为了笼络汉武帝，投其所好，献以绝色娈童和女伎，皇帝十分满意，道：

> 朕今一日中遇二尤物，何幸如之。真是女宠男欢，已冠世间妖冶；香喉艳颊，那数天上管弦。朕好不侥幸煞也。①

把明人特有的兼容异性恋与同性恋的性观念表现得淋漓尽致。当时整个社会的态度似乎是，小官与妓女并无实质性的区别，他们同属性娱乐对象，只不过小官更新奇、更富刺激性罢了，故小官在那一时期比妓女更为人所津津乐道。

在这种以双性恋为背景的同性恋风气之下，社会上对小官女性化的要求应运而生。小说中凡是写到标致的小官，总是一再地强调他们酷似女性。小官本人为了招徕顾客，也常常如女人般地涂脂抹粉、留指甲、盛装靓饰，取一个十分有女人味的名字，甚至学习绣花描凤等女工针黹。这种若男若女的倒错状态总是很能博得主顾们的怜爱。男性的女性化是明清性爱风气中一个非常引人注目的问题，我们将在下一章里详细论述，这里不赘。现在我们想要说明的是，由于人们追求小官的女性化，年龄的因素对于小官变得格外重要，在卖淫市场上，最具竞争力的是那些尚未充分展露男性特征、外形与女性没有太大区别的男孩。从小说中看，这些小官多

---

①〔明〕茅维：《金门戟》，邹式金辑：《杂剧三集》卷八，董氏诵芬室刻本，1941年。

在十二三岁时便有了同性恋经验，十四五岁是他们的黄金时期，这时他们身体发育良好而尚未变声，也没有髭须，唇红齿白，皮肤如女子般光洁，因而深受主顾们的喜爱。《龙阳逸史》中写到的所有风流绝世的小官都属于这个年龄段。十七岁以上，随着他们的男性特征逐渐显露，吸引力也随之减弱，卖淫活动变得困难。一些小官到二十一二岁仍操此业，但这时招徕顾客已十分困难，需浓妆艳抹而报酬却很微薄，并成为众人嘲笑的对象。小说中那些见利忘义、厚颜无耻的小官都被划到这个年龄层。小说第十四回写一个拥有三四十个小官的男院，老鸨将这些小官派了四个字号：天字上上号，地字上中号，人字中下号，和字下下号。而这四个等级的划分依据就是年龄：

> 他把初蓄发的派了天字，发披肩的派了地字，初掳头的派了人字，老扒头派了和字。凡是要来下顾的，只须对号看货。①

第五回写骆驼村里小官泛滥，于是也被分作三等：

> 把那十四五岁初蓄发的，做了上等；十六七岁发披肩的，做了中等；十八九岁掳起发的，做了下等。那初蓄发的，转眼之间就到了掳头日子，只有那掳头的，过三年也

① 〔明〕京江醉竹居士：《龙阳逸史》页二九〇，《思无邪汇宝丛书》第5册，第302页。

是未冠，过了五年又是个未冠。[1]

小官们显然都痛感时间的紧迫而企图挣扎，整个社会却毫不留情地依据年龄估定他们的价值。

比较一下年龄对娼妓和对小官的决定意义，我们可以发现同被视为性娱乐对象的两者之间微妙的区别。年龄对娼妓来说当然重要，但女性由于没有变声期等明显的变化，她们的青春年华比小官要长得多，从十四五到二十四五均属黄金阶段。这使人们对妓女的要求更多地体现在姿色容貌上，年龄要求相对放宽而降到了第二位。而小官的黄金时期至多四年，即使姿容绝世，也难以阻挡他因第二性征的成熟而被淘汰，年龄当然被排在了首位。而这还只是生理的因素，一个更为深刻的社会原因是，妓女在青春消逝之后，尚可"老大嫁作商人妇"，虽然大多只能做地位卑贱的妾，但终究有所归宿。而小官过了这段黄金时期之后便一无所有，只能在艰难和屈辱中走过那漫长的人生路途。《龙阳逸史》以较多的篇幅写到了小官们的身世和归宿，他们或沦为苦役、或流落街头乞食、或成为某种阴谋的替死鬼，从物质到人格都被踩到了社会的最底层，比妓女更为辛酸，他们的年龄焦虑当然也会比娼妓强烈得多。

《龙阳逸史》对待小官的态度是很值得注意的。显然，作

① 〔明〕京江醉竹居士：《龙阳逸史》页一四六，《思无邪汇宝丛书》第5册，第158页。

为一名作家，本书作者在精神境界上流露出过于浓重的小市民意识，读者很难从作品中发现他对生活的理解有什么独到之处，虽然他也时时跳到作品之外发一些感慨，却几乎都是对市井俗见的记录而已。但若把它作为一种社会学材料来看，则又一次显示了珍贵的史料价值，因为它记录了当时社会对小官阶层的普遍态度。晚明社会上一种耐人寻味的现象是：虽然同性恋盛行一时，人们亦普遍对其持一种宽容甚至于欣赏的态度，但实际上对适用对象有着极严格的限制，亦即它仅限于讨论同性恋中的主动方面——有钱有地位的阶层，而被动的方面——小官阶层——是被玩弄的对象，不惟得不到宽容，而且受到了比任何社会底层都更为严重的歧视。做小官在当时人看来是莫大的耻辱。《龙阳逸史》第七回叙少年史小乔父母双亡后，受同伴勾引而有同性恋行为时，其叔父“为着家门上恐怕玷没了，没奈何再三的下苦情训责了几次”，最后“硬了心肠，把他驱逐出门”。[①]他们与同性恋中的主动方面属于两个泾渭分明的不同阶层，中间有一道不可逾越的鸿沟。本书作者虽然着力于反映小官阶层的生活，但他对小官阶层的歧视却是与社会完全一致的。作者的情感只倾向于主动方面，对小官阶层横加谴责。有时，作者那过强的感情偏向会使现代读者感受到一种令人厌恶的谄媚和不公。小说

---

① 〔明〕京江醉竹居士:《龙阳逸史》页一七八,《思无邪汇宝丛书》第5册,第190页。

第五回写一个年过弱冠，却只作未冠打扮的小官刘玉，遇到酷好同性恋的商人邓东，邓设计骗奸了刘玉，不付分文便脱身逃去。刘玉与众小官告到州里，不期州官大怒，指定刘玉骂道："如今世上，分明是你这些人坏了风俗，这样年纪，兀自要做小官，难道到了六七十岁，还是个扒头？好没廉耻！"他当然没有为小官申冤，而是处以"笞三十以赎前愆，徙一年勿贻后悔"的重罚，邓东则获无罪释放。这里需要注意的是，州官痛恨小官，并非因为他们卖淫，而只是因为他们已过了少年期却仍企图装作少年卖淫，这在当时人们的观念中侵害了卖淫活动中买方的利益，所以刘玉在这个案件里虽然并无过错，却受到了惩罚。实际上，州官的判案方法反映的是作者的意愿，这篇小说的字里行间处处流露出对刘玉被欺骗捉弄、受到不公处罚的幸灾乐祸。作者对小官毫无同情可言，认为他们的不幸身世均属罪有应得。

同样的谀上欺下的不公平态度也表现在作者的同性恋贞节观上。作者很喜欢写那种占有许多小官的富人，赞叹他们一掷千金的财富和过人的性能力，他们可以很自由地更换同性恋对象，喜新厌旧在这里不但不受谴责，反而是风流多情的一种标志。因此，对于同性恋中的主动方面来说，不存在贞节的问题。但作为被动方面的小官阶层情况就大为不同。小官本为卖淫者，实际上无法以贞节来要求，作者却情不自禁地用贞节来品评小官，整部小说中处处都是谴责小官们朝三暮四、唯利是图的文字。作者将小官分为贵贱两等，所谓

“贵”，亦即“相处朋友不甚十分轻易”，而“贱”的则“只是没些要紧，贪图口里嗒嗒，腰里撒撒，不管是人是鬼，好歹就肯来来”。显然，区别这贵贱两等的标准根本上仍是贞节，虽然这个词用在这里看上去十分无奈和滑稽。小说第七回在表现作者的贞节观方面很有代表性。此回叙名士姚瑞与小官史小乔交好，姚瑞之友程渊如亦看中小乔，百计诱之不从，乃设局灌醉小乔，乘机强奸了他。姚瑞得知后，不是找程算账，而是立刻毫不留情地打发小乔离开。而最令人不平的还是作者在篇末所发的感叹：“噫！这不是姚瑞薄情，小乔当深悔于初也。”可以说，封建社会晚期对女性贞节的严酷要求也被原封不动地搬到这种同性恋关系中了。

从思想根源上说，晚明社会对小官的歧视和单方面的贞节要求来自一夫多妻制社会男尊女卑观念的影响。小官并非女性，但他们作为性娱乐对象阶层而被人为地与屈从的、附属的女性联系在一起；他们身虽男性，人格上却已被划出了男性的区域，处于一种“准女性”状态。明清两代的两性社会中，男性是尊贵的，但这并非来自他们个体的身体，而是由于他们整个阶层对女性的统治地位。小官阶层既已成为被统治的阶层，他们的男儿之身也就无力达到提高身份的作用了。相反，他们在性关系位置上倒错的、难以确认的状况，使他们似乎成了被驱逐于以两性为主体的社会之外的第三者——一个无依的游魂，往往比女人更为不幸。他们无法像女人那样因出身、婚姻、生育等与男性紧密相连的因素而变得高贵，也不可能与他们的主顾结成密不可分的社会关系，他们是纯粹的性取乐工具，在宗法制的社会中永远找不到坚实的立足点而只能是附属品。可以说，他们的存在表明了封建社会晚期作为统治阶层的男性之性特权的畸形扩大，更新奇的刺激和更彻底的纵欲因他们而得以实现。因此，我们必须注意，晚明社会对同性恋的宽容与现代社会在尊重人权的前提下对同性恋的宽容有着本质上的区别，因为这里没有平等的人格可言，同性恋中的主动方面所拥有的是特权，而小官阶层根本没有人权。那些在现代同性恋关系中变得次要的地位、金钱等因素，在晚明时期却起着主导作用。

二、《弁而钗》与《宜春香质》

这是两部专以男性同性恋为题材的小说集。《弁而钗》四集二十回，以情贞、情侠、情烈、情奇名集，每集五回，一回演一故事。《宜春香质》亦四集二十回，以风、花、雪、月名集，每集五回，一集演一故事。这两部小说都署名醉西湖心月主人，体式、风格亦极一致，因此，认为它们出自同一作者之手是没有问题的，我们完全可以把它们放在一起来讨论。

《弁而钗》与《宜春香质》现存清初刊本，有学者据此把它划归为清初小说。但从小说内容本身及作者的情况看，它应该写作于崇祯年间，绝不会迟至清初。①

① 参见拙文《〈弁而钗〉〈宜春香质〉的年代考证及其社会文化史意义发微》，《东方文化》第32卷第1期，1994年。

这两部小说题材涉及面比《龙阳逸史》更为广阔，不但有不少小官与主顾的故事，而且包括一些友朋、同窗、主仆、师生之间的同性恋故事和一个关于同性恋王国的神话。小说对当时社会同性恋盛行的状况有全面而深刻的反映，如《宜春香质·月集》第一回曰：

> 男子生得标致，便是惹贱的招头。上古子都宋朝，只为有了几分姿色，做了千古南风的话柄。世至今日，一发不堪说了。未及十二三岁，不消人来调他，若有两分俏意，便梳油头，着艳服，说俏话，卖风骚，丢眼色，勾引孤老朋友，甚至献臀请捣。有淫妇娼根所不屑为者，腼然为之，不以为耻。弄得一个世界，衣冠虽存，阳明剥尽。妾妇载道，阴霾烛天。膏沐日工，愈觉腌臜可厌，求一干净躯壳存男儿气者，未易得。

小说中写到，在这种浓厚的同性恋氛围中，女性化的漂亮优雅也成为世人对男性的审美理想，故而当时的青年学生都十分重视容貌和修饰。小说主人公钮俊虽然“才雄百代，学富五年，下笔千言，不待思索”，但因为他容貌丑陋，故“朋友道中嫌其丑陋，羞与为伍”，甚至于游春活动都不让他参加，惟恐他有损青年士人的形象。

《弁而钗》中的“情烈记”“情奇记”，《宜春香质》中的“风集”“花集”“雪集”都较多地写到了当时男院（南院）的具体状况和卖淫娈童的遭遇。《弁而钗·情奇记》写书生李又仙不幸卖身南院，“此南院，乃聚小官养汉之所……在京官员不带家小者，饮酒时便叫来司酒。内穿女服，外罩男衣，酒后留宿，便去了罩服，内衣红紫，一如妓女。也分高低上下，有三钱一夜的，有五钱一夜的，有一两一夜的，以才貌兼全为第一”。他被迫作词唱曲陪酒以娱嫖客，常受到南院龟主的肆意打骂而不敢稍发怨言，其遭遇类似于卖身的女妓。《宜春香质·雪集》还写了一个娈童伊人爱和女妓勾结起来营业的故事，可说是晚明男性同性恋行为中的双性恋心态的典型例子。在作者的观念里，南院与妓院是可以并存的，嫖客们亦大多是“两栖”的，他们如同逛妓院一样地逛南院，两者互不妨碍，都是为了寻找性的刺激。

尤其值得注意的是，《弁而钗》里的“情贞记”“情侠记”“情烈记”写了同窗友朋之间的同性恋故事。正如我们在前面说过的，在明代，人们虽然对同性恋持一种宽容的态度，但那是对同性恋中主动的一方而言的，同性恋中被动的一方总是备受歧视，通常都由没有社会地位、没有财富和知识的人来承担。同性恋在人们的观念中是一种上对下、主对仆的性游戏。同窗友朋之间搞同性恋，往往意味着对友人的亵渎。然而，《弁而钗》的作者对士人相狎持一种同情和欣赏的态度，他在小说里不仅写了这样的故事，其中的某些部分还不乏动人之处，同性恋的感情纠葛被表现得十分缠绵悱恻。“情贞记”写赵生对风翔誓死不二，无论任何诱惑还是挫折，都无从动摇他对风翔的情感。“情奇记”写李又仙男扮女装为匡时之妾，匡家遭难，李冒死救出匡之独子，隐于僻庵，抚孤成立，十八年间始终女装，直到匡家父子团圆报仇雪恨。“情侠记”写钟生对张生的同性恋欲望引起友人的震怒时，钟生坦率而深情地答道：

> 弟实慕兄才色俱备，愿一嗅余香，死亦甘心……今业已完吾愿矣，请斩吾头，以成两美，令天下后世知钟生为情而甘丧其身，张生为失身而诛匪友，吾两人俱可不朽于天壤。吾非不知张兄虎威，触之必死，但发愿之初，便已把生死关头打破，不到今日商量也。①

一情之发，死生以之，言辞十分恳切。“情烈记”写书生文韵、云天章两人情好无间，当他们遭遇挫折时，文韵义无反顾地殉情，死后仍魂魄相随，与云天章相依为命。在这篇小说中，性描写的篇幅很少，对文、云两人的感情经历和坎坷遭遇则写得很多，突出了文韵对感情的坚贞执着。而云天章对文韵的情谊，也没有轻薄玩弄的因素，而是予之非常的专注和珍惜。在这个作品中，感情始终是放在第一位的，作者似乎有意向读者表明，同性恋绝不是一种性的游戏或为了追求刺激，而是一种与心灵紧密相连的认真的感情，它与异性恋相比并无什么异常之处。因此，那些本用于异性恋的正统贞节观，也就没有差异地成了小说中的同性恋的感情原则。这些现象，虽然与当时社会的现实状况还有很大的距离，但

---

①〔明〕醉西湖心月主人：《弁而钗·情侠》页一五一，《思无邪汇宝丛书》第6册，1995年，第163页。

它们应该说是同性恋风气在社会上深化的结果，它代表着士人在同性恋风气之中的倾向和追求。

或许是深刻有感于同性恋在现实生活中面对的障碍，《宜春香质·月集》还以神话的形式虚构了一个男性同性恋的理想国——宜男国。在这个国度里，所有的居民都是男人，但所有的社会制度、道德观念都一仍两性社会。这里没有女人，却同样有爱情、贞操，以及因爱情而发生的争风吃醋。这里也有“科举”制度，不同的是“科举”的内容就是选美，而“科举”的结果——状元、探花之类的及第者皆以美貌多才而被选为国王的后妃，所以这也是唯性（同性恋之性）的社会。当这个理想国最后因外来势力的暴烈攻击即将毁灭时，小说主人公钮俊对他的情人国王说：“国破矣，如之奈何？”国王答曰：“得卿白首，为田舍翁足矣，何用天子为？”对同性恋者而言，这个回答可以说是比这个理想国更为理想。这篇神话小说是当时历史条件下同性恋者所能构想出来的一个属于他们自己的乐地，一切在两性社会里受到阻碍的欲望，都在这里获得完美的实现。从文化史上看，这是一篇很值得注意的作品。

《弁而钗》《宜春香质》和《龙阳逸史》一起构成了晚明颇具规模的同性恋文学系统，它们丰富的内蕴和广阔的生活面为我们展现了过去所完全没有看到过的晚明社会生活一角，从中我们可以汲取到大量关于性爱风气、道德观念、审美倾向、卖淫状况的信息。实际上，把它们放到同期的世界文化史上考察，像这样专以同性恋为题材、主题集中、篇目繁多、反映面广的小说集，也是具有不容置疑的先驱意义的。1687年，日本的古典作家井原西鹤才出版了他那引起世界文学界瞩目的同性恋小说集《男色大鉴》，而他无疑在一定程度上受到了晚明这些小说的影响。

晚明普遍的同性恋风气在戏曲中也时有所反映。查阅明曲目录，可以发现当时曾出现过不少专写男风的单本剧曲，如黄方胤《娈童》，王骥德《男王后》（《裙钗婿》），茅维《双合欢》《金门戟》，吴礼卿《媸童公案》，沈璟《分柑记》，以及无名氏《龙阳君泣鱼固宠》《分钱记》《男风记》等。与通俗小说不同的是，这些剧曲大多是对某一段历史上同性恋故事的演绎而非创作，如《男王后》演南朝陈子高事，《金门戟》演汉武帝事，《分柑记》演弥子瑕事，至于《龙阳君泣鱼固宠》则题目已表明演魏王与龙阳君事。不过，细读之下，我们会发现这些历史故事只不过是个框架，其核心往往仍是晚明士人的趣味和观念。以王骥德《男王后》为例，历史故事中的陈子高本为贱民，年十六，以姿容美丽为陈文帝所宠，位至高官。王骥德将史事按明人的趣味加以渲染和改编，以文帝册封陈子高以后位，所谓“古有女主，亦当有男后”作为主要情节，写陈子高如何艳冠群芳，宠夺六宫，以致公主也不顾一切地追求他。剧中一再地突出陈子高“身虽男子，貌似妇人，天生成秀色堪餐”的女性化形象，而这也正是明人所最为迷恋的男性美。

黄方胤《陌花轩杂剧》是晚明一部较为少见的以当代生活为背景的单本剧曲集，其第九出《娈童》写的是专职小官的故事。内容叙一福建商人与十五岁的小官皮嵩之间的嫖宿关系，强调皮嵩之见利忘义、见钱忘情。剧中做牵头的尹仁的一段话“近日南风盛，少年不害羞。见钱解裤带，忍痛几回头”[①]正是此剧的主题。这个剧本是晚明男风盛行的产物，其内容和意义都与小说《龙阳逸史》相近。

此外，晚明的笑话和山歌俚曲中也都掺杂有大量的同性恋内容，如果从《笑林广记》等笑话集、山歌集里收集有关条目，数量将会是相当可观的，超过此前的任何历史时期。由于这类作品多为口头创作，追求刺激性，往往直接从性行为上调谑取乐，难免失之猥亵，因而相应地削弱了它们所反映社会风气的深度。不过，它们在晚明的大量涌现，本身就是当时社会男风盛行的一个最有力的证明。

不重美女重美男

——清代士人的男性同性恋风气

清兵入关后，残暴的镇压曾使士人们的风流生活一度沉寂下去，但同性恋风气却并未消歇，似乎改朝换代的政治巨变还不足以打断这方兴未艾的行乐潮流。新王朝一统天下之后不久，士人们便一边怀着亡国的剧痛，哀悼昔日的君王和

① 〔明〕黄方胤：《陌花轩杂剧》，第55叶A。

遗烈，一边又沉溺于与歌童倡优们的娱乐之中了。中国历史上这场男性同性恋盛行的风气是由明清两代共同完成的，它直接地、无所阻碍地就植入了新的王朝，几乎找不出断裂层。

处于明清之交的小说家李渔，对当时社会上的这种风气延续十分敏锐，曾说：

> 南风一事，不知起于何代，创自何人，沿流至今，竟与天造地设的男女一道争锋比胜起来。①
>
> 如今世上的人，一百个之中，九十九个有这件毛病。②

李渔总是以一种十分平常的态度来看待同性恋，视之为性爱中的自然现象，《笠翁偶集》卷六甚至提出："或是娇妻美妾，或为狎客娈童，或系至亲密友，思之弗得，与得而弗亲，皆可以致疾。"因此，他认为娈童也可以被视为一味"一心钟爱之药"而用来治心病。狎客娈童在他看来如同娇妻美妾一样平常，这种观点当然是有其社会风气为背景的。

清代同性恋风气比之前代的一个最突出变化是士人们投入得更多也更深了。清初一些身历两朝的士人，尽管为国破家亡痛哭流涕，却难以中辍自己业已形成的蓄妓狎优的习惯爱好，有些士人更把沉溺男风作为一种消极抵抗和摆脱痛苦的手段。《清稗类钞》在谈到清初名伶王紫稼时，指出当时名士"如王文简公、钱牧斋、龚芝麓、吴梅村辈，诗酒流连，

---

①《李渔全集》第八卷，第107页。

②《李渔全集》第八卷，第157页。

皆眷王紫稼”[①]，“既入都，诸贵人皆惑之”。吴梅村写过一首传颂一时的《王郎曲》，其中有句云：

> 五陵侠少豪华子，甘心欲为王郎死。宁失尚书期，恐见王郎迟；宁犯金吾夜，难得王郎暇。坐中莫禁狂呼客，王郎一声声顿息。移床敧坐看王郎，都似与郎不相识。[②]

金埴《不下带编》卷五亦曰：

> 钱牧斋狎一歌童，甚爱之，一日有诗送其入燕，而洒涕为别，熊侍郎文举次韵以讥之云：“金台玉峡总沧桑，细雨梨花枉断肠。惆怅虞山老宗伯，浪垂清泪送王郎。”[③]

这里的“歌童”即指王紫稼，钱牧斋曾为他写作绝句十四首以惜别，而“赠别之外，杂有寄托”。《清稗类钞》收录了这十四首绝句，离情别绪与故国之痛交融，读来分外深情：

> 江南才子杜秋诗，垂老心情故国悲。
> 金缕歌残休怅恨，铜人泪下已多时。
> ……
> 春风作态楝花飞，清醥盈觞照别衣。
> 我欲覆巾施梵咒，要他才去便思归。[④]

---

① 徐珂：《清稗类钞》第三十八册《优伶类·像姑》，商务印书馆民国排印本，第1页。
② 徐珂：《清稗类钞》第三十八册《优伶类·王紫稼风流儇巧》，第15页。
③〔清〕金埴：《不下带编》卷五，中华书局，1982年，第99页。
④ 徐珂：《清稗类钞》第三十八册《优伶类·王紫稼风流儇巧》，第14—15页。

在这些诗作里，对伶旦的眷恋是与对故国的怀念纠结在一起的，令士人追忆不已的故国繁华，狎优蓄童似乎是其中必不可少的一项内容。

清初士人同性恋风气中特别值得一提的是冒辟疆的如皋水绘园。冒氏乃如皋大家，其水绘园为江南名园，亭台楼阁，引人入胜，而冒辟疆性喜结交天下名士，因此在明末清初，这里有相当长的一段时间都是江南骚人才士聚会的重要场所：

> 四方宾至如归，若东林、几社、复社故人子弟，下逮方伎、隐逸、缁羽之伦，来未尝不留，留未尝辄去，去亦未尝不复来。征君投辖开尊，辄出家伶娱坐客。①

当时社会蓄优狎伶的风气在这里表现得很充分。水绘园里的歌童杨枝、紫云、灵雏、秦箫诸人都是艺冠一时的伶童。据载：

> 徐郎〔紫云〕善歌，杨枝善舞，有秦箫者，解作哀音，每一发喉，必缓其声，以激之悲凉仓况，一座欷歔。②

《觚剩》卷二亦曰：

> 如皋冒辟疆，家有园亭声伎之胜。歌者杨枝，态极妍媚，知名之士，题赠盈卷。③

---

①《云郎小史》，张次溪辑：《清代燕都梨园史料》下册，中国戏剧出版社，1988年，第958页。

②《云郎小史》，张次溪辑：《清代燕都梨园史料》下册，第961页。

③〔清〕钮琇：《觚剩》卷二《吴觚中·小杨枝》，《笔记小说大观》第17册，第30页。

检点当时诗人名士题赠杨枝的诗词，数目确实相当可观，据《云郎小史》统计，有龚芝麓《定山堂集》中九首，王阮亭《渔洋诗集》中一首，程周量《海日堂集》中三首，陈其年《湖海楼集》中五首。此外，这些名士集子中题赠灵雏、秦箫的诗词也非常多，他们与歌童都有十分亲密的交往。

在水绘园的这些歌童中，徐紫云（字九青）是最为著名的，当时名士瞿有仲曾有诗赞道："汉宫若得徐郎入，不把河山禅董贤。""秦箫为歌杨枝舞，就中紫云尤媚妩。"[①]紫云与著名词人陈维崧（字其年）一段生死缠绵的情事，曾使无数的清代士人为之倾倒。据《觚剩》及《云郎小史》载，陈维崧未遇时，曾游水绘园，冒辟疆爱其才，延致梅花别墅，并让"儇丽善歌"的紫云执役书堂。陈维崧对紫云"一见神移"。当时正值别墅中梅花盛开，他就天天"偕紫云徘徊于暗香疏影间"，开始了两人长期形影相随的同性恋生活。陈维崧为紫云写作了大量的诗词，其中《怊怅词二十首·别云郎》首首深情，满是"旅愁若少云郎伴，海角寒更倍许长""独坐待君归未归，不归独坐到天明"这样的痴语。他与紫云的每一次小别，都是"检点行装，泪滴珍珠叠满箱"。他的一首《又别紫云》写道：

三度牵衣送我行，并州才唱泪纵横。生憎一片江南月，

① 《云郎小史》，张次溪辑：《清代燕都梨园史料》下册，第961页。

> 不是离筵不肯明。①

陈维崧还请名画家为紫云作肖像，遍求题咏，得当时名士如冒辟疆、龚芝麓、王士禛等人的热烈响应，其中仅《云郎出浴图》就有名士七十四人，共题诗一百五十三首、词一首、断句二，为一时盛事，以至当时的不少诗话都记载了这件事。后人将之编成《九青图咏》一卷，今图与诗皆存，可以看到卷中充斥着诸如“莫怪君王勤割袖，漫同罗苎浣春纱”，“江南红豆相思苦，岁岁花前一忆君”一类的缠绵诗句。

大约在康熙三年（1664），紫云成年娶亲，陈维崧心情十分复杂。在中国古代“不孝有三，无后为大”的原则之下，婚姻是人生的必尽义务，陈维崧本人亦有妻妾子女，但他还是难以抑制自己沉重的失落感。他在紫云的洞房花烛夜写了一首《贺新郎》相赠，词的下片云：

> 六年孤馆相依傍。最难忘、红蕤枕畔，泪花轻飏。了尔一生花烛事，宛转妇随夫唱，努力做、稾砧模样。只我罗衾浑似铁，拥桃笙难得纱窗亮。休为我，再惆怅。②

他们的感情当然没有因为紫云的婚事画上句号，两人依然有很亲密的来往。康熙七年（1668），陈携紫云离开如皋抵京，紫云在京中名声大噪，士人趋之若鹜。后陈维崧得龚芝麓的

①《云郎小史》，张次溪辑：《清代燕都梨园史料》下册，第964页。
②《云郎小史》，张次溪辑：《清代燕都梨园史料》下册，第966页。

推荐，入史省斋学使幕，又同紫云至豫州。三年后，陈维崧偕紫云归宜兴老家。康熙十四年（1675）清明时节，紫云病逝于宜兴，陈维崧十分悲伤，以至“睹物辄悲，若不自胜者”。为怀念紫云，他写作了大量非常动情的感伤诗词，直至七年后逝世。陈维崧与紫云的情事，给当时的士人留下太深刻的印象，清人在怀念清初的这位杰出的词人时，往往会情不自禁地提到紫云，似乎这段故事已成为士人心目中理想情爱的范本。

陈维崧和紫云死后，水绘园里的盛事却还在继续，《觚剩》提到：

> 杨枝老矣，其子亦玉人也，因呼小杨枝。①

一次水绘园中宴集时，有人拿出陈维崧的情词传诵，于是名士邵青门即席赋诗曰：

> 唱出陈髯绝妙词，灯前认取小杨枝。天工不断销魂种，又值春风二月时。②

时序荏苒，此风不减。据载，紫云之侄人称“小徐郎”，此外水绘园中又新有歌童徐雏和金菊，也都名擅一时。这种盛况似乎一直持续到乾隆初年。实际上，明末清初名士与歌童聚

---

①〔清〕钮琇：《觚剩》卷二《吴觚中·小杨枝》，《笔记小说大观》第17册，第30页。

②〔清〕钮琇：《觚剩》卷二《吴觚中·小杨枝》，《笔记小说大观》第17册，第30页。

集的水绘园可以说是当时社会风气的一个缩影，投身其中的士人虽然未必都是严格意义上的同性恋者，却普遍地对男性同性恋行为持一种欣赏的态度。

随着清代政权的稳固和经济的发展，世风日趋侈靡，士人狎优蓄童之风比明代有过之而无不及，许多官员士绅乐此不疲。金埴《不下带编》卷六载：

> 康熙初间，海宁查考廉伊璜继佐，家伶独胜，虽吴下弗逮也。娇童十辈，容并如姝，咸以“些”名，有“十些班”之目。小生曰“风些”，小旦曰“月些”，二乐色尤蕴妙绝伦，伊璜酷怜爱之，数以花舲载往大江南北诸胜区，与贵达名流歌宴赋诗以为娱，诸家文集多纪咏其事。至今南北勾栏部必有“风月生”“风月旦”者，其名自查氏始也。伊璜下世已久，十些无一存者。庚寅秋，查太史德尹嗣瑮，偕予饮烟雨楼，述之啧啧，因作八绝句以追艳之。兹录二首：“查氏勾栏第一家，十些新变楚词耶？骚翁独绝歌郎绝，魂宕风些与月些。”“生魂蚤为艳歌招，十色花曹双领曹。睨杀月些钩乍吐，风些香到郑樱桃。”①

所谓“郑樱桃”，是东晋时石虎的一个以善妒著称的娈童，清人爱援此典故形容男宠。如《不下带编》卷四又有一例曰：

> 宝应乔侍读石林莱有家伶管六郎以姿伎称。己巳春，车驾南巡，召至行在，曾蒙天赐，自此益矜宠。后侍读下

---

①〔清〕金埴：《不下带编》卷六，第116—117页。

> 世，六郎踪迹不可问矣。查夏仲慎行再见于都门筵会，有诗云："一群浓艳领花曹，头白尚书兴最豪。记得送春筵畔立，酒痕红到郑樱桃。"诵之魂销矣。[①]

官员行乐总是离不开娈童的陪伴，甚至将此作为一种身份显赫的标志。《词余丛话》言当时士人王文治"行无远近，必以歌伶一部自随"。汪景祺写作于雍正年间的《读书堂西征随笔》谈到当时福建蒲城令汪元仕"穷奢极欲，饮食则山珍海错也，姬妾则粉白黛绿也，僮仆则宋朝子都也"。"宋朝""子都"都是古代著名的娈童，这里指汪元仕玩弄男色。

乾隆时期曾出现过一个名倾南北的秦腔花旦魏长生，俗称魏三，其"名动京师"，"一时不得识交魏三者，无以为人"。据载，他与当时朝廷的显要人物和珅"有断袖之宠"，"车骑若列卿，出入和珅府第"。[②]魏长生之徒陈银官，亦为名伶，曾与名士李载园交好，为时人所艳羡。[③]当时士绅豪贵们聚会，侍宴的绝对少不了娈童。王晫《今世说》中有一则记录曰：

> 翁逢春游临安，捧橐中金二千于寓庑下。一日，被酒归，蹴金，伤其趾，遽怒呼曰："吾明日用汝不尽，不复称侠。"遂遍召故人游士及妖童艳唱之属，期诘旦集湖上。是日，舣舫西泠桥，合数十百人，置酒高会，所赠遗缠头无

---

① 〔清〕金埴：《不下带编》卷四，第69页。

② 参见《金台残泪记》，张次溪辑：《清代燕都梨园史料》上册，第250页。

③ 参见徐珂：《清稗类钞》第三十八册《优伶类·陈银官为李载园所眷》，第19页。

> 算。抵暮，问守奴余金几何，则已告尽矣。①

士人以与优伶交好为风流，这类事总是颇使时人艳羡，为士人笔记所乐于记载。如袁枚《随园诗话》卷四第三九条曰：

> 雍正间，京师伶人刘三，色艺冠时，独与翰林李玉渊先生交好……但闻先生未第时，甚贫，刘爱其才，以身事之。余疑而不信。偶过剃发铺，壁上无名氏题云："欲得刘三一片心，明珠十斛万黄金。一钱不费偏倾倒，妒杀江南李翰林。"②

无论是这个无名的诗人还是袁枚，他们都认为这是一件风雅的事，羡慕李玉渊和刘三的一片真情。当时不少名流都有这类韵事，而韵事的流传也往往在社会上抬高了他们的身份。《花间笑语》列举清中期之前名人的同性恋轶事曰：

> 国初，王紫稼与合肥龚芝麓宗伯交好，事载梅村集《本事诗》。雍正间，刘三侍李玉洲（渊）太史，助张少仪观察救父。乾隆间，李秀章识毕秋帆尚书于风尘，约同居处，报捷鼎元，都人以"碧岑夫人"呼之。事载《随园集》《燕兰小谱》。此外如庆成部唐玉林任侠，侍方毓川中丞；方兰如识庄本醇殿撰于未第。③

---

①〔清〕王晫：《今世说》页九六，《丛书集成初编》第2825册。

②〔清〕袁枚：《随园诗话》卷四第三十九条，人民文学出版社，1960年，第116页。

③《北京梨园掌故长编》，张次溪辑：《清代燕都梨园史料》下册，第889—890页。

其中乾隆十五年（1750）左右的两位被称为“状元夫人”的伶童尤其轰动一时。赵翼《檐曝杂记》卷二曰：

> 京师梨园中有色艺者，士大夫往往与相狎。庚午、辛未间，庆成班有方俊官，颇韶靓，为吾乡庄本淳舍人所昵。本淳旋得大魁。后宝和班有李桂官者，亦波峭可喜，毕秋帆舍人狎之，亦得修撰。故方、李皆有状元夫人之目，余皆识之。二人故不俗，亦不徒以色艺称也。本淳殁后，方为之服期年之丧。而秋帆未第时颇窘，李且时周其乏，以是二人皆有声缙绅间。①

《阅微草堂笔记》亦曾提到这两位“状元夫人”。其中李桂官（字秀章）的情事尤为名闻遐迩。《随园诗话》详细记载毕、李两人情事曰：

> 李桂官与毕秋帆尚书交好。毕未第时，李服侍最殷。病则秤药量水，出则授辔随车。毕中庚辰进士，李为购素册界乌丝，劝习殿试卷子，果大魁天下。溧阳相公，康熙前庚辰进士也，重赴樱桃之宴，闻桂郎在座，笑曰：“我揩老眼，要一见状元夫人。”其名重如此。②

毕氏考中状元后到外地做官，李亦停止了自己的演艺生涯而前往陪伴。这是清代官场中一段著名的风流韵事，“举世艳称

① 〔清〕赵翼：《檐曝杂记》卷二“梨园色艺”，中华书局，1982年，第37页。
② 〔清〕袁枚：《随园诗话》卷四第四十一条，第117页。

之"[①]，士人笔记中提到这件事时总是艳羡不已，它后来也成为小说《品花宝鉴》里田春航和苏蕙芳的故事原型。袁枚写了一首长达八十四行的七言歌行《李郎歌》，详述事情本末和他的向往之情，其中有句云：

一言从此定心交，孤馆寒灯伴寂寥。为界乌丝教习字，为熏宫锦替焚椒。延医秤水春风冷，嘘背分凉夜月高。但愿登科居上上，敢辞礼佛拜朝朝。果然胪唱半天中，人在金鳌第一峰。贺客尽携郎手揖，泥笺翻向李家红。若从内助论勋伐，合使夫人让诰封。溧阳相公闲置酒，口称欲见状元妇。揩眼将花雾里看，白发荷荷时点首。君卿何处最勾留，毕蒋熊姜当五侯。四子非为讲德论，三生同上一钟楼。郎名此际虽风动，郎心镇日如山重。一诺从无隔宿期，千金只为多情用。岳岳高冠士大夫，乔松都要女萝扶。[②]

这首歌行写得酣畅淋漓，深得当时士人的喜爱和推重。同时期的著名诗人、学者赵翼也曾写过一首《李郎曲》，收录于《瓯北诗抄》：

李郎昔在长安见，高馆张灯文酒宴。乌云斜绾出场来，满堂动色惊绝艳。得郎一盼眼波留，千人万人共生羡。人方爱看郎颜红，郎亦看人广座中。一个状元犹未遇，被郎瞥睹识英雄。每当舞散歌阑后，来伴书帏琢句工。毕卓瓮头扶醉起，鄂君被底把香烘。但申啮臂盟言切，并解缠头

① 〔清〕梁绍壬：《两般秋雨庵随笔》卷四《李郎》，第224页。
② 〔清〕袁枚：《小仓山房诗文集》卷二一，上海古籍出版社，1988年，第501页。

旅食供。明年对策金门射，果然榜发魁天下。从此鸡鸣内助功，不属中闺属外舍。……①

袁枚认为士大夫如乔木苍松，需要伶童如女萝般扶持陪衬方觉完美，而赵翼同样认为伶童可以代替女性起到内助的作用。从这两首诗中可以发现，伶童在士人的感情生活里已占有越来越大的比重。

曾经做过毕秋帆幕客的钱泳著有一部笔记《履园丛话》，其中也记载了种种与毕秋帆有关的男风故事：

五云者，丹徒王梦楼太守所蓄，素云、宝云、轻云、绿云、鲜云也。年俱十二三，垂髫纤足，善歌舞。余时年二十五六，犹及见之。越数年，五云渐长成矣。太守惟以轻云、绿云、鲜云遣嫁，携素云、宝云至湖北送毕秋帆制府。审视之，则男子也。制府大笑，乃谓两云曰："吾为汝开释之。"乃剃其头，放其足，为僮仆云。②

可见其时毕秋帆的好男风已名声在外，故人多以童归之。同时也表明当时士人普遍有蓄童的习惯，并挖空心思地玩一些新花样。而毕氏幕下，或受其风之渐，或因物以类聚，南风之盛使毕氏自己亦颇为不安：

毕秋帆先生为陕西巡抚，幕中宾客大半有断袖之癖。入

① 〔清〕赵翼：《瓯北诗抄》，商务印书馆，1936年，第124页。
② 〔清〕钱泳：《履园丛话》卷二三"杂记上·五云"，中华书局，1979年，第623页。

> 其室者，美丽盈前，笙歌既叶，欢情亦畅。一日先生忽语云："快传中军参将，要鸟枪兵、弓箭手各五百名进署伺候。"或问："何为？"曰："将署中所有兔子俱打出去。"……后先生移镇河南，幕客之好如故，先生又作此语。余适在座中，正色谓先生曰："不可打也。"问："何故？"曰："此处本是梁孝王兔园。"先生复大笑。①

《清稗类钞》中也有相关记载：

> 乾隆时，毕秋帆抚陕，孙渊如观察客其幕。西安有歌者郭郎，与孙昵。一日，孙留之节署，至夜而出，则门已扃，乃引郭梯后苑墙，以缒诸外。②

这些记载使我们看到的不仅仅是毕秋帆个人的性倾向，还有个例之下那个时代对同性恋的普遍狂热。

乾隆时期的大文学家袁枚，亦以酷好男色著称，并自引以为风流。袁枚长寿，他一生的各个时期，都有过不同的歌郎伶旦陪侍左右。据载，袁枚青壮年时期曾与张郎、袁郎、张彬、李郎、许云亭等伶童有过异乎寻常的亲密关系，其中许云亭为京师名伶，他与袁枚的关系浪漫得像一篇小说：

> 〔许〕名冠一时，群翰林慕之，纠金演剧。许声价自高，颇自矜贵。先生虽年少，而服御朴素，敝车羸马，料

① 〔清〕钱泳：《履园丛话》卷二一"笑柄·打兔子"，第555页。
② 徐珂：《清稗类钞》第三十八册《优伶类·郭郎为孙渊如所昵》，第20页。

无足动许者。讵许登台时，流盼送笑，目注先生，若将昵焉。先生心疑之而未敢言。次日侵晨，许竟叩门至，情款绸缪。先生忻喜过望，引许为生平知己。①

袁枚一直为这件事感到很得意，曾赠诗许云亭曰：

笙清簧暖小排当，绝代飞琼最擅场。底事一泓秋水剪？曲终人反顾周郎。

并将之载入《随园诗话》。②后来《品花宝鉴》中男主角梅子玉与杜琴言一见钟情的场面，似乎就是取材于此，可能是因为它在当时士人中传为美谈。

袁枚在京中时，还与两位著名的苏州籍歌郎吴文安、陆才官情密意洽，“两人时来先生寓中，时人目为双璧”。据载吴文安年少美风姿，“供奉大内，声名籍甚”，他与袁枚似乎感情很深：

每遇考试，吴为吮笔磨墨，摒挡周至。及先生成进士，入词林，吴为之欣喜者累日。嗣后先生以知县出都，吴送至紫竹林而别。河梁携手，不尽依依，所谓“桃花潭水深千尺，不及汪伦送我情”也。③

① 〔清〕蒋敦复：《随园轶事》“许云亭”条，江苏广陵古籍刻印社，1991年，第16页。
② 参见〔清〕袁枚：《随园诗话》卷四第四十条，第116页。
③ 〔清〕蒋敦复：《随园轶事》“歌郎送别”条，第47页。

因此当时士人常“比之李玉桂之于毕制军”。[①]

袁枚的仕宦生涯很短，但为官期间，他竟也不避嫌疑，与歌郎过从甚密，一次还曾“手书小札贻郎，自明其相慕之意”[②]，并赠诗二首（后收入《小仓山房诗文集》卷五）。后来这位歌郎便“出入衙署，习以为常”。有意思的是，时人对袁枚此举的反应竟然是“不愧风流令尹也”。在这段时间，袁枚还与尹文端公的侍童李郎关系亲密：

> 公督两江时，与先生唱和，每一诗成，必为郎所持来。积日既久，始而稔熟，继而狎昵。盖李郎年轻而貌俊，为先生刮目也。[③]

阔别多年之后，李郎与袁枚重遇于白下，于是他仍在随园住了数月，“感触前情，相与于邑不已”。

甚至晚年，袁枚的生活中仍有桂官、华官、曹玉田、金凤等歌伶，不一而足，自称“不肯离花过一宵”[④]。每出门，必有歌童陪伴，目睹者记录：

---

① 案，吴、陆两人均为较纯粹的同性恋者，吴文安“娶妻一夕即离”，陆才官虽有一妻二妾，但他的愿望却是携妻妾同侍袁枚，“流连风景，颇有终焉之志”，后因袁枚母亲的反对而未能遂愿。三十多年后，三人偶然在苏州虎丘重逢，当时袁枚已六十多岁，吴、陆两人亦届知命之年，“握手唏嘘，回首前尘，不胜故人何堪之感”。见〔清〕蒋敦复：《随园轶事》“吴下重逢两供奉”条，第47页。

② 〔清〕蒋敦复：《随园轶事》“手札召歌郎”，第5页。

③ 〔清〕蒋敦复：《随园轶事》“尹文端公侍者李郎”，第16页。

④ 〔清〕袁枚：《小仓山房诗文集》卷二十四《吴门返棹曹郎玉田仿桂生故事送余京口》，第563页。

先生时年六十余，行市中不扶杖，而桂为之挽手，市中人观而羡之，目为神仙焉。[①]

这位桂官姓钱，袁枚曾赠诗云：

小字桂枝仙，钱郎剧可怜。
肯歌周史曲，同泛鄂君船。

挽手胜扶杖，吹箫屡拍肩。
妙莲花不染，恰是并头眠。[②]

所用的几乎全是同性恋典故。桂官善歌，一次他伴随袁枚到扬州寻春，舟中袁枚度曲，桂官洞箫和之。事后袁枚自称颇得姜白石“小红低唱我吹箫”之趣。后来桂官因故离开，袁枚甚感孤凄，曾写诗道：

春未归时花已归，落花那识晚春悲。
分明一样灯前坐，斗觉寒生恰为谁。
浮生聚散苦情多，五日缠绵奈汝何？
今夜江城月如雪，玉人何处一声歌。[③]

与此同时，他还非常喜爱吴门名伶华官，观剧之余，重赏缠头，而华官亦“以先生为知己，愿随之归，后居随园数年”[④]。

---

① 〔清〕蒋敦复:《随园轶事》“桂官”条，第64页。
② 〔清〕袁枚:《小仓山房诗文集》卷二十四《同桂郎寻春仪征，泊舟燕子矶有怀熊蔗泉观察赋诗却寄二首》，第561页。
③ 〔清〕袁枚:《小仓山房诗文集》卷二十四《桂郎归后，是夕客寓，怃然不能成寐二首》，第563页。
④ 〔清〕蒋敦复:《随园轶事》“华官”条，第64页。

袁枚的《小仓山房诗文集》中收有大量赠给歌童的诗作，有些还附序道其始末。今检点其目录，亦差可见其一生酷好南风之踪迹。如卷二《赠歌者许云亭二首》，卷三《颜郎》，卷五《秦淮小集，座有歌郎，上元许令目慑之，郎亟引去，余迂许怜郎而调以诗二首》《挽施曼郎》，卷七《闰五月二十八日买舟渡江，吴下主人沈云卓、江雨峰招两歌郎为余祖道》，卷一一《王郎诗四首》，《王郎诗》序云：

> 温皆山吏部爱歌者王郎，嫌贤弟宰上元，关防拘阂，其同年庄念农僦河房近郎，戏曰："从我而朝少君。"温喜甚，邀余与吴兰臣、汪秋畲等称娖前行且饮，申旦后止。温书诗册如蚕眠，纳王郎袖，诸公酬之。①

又卷一七《题树斋赠别胡郎诗后二首》，卷一九《十一月十三日韦畴五副戎率公子虎丘饯别，遣歌者张郎送归白下，别后却寄四首》，卷二一《李郎歌》，卷二三《赠李郎三首》，卷二四《同桂郎寻春仪徵，泊舟燕子矶有怀熊蔗泉观察赋诗却寄四首》《桂郎归后，是夕客寓，怃然不能成寐二首》《吴门返棹曹郎玉田仿桂生故事送余京口》《吴下歌郎吴文安、陆才官供奉大内已有年矣，今春为葬亲故乞假南归，相遇虎丘，略说天上光景，且云此会又了一生，余亦惘惘情深，凄然成咏二首》，卷二五《赠庆郎四首》《再赠庆郎四首》，卷二六《景阳阁席上题扇赠歌者曹郎六首》，卷三一《袁郎诗为霞裳补

---

①〔清〕袁枚：《小仓山房诗文集》卷十一《王郎诗》序，第252页。

作》。此外又有《小仓山房诗集补遗》卷一《丹阳道上留别双郎六首》《许郎席上追和庄念农刺史景阳阁韵五首》。这些只是很初步的罗列，远非全面的统计，但数量已相当可观。总观之，其晚年的赠郎之作尤多于早年。我们还应该注意的是，袁枚与歌郎们狎游时多与士大夫同行，可见并非个人的偏嗜。

袁枚《子不语》亦载有一些颇值得注意的同性恋故事，其中较有代表性的是《兔儿神》一则：

> 国初，御史某，年少科第，巡按福建。有胡天保者爱其貌美，每升舆坐堂，必伺而睨之，巡按心以为疑，卒不解其故，胥吏亦不敢言。居亡何，巡按巡他邑，胡竟偕往，阴伏厕所，窥其臀。巡按愈疑，召问之，初犹不言，加以三木，乃云："实见大人美貌，心不能忘，明知天上桂，岂为凡鸟所集，然神魂飘荡，不觉无礼至此。"巡按大怒，毙其命于枯木之下。逾月，胡托梦于其里人曰："我以非礼之心，干犯贵人，死固当。然毕竟是一片爱心，一时痴想，与寻常害人者不同。冥间官吏俱笑我、揶揄我，无怒我者。今阴官封我为兔儿神，专司人间男悦男之事。可为我立庙，招香火。"闽俗原有聘男子为契弟之说，闻里人述梦中语，争醵钱立庙，果灵应如响。凡偷期密约，有所求而不得者，咸往祷焉。
>
> 程鱼门曰：此巡按未读《晏子春秋》劝勿诛羽人事，故下手太重。若狄伟人先生颇不然。相传先生为编修时，年少貌美。有车夫某亦少年，投身入府，为先生推车，甚勤谨，与雇直钱，不受。先生亦爱之。未几病危，诸医不效，将断气矣，请主人至，曰："奴既死，不得不言，奴之

> 所以病至死者，为爱爷貌美故也。”先生大笑，拍其肩曰：“痴奴子，果有此心，何不早说耶?”厚葬之。[1]

这则笔记以两个不同的故事表现了袁枚一贯尊重人情的态度。他认为，某御史因尊严不可侵犯而置胡天保于死地的态度是很不可取的，所以冥间之神也认为胡“毕竟是一片爱心，一时痴想”，非但不处罚他，反封他为兔儿神来“专司人间男悦男之事”。而狄伟人的旷达通情也正是袁枚本人的态度和主张。我们需要注意的是，这则笔记还谈到了当时的同性恋宗教迷信活动，“兔儿神”之说显然不是袁枚的杜撰，而是以传说为基础的。类似的记载，我们在其他的清人笔记中也时有发现，如梁绍壬《两般秋雨庵随笔》提到“汲县有纣王庙，凡龙阳胥祷于是”[2]。俞蛟《梦厂杂著》亦言及“直隶河间府献县城隍庙，泥塑皂隶，昂首注目，状若倾耳而听。相传隶两耳无闻，喜为人作龙阳之媒。焚楮镪，附耳私语者，实繁有徒”；“岭南潮州揭阳城隍庙，亦有聋隶，人俱呼为‘三官’。有调娈童不得者，焚香隶前，以指抉其耳窍，吻近窍，密祷之，事无不谐。谐后，酬以牲醴。肩摩踵接，日夕不休。”[3]其实，对于当时日趋深入的男性同性恋风气来说，这些宗教迷信活动的产生也是必然的。

---

①〔清〕袁枚:《子不语》卷一九“兔儿神”,文明书局藏版,第4页。

②〔清〕梁绍壬:《两般秋雨庵随笔》卷一《世俗诞妄》,第12—13页。

③〔清〕俞蛟:《梦厂杂著》卷二“春明丛说·聋隶”,上海古籍出版社,1988年,第31—32页。

袁枚《续子不语》卷六还载有一篇较长的同性恋传说故事《多官》，内容叙闽莆田有美少年名多官，一日于路上偶遇来闽探兄的江西举人陈仲韶。陈一见神移，遂修厚赀拜于多官之塾师门下，两人成为同窗。陈百般殷勤。多官病，药价昂，陈倾金救之，两人终成狎昵。有恶人见多官而生色心，以计断绝他与陈的关系。然多官专一，取刀自刭。陈感其义，誓不再娶。这个故事与明末小说《弁而钗》里的《情贞记》相近，惟人物姓名、官职及结局稍异，可能是这两个故事都有其一定的事实基础，屡经传说，因生变异。

《随园诗话》中亦载有多则关于同性恋的轶事，大多为袁枚所耳闻目睹，因而相对来说是比较可靠的。如其中一则曰：

> 春江公子，戊午孝廉，貌如美妇人，而性倜傥。与妻不睦，好与少俊游，或同卧起，不知乌之雌雄。尝赋诗云："人各有性情，树各有枝叶。与为无盐夫，宁做子都妾。"其父中丞公见而怒之。公子又赋诗云："古圣所制礼，立意何深妙。但有烈女祠，而无贞童庙。"……尝观剧于天禄居。有参领某，误认作伶人而调之，公子笑而避之。人为不平，公子曰："夫狎我者，爱我也。子独不见《晏子春秋》谏诛圉人章乎？惜彼非吾偶耳，怒之则俗矣。"①

这位春江公子实有其人，曾与袁枚诗词唱和。他的同性恋自

① 〔清〕袁枚：《随园诗话》卷四第六十三条，第125—126页。

觉意识很强，而袁枚的字里行间，对春江公子的行止做派有很深的知己感。

大约是情趣相投吧，在袁枚的周围，有一批好男风的士人，而其中最突出的要数他的弟子刘霞裳。刘恃才傲物，生活非常放纵，以致“礼法之士，飞言如雨”，但他与袁枚关系甚契，曾随袁枚云游四方，其间且不断穿插一些与娈童的情感纠葛。《小仓山房诗文集》卷三一有《袁郎诗为霞裳补作》，其“序”曰：

> 在粤东时，袁郎师晋年十七，明慧善歌，为吴明府司阍。乍见霞裳，推襟送抱，苦不得一沾接，再三谋得私约。某日两情可申，忽主人奉大府檄，火速凿行。郎不得留，与霞裳别江上，涕如绠縻。①

袁枚的这首诗写得很轻狂，其中有句云：“珠江吹断少男风，珠泪离离堕水红。缘浅变能生顷刻，情深谁复识雌雄。鄂君翠被床才叠，荀令香炉座忽空。”②有时袁枚兴之所至，还让自己的嬖童与弟子同宿：

> 先生好男色，如桂官、华官、曹玉田辈，不一而足。而有名金凤者，其最昵爱也。先生出门，必与凤俱。某年游天台，凤亦同行。刘霞裳秀才，先生弟子也。时刘亦同在舟中，一见凤而悦之。刘年少，美丰姿，亦颇属意也。

① 〔清〕袁枚：《小仓山房诗文集》卷三一《袁郎诗为霞裳补作》，第857页。
② 〔清〕袁枚：《小仓山房诗文集》卷三一《袁郎诗为霞裳补作》，第857页。

> 先生揣知两人意，许刘与凤宿，作诗有“成就野鸳鸯，诸天色欢喜”之句。①

郑板桥是乾隆时期的书画大师，大约是文人相轻吧，袁枚对他不以为意，认为板桥诗多率直语，而其书法乃野狐禅，两人相互攻讦自矜。但他们在酷好男色这一点上却非常一致：

> 惟板桥多外宠，则与先生有同嗜，余桃断袖中，自无不可引为知己。板桥尝欲改律文笞臀为笞背，闻者皆笑之。先生语人曰：“郑大有此意，惜断不能办到。然其所以爱护金臀者，则真实获我心矣。”②

乾隆年间书画家曾七如在其笔记《小豆棚》里亦记载了郑板桥的这方面轶事：

> 郑素有余桃癖，一日，听事，见阶下一小皂隶执板遥立，带红牙帽，面白衣黑，颇觉动人，遂见爱嬖。有友戏问曰：“侮人者恒受侮于人，使其行反噬之，谋倒戈而相向焉，何以御之?”郑曰：“斯受之耳，亦未必其血流漂杵也。”③

稍晚于袁枚的著名学者纪昀，对于当时社会上流行的同性恋风气亦颇为关注。这位《四库全书》的总纂官在公之余热衷于“追录旧闻”，今计《阅微草堂笔记》中有同性恋故事

---

①〔清〕蒋敦复:《随园轶事》“金凤”条，第63页。

②〔清〕蒋敦复:《随园轶事》“郑板桥”条，第17页。

③〔清〕曾七如:《小豆棚》卷十六“杂记·郑板桥”，荆楚书社，1989年，第297页。

数十则，大抵皆为与同性恋纠葛有关的狐鬼神怪、因果报应的传闻，但它们都在相当程度上反映了当时的性爱风气和趣味，有些篇章非常值得注意。如传统的女子狐媚模式在清代严重的男性同性恋风气之下，狐媚者的性别也随之复杂起来，大约是为了适应环境吧，妖怪不再仅以美女的形象惑人，他们也时常现形为娈童：

> 有书生僦住京师云居寺，见小童年十四五，时来往寺中。书生故荡子，诱与狎，因留共宿。天晓，有客排闼入，书生窘愧，而客若无睹。俄僧送茶入，亦若无睹。书生疑有异，客去，拥而固问之，童曰："公勿怖，我实杏花之精也。"①

而那些本来好渔猎女色的积年老狐，在清代的传说中便也往往为娈童的美色所动：

> 族祖黄图公言：尝访友至北峰，夏夜散步村外，不觉稍远。闻秫田中有呻吟声，寻声往视，乃一童子裸体卧。询其所苦，言薄暮过此，遇垂髫艳女，招与语，悦其韶秀，就与调谑。女言父母皆外出，邀到家小坐……出瓜果共食。笑言既洽，弛衣登榻。比拥之就枕，则女忽变形为男子，状貌狰狞，横施强暴。怖不敢拒，竟受其污，蹂躏楚毒，至于晕绝。久而渐苏，则身卧荒烟蔓草间，并室庐失所在矣。盖魅悦此童之色，幻女形以诱之也。②

---

①〔清〕纪昀：《阅微草堂笔记》卷八，上海古籍出版社，1980年，第168页。

②〔清〕纪昀：《阅微草堂笔记》卷九，第177页。

狐之媚人，为采补计耳，非渔色也。然渔色者亦偶有之。表兄安滹北言：有人夜宿深林中，闻草间人语曰："君爱某家小童，事已谐否？此事亢阳熏烁，消蚀真阴，极能败道，君何忽动此念耶？"又闻一人答曰："劳君规戒。实缘爱其美秀，遂不能忘情……"其人觉有异，潜往窥视，有二狐跳踉去。①

尤其值得注意的是，《阅微草堂笔记》中的一些材料还表明了当时的某些士大夫为了纵男色之好，不但狎优蓄童，而且有意识地培养年幼童子熟习同性恋行为，促其就范。其卷六载云：

王兰洲尝于舟次买一童，年十三四，甚秀雅，亦粗知字义。云父殁，家中落，与母兄投亲不遇，附舟南还，行李典卖尽，故鬻身为道路费。与之语，羞涩如新妇，固已怪之，比就寝，竟弛服横陈。王本买供使令，无他念，然宛转相就，亦意不自持。已而童伏枕暗泣。问："汝不愿乎？"曰："不愿。"问："不愿何以先就我？"曰："吾父在时，所畜小奴数人，无不荐枕席。有初来愧拒者，辄加鞭笞曰：'思买汝何为？愦愦乃尔！'知奴事主人，分当如是。不如是则当捶楚，故不敢不自献也。"②

又其卷一二载曰：

相传某巨室喜狎狡童，而患其或愧拒，乃多买端丽小儿

① 〔清〕纪昀：《阅微章堂笔记》卷九，第183页。
② 〔清〕纪昀：《阅微章堂笔记》卷六，第117页。

未过十岁者，与诸童媟戏时，使执烛侍侧，种种淫状，久而见惯，视若当然。过三数年，稍长可御，皆顺流之舟矣。[①]

纪昀对这种行为很不以为然，他的观点是：

凡女子淫佚，发乎情欲之自然。娈童则本无是心，皆幼而受绐，或势劫利饵言。[②]

用这种理论来解释同性恋的本质或许未确，但他却犀利地道出了在当时普遍好男风的形势下，这些娈童的被动和屈辱，道出了当时社会为追求男色而迷失了人性的狂热，自有其深刻之处。

到清中期，男性同性恋风气愈趋深入，尤其是在政治文化中心北京，士人普遍好男风的习气在相当程度上影响了传统的两性关系，以至京师娱乐界呈现了一种“有歌童而无名妓”的状况，京城妓院较为集中的地点如金鱼池等处，气象潦倒，生意萧条。《燕京杂记》曰：

京师娼妓虽多，较之吴门白下，邈然莫逮。豪商富官，多蛊惑于优童，鲜有暇及者。至金鱼池、青草厂等处，连居比屋，当户倚门，过而狎者，尤为下流无耻。[③]

咸同间士人黄钧宰《金壶遯墨》描写当时士风曰：

---

① 〔清〕纪昀：《阅微草堂笔记》卷一二，第275页。
② 〔清〕纪昀：《阅微草堂笔记》卷一二，第275页。
③ 〔清〕阙名：《燕京杂记》，北京古籍出版社，1986年，第129页。

> 京师宴集，非优伶不欢，而甚鄙女妓。士有出入妓馆者，众皆讪之。结纳雏伶，徵歌侑酒，则扬扬得意，自鸣于人，以为某郎负盛名，乃独厚我。①

《清稗类钞》亦曰：

> 丁酉、戊戌间，南城娼寮颇卑劣，视韩家潭之伶馆不如远甚。
>
> 道光以前，京师最重像姑，绝少妓寮，金鱼池等处，特舆隶溷集之地耳。②

所谓“像姑”，即相公，指陪酒的伶童。何刚德《春明梦录》下卷也谈到晚清京城的妓院很难揽到体面的客人：

> 妓寮在前门外八大胡同，麇集一隅，地极湫秽，稍自爱者绝不敢往。③

小说《品花宝鉴》第十二回写风流才子田春航在南方时本来酷爱女色，赴京前尚是“妓女饯行，狎客祖道”，但他一到京城，就发现这里没有看得上的妓女，“此地的妓女生得不好，扎着两条裤腿，插着满头纸花，挺着胸脯，肠肥脑满，粉面油头，吃葱蒜，喝烧刀”。因此把田春航的女色之心“收拾得干干净净”，但他同时却不无惊喜地发现，“〔京中〕唱戏的

---

①〔清〕黄钧宰：《金壶七墨·金壶遯墨》卷二“伶人”，《笔记小说大观》第27册，广陵古籍刻印社，1984年。

② 徐珂：《清稗类钞》第三十八册《娼妓类·京师之妓》，第6、9页。

③〔清〕何刚德：《春明梦录》，山西古籍出版社，1997年，第105页。

相公，却好似南边”，于是他风流放纵的生活内容也就变为了狎伶。[①]这可以说是展现京中性爱风气和这种风气对士人性兴趣影响的一个最生动的例子。所以蒋士铨曾以诗句指出当时京城娱乐生活中这一特殊之处：“官妓居然是男子！”[②]

柴桑《京师偶记》对于当时娈童盛行的状况谈得颇为具体：

> 泣童割袖之风盛行于今。执役无俊仆，皆以为不韵；侑酒无歌童，便为不欢。内府之雕鞍骏马，锦衣绣被，下逮优伶，章服可谓扫地矣。近亦曾禁其服饰，未几而僭侈如故。[③]

与京城邻近的天津，当时的情况也大致相同，都以歌童代替女妓：

> 凡张宴请客，有以清宴不欢者，必书小红纸，传唤歌童来侑觞，曰“叫局”。童应命赴局，谓之“赶条子”。来则执壶劝酒，情致缠绵，大有“翠袖殷勤捧玉钟”之概。[④]

《津门杂记》还提到这些陪酒的歌童“供人狎昵，任所欲为。后庭一曲，真个魂销。其命薄无奈如此”。

浸淫于这样的社会氛围中，绝大部分士人都会有或多或少的同性恋纠葛。伶旦与士人交好竟然成了人们心目中最自

---

① 参见〔清〕陈森：《品花宝鉴》第十二回，上海古籍出版社，1990年，第167页。
② 〔清〕蒋士铨：《忠雅堂集校笺》卷八《京师乐府词十六首·戏旦》，邵海清校，李梦生笺，上海古籍出版社，1993年，第707页。
③ 〔清〕柴桑：《京师偶记》，瞿宣颖编：《北京历史风土丛书》第一辑，第16页。
④ 〔清〕张焘：《津门杂记》卷中“下处”，《笔记小说大观》第24册。

然的性爱关系，正如蒋士铨所描绘的，当时官员们的娱乐生活是“人前狎昵千万状，一客自持众客嗔。酒阑客散壶签促，笑伴官人花底宿”[①]。士人与优伶须臾难离，无论是清谈闲游、吟诗作赋，还是豪华宴会、假日聚饮，都少不了相公们陪酒，有人甚至认为，下酒馆而不叫一个相公，“叫走堂的也瞧不起”[②]。清中期的名士梁绍壬自称平日对诸伶陪酒“往往漠然”，于是“人或以矫情讥，或以木石诮”。但其实他也曾为一名伶童而“颇难自持”，为他写过“愿作鸳鸯申后约，化为蝴蝶梦前身”“不沾情处惹情魔，如此相思可奈何”这样缠绵的诗句。他如此多情，尚被人讥为“矫情”“木石”，那么其余士人对男风的狂热程度，也就可想而知了。因此，梁绍壬曾以诗句对时风作了这样的概括：

> 软红十丈春风酣，不重美女重美男。宛转歌喉袅金缕，美男妆成如美女。[③]

确实，当时使举国若狂的领风骚者都是年少的优童，女妓则相当寂寞。这四句诗，也可以说是对清代京城性爱风气的最准确生动的概括。我们知道，明末时虽也有严重的男性同性恋风气，但在社会上领风骚的毕竟还是马湘兰、李香君、柳如是、董小宛等一代名妓。而清代士人所热衷于谈论的、全

---

① 〔清〕蒋士铨：《忠雅堂集校笺》卷八《京师乐府词十六首·戏旦》，第707页。
② 〔清〕陈森：《品花宝鉴》第十九回，上海古籍出版社，1990年，第270页。
③ 〔清〕梁绍壬：《两般秋雨庵随笔》卷六《燕台小乐府》，第322页。

身心倾慕的却只有美貌的小旦，妓女似乎完全被忽略了。有清一代，名妓寥寥，几至于绝迹，这当然不是因为清代的数百年间没有灵慧美貌的女妓，也不仅仅是因为清代的禁妓（明代也禁妓），而是因为她们已不再是性兴趣的中心，伶童取代了她们的位置。风流士人们捧的是名旦而不再是名妓。捧伶狎伶之风如火如荼，京城中伶童蜂起，名旦代出，王公贵族争纳宠童，各种品伶捧伶的书刊如雨后春笋般涌现，名流才士纷纷以与名旦交游为荣事。风气至此，士人的性兴趣似乎完全转移到同性方面来了。

在这种风气之下，过去在同性恋小说里出现过的男扮女装作侍妾的情节在现实生活中也真的发生了。《清稗类钞·优伶类》载：

> 五九为光绪时京师之美伶，张樵野侍郎荫桓嬖之甚，尝招之至家，使改妇人妆，侍左右，日酬以五十金，令家人仆役呼之为少奶奶。久之，亦遂视之为少主妇也。①

有人甚至因为在同性恋风气中渔色过度而丧命：

> 咸丰己未，长沙有某庶常者，父逝祖存，家无次丁，弱冠登第。喜渔色，宿优宿娼，榜后不百日而亡矣。亡时，汗血淋漓，脱阳于骡车中，怀中犹抱一优。②

---

① 徐珂：《清稗类钞》第三十八册《优伶类·五九为张樵野侍郎所眷》，第56页。
② 徐珂：《清稗类钞》第三十八册《优伶类·某庶常渔色而殒》，第23页。

太平天国曾以妇女解放等开明政策令人耳目一新，但其运动正值清代男风盛期，这种风气同样大大地影响了太平天国的领袖们。据《金壶遯墨》载：

> 贼掳幼童年十二三以上者，六千余人，尽行阉割，而误去外肾，死者十六七。秀清选其姿色秀丽者，敷粉裹足，着绣花衣，号为男妾。如侯裕宽、李寿春、钟启芳、王俊良等，皆极妍美，有巧思，能以侧媚得诸逆欢。①

身处其中，为时代风气所裹挟的清代士人当然不会察觉到这种性爱风气的特异之处，我们现在从浩瀚的清人文献里虽然不是没有发现对它的怀疑、否定、谴责，但这种声音太微弱了，几乎总是被时代潮流所湮没。但是，中国16到19世纪末男风盛行的状况在当时性观念迥异的西方人士中激起了强烈的反应，早在晚明时，意大利传教士利玛窦在他的回忆录里，就以十分憎恶的口吻讲述了他在当时北京街头所见到的情景：

> 公共场所里到处是精心打扮的男妓模样的少年。一些人买回这些少年，教会他们弹琴、唱歌和跳舞，然后涂脂抹粉、艳装靓饰，打扮得恍若美女。就这样，这些可怜的少年正式开始了可怕的卖淫活动。②

---

① 〔清〕黄钧宰:《金壶七墨·金壶遯墨》卷二“男妾”,《笔记小说大观》第27册。

② JonathanD. Spence, *The Memory Palace of Matteo Ricci*, Viking, 1984, p. 220.

1806年，一位英国旅游者义愤填膺地记录下了他的所见：

> 这种极其令人憎恶的犯罪和非自然的行为在他们看来却那么的没有羞耻感。甚至这个国家中的一些高级官员也都肆无忌惮地谈论此事而不觉得有什么难堪，并且几乎每个官员都会有一个俊美的孌童，他们大都在十四至十八岁之间，衣着入时。①

一份出版于1835年的西方杂志中有一篇文章写道：

> 它〔指中国的男性同性恋〕的存在范围很广，几乎遍及整个帝国，尤其是在那些为民父母和作为道德表率的官员中同样存在。②

当时的西方正处于极端歧视和仇视同性恋的时期，因此只要是一位有教养的绅士，通常都要对同性恋表现出极大的羞耻感并进行义正词严的谴责。但我们应该承认，这些文章里所描写的现象，都是当时中国社会上存在的客观事实。

作使童男变童女
——清代的相公

从清代中叶至民国初年，社会上对饰演旦角的男性伶人

---

① Sir John Barrow, *Travels in China*, London: printed for T. Cadell and W. Davis, 1806, pp.100 –102.

② 参见"Journal of Occurrences", China Repository 5(June,1835), p.104。案，以上材料引自 Bret Hinsch，*Passions of the Cut Sleeve: The Male Homosexual Tradition in China*, University of California Press, 1990。笔者自译。

有一个流行的称呼——相公，值得注意的是，这不是一个一般的称呼，其中性的含蕴比纯粹的演艺因素要多得多。与我们今日的演员观念大不一样的是，在明清时期，“娼”“优”二字是紧密联系在一起的。从上面几节的叙述我们已经可以看出，当时充当同性恋行为中被动角色的大半是能唱曲的歌童。需要注意的是，这种倾向在清代被大大地发展了，而且歌童的身份也随着当时戏曲的繁荣而进一步地专业化为伶旦。

称伶旦为相公，最早似出现在清代初年，艾衲居士《豆棚闲话》第十则《虎丘山贾清客联盟》写了各种在虎丘兜揽生意的人，其中就有一首以“相公”为题的写男色自售者的诗：

> 举止轩昂意气雄，满身罗绮弄虚空。
> 拼成日后无聊赖，目下权称是相公。①

又《儒林外史》第四十二回写南京的伶旦葛来官在收受汤大爷的礼物时，嘱咐仆役道：

> 你向相公娘说，摆酒出来。②

所谓相公娘，相公之妻也。可见当时相公之称在南京亦颇流行。而从这两例来看，此时相公这个称呼还远没有成为清末时那样可怕的蔑称，相反，它似属一个中性偏上的职业性称

---

①〔清〕艾衲居士:《西湖佳话等三种·豆棚闲话》,江苏古籍出版社,1993年,第108页。

②〔清〕吴敬梓:《儒林外史》,上海古籍出版社,1991年,第289页。

呼。当时社会上对伶旦还流行许多别的称呼，如小唱、小官、歌童、优童等，相公只是其中的一种。

大约在乾隆中后期，“小唱”“小官”等称呼逐渐消失，尤其是在京城，对伶旦形成了一个相对固定的称呼——相公，并一直沿用了百余年。《金台残泪记》卷三曰：

> 京师梨园旦色曰“相公”……群趋其艳者，曰“红相公”；反是，曰“黑相公”。①

这个称呼使当时很多人都困惑不解，因为“相公”历来是一种规格颇高的尊称，与伶旦的低贱地位很不相称。龚炜写作于乾隆中晚期的《巢林笔谈》卷五曰：

> 相公二字，宰辅之称，以之称士人，岂以士人读书谈道，有可以为相之具，不妨过为期许，犹之大台柱，即端揆之意乎！近来郡中至以相公称优人，将毋以登场搬演，亦有为相之时欤？②

晚清一些士人便怀疑“相公”乃“像姑”之音讹。《津门杂记》卷中“下处”条曰：

> 优伶美其名曰相公，即像姑之讹音，言其男而像女也。③

《侧帽余谭》亦曰：

---

①《金台残泪记》，张次溪辑：《清代燕都梨园史料》上册，第246页。
②〔清〕龚炜：《巢林笔谈》卷五“优人称相公”，中华书局，1981年，第116页。
③〔清〕张焘：《津门杂记》卷中“下处”，《笔记小说大观》第24册。

> 雏伶本曰“像姑”，言其貌似好女子也。今讹为“相公”。按此名古惟宰相得而称之，至大家子弟及茂才亦膺是称，然已嫌其滥。今竟加之至贱之伶，致京官子弟，其仆转不敢以此相称。①

但这种解释颇为可疑。“像姑”一词，从未见于此前任何史籍，而无论是北方还是南方的语音，“相公”与“像姑”之音也都还不至于混淆，并且“像姑”一词带有过强的形容性质，很难成为一种称呼，因而此后也极少在文学作品及笔记中被使用。因此说“像姑”音讹为“相公”，不过是一种想当然的曲解。那么，究竟缘何称伶旦为“相公”呢？近人齐如山《戏班》中考证说：

> 有名脚进款较多，嫌公寓人多，饮食起居，皆有拘束，故另租一房自己居住，此即名曰私寓……自住日久，又系好脚，自有友人介绍小孩前来拜师求学，此即名曰私寓的徒弟……偶有师傅之朋友来寓，亦皆如家人父子，同起同坐，共桌而食，于是友人中，因恭维师傅尊敬徒弟之意，特呼之为相公。则相公二字，不但非贬辞，且与官宦人家一样极美称也。近人不知，书曰像姑，土气极矣。②

齐氏的这段话似较近情理，相公之称最初应属恭维之辞，只是到了清中叶之后，才转变为对陪酒伶旦的专称（伶旦的私

---

①《侧帽余谭》，张次溪辑：《清代燕都梨园史料》上册，第603页。

②《齐如山全集》第一册《戏班》第五章，台北联经出版事业股份有限公司，1977年，第225—226页。

寓，也从这时开始演变为陪酒接客的专门场所，且发展出令清末伶人深感耻辱的私寓制），并具有了一定的内涵外延。一般来说，被称为相公的必为伶旦。如《品花宝鉴》第四十二回杜琴言的师弟谈到入了华府做仆从的琴言时说："如今他也不算相公，不唱戏了。"①

当时的绝大多数伶旦平日都必须陪客。但仍需注意的是，伶人与相公并不能完全画等号。如果这位伶人并非旦角，或者他已为某豪贵买下做私家乐人而不在社会上献艺，那么人们都不敢以相公称之。《品花宝鉴》第三十六回杜琴言受了奚十一的调戏，哭着喊道：

> 我如今改了行，你还当我相公看待，糟蹋我，我回去告诉我主人，再来和你说话。②

另外，那些终于出师，并坚持从此不在社会上陪酒的伶旦，人们也不敢以相公目之。只是这样的伶旦在清代是极少数，因为他们的师傅轻易不会放他们出师，绝大多数的伶旦，即使红极一时，也都还得兼顾陪酒的业务，在宴席上向客人行礼，地位永远低人一等。关于这方面，细读小说《品花宝鉴》及当时的有关笔记③就可以明白。

清代的相公没有例外地都来自贫穷或不幸的家庭，他们

---

① 〔清〕陈森：《品花宝鉴》第四十二回，第599页。
② 〔清〕陈森：《品花宝鉴》第三十六回，第519页。
③ 参见《清代燕都梨园史料》所收诸笔记。

或是家贫无以维持生计而被卖到戏班，或是父母双亡的孤儿，或是家庭突遭变故而被官府断入梨园作为惩罚，或是本为伶人后代，难以选择体面的职业。需要注意的是，在他们之中，极少有人是出于兴趣爱好而心甘情愿地从事这一行的，几乎所有人的出身都笼罩在屈辱和无奈的阴影中。《金台残泪记》卷三谈到相公的出身曰：

> 八九岁，其师资其父母，券其岁月，挟至京师，教以清歌，饰以艳服，奔尘侑酒，如营市利焉。①

《凤城品花记》载当时走红的伶旦妙珊：

> 父母皆燕人，操贱业，贫无依。鬻诸瑞春堂。②

《金台残泪记》卷三写当红伶旦青芗：

> 离家亦九岁，其父引至阊门茶园，其师先在，出十数缗，署券即行，不以别母，心尝惘惘然。③

他们的出身大都这样酸楚。

太平天国起义之前，京师相公多属南籍，主要来自苏州、扬州、安庆等地，《燕京杂记》载：

> 优童大半是苏、扬小民，从粮艘至天津，老优买之，

①《金台残泪记》，张次溪辑：《清代燕都梨园史料》上册，第246页。
②《凤城品花记》，张次溪辑：《清代燕都梨园史料》上册，第571页。
③《金台残泪记》，张次溪辑：《清代燕都梨园史料》上册，第247页。

教歌舞以媚人者也，妖态艳妆，逾于秦楼楚馆。①

大约是战乱造成了南北阻隔吧，之后北人亦渐染此业，多为大兴等京城因旱涝饥荒等灾祸而不能自存的贫民子弟。翻阅潘光旦《中国伶人血缘之研究》，可以发现当时北籍伶人走红的也很不少。但从清代士人笔记对相公的品评看，南方的伶旦以其灵秀温柔而更受欢迎，姑苏的尤属首选。《品花宝鉴》中所写的那些妩媚儇巧的伶旦大半出自姑苏，余则皆自扬州。

儿童鬻入乐籍之后大多要经过一番严格而艰苦的训练，并被刻意地培养出一种女性化的白皙和弱态来，以期迎合社会上的流行趣味。《侧帽余谭》曰：

凡新进一伶，静闭密室，令恒饥，旋以粗粝和草头相饷，不设油盐，格难下咽。……又如是月余，面首转白，且加润焉。②

《清稗类钞·优伶类》载这些相公的训练程序通常是：

学语、学视、学步，晨兴以淡肉汁盥面，饮以蛋清汤，肴馔亦极浓粹。夜则敷药遍体，惟留手足不涂，云泄火毒。三四月后婉娈如好女。回眸一顾，百媚横生。③

戏曲在清乾隆之后达到了历史上少有的繁盛状态，万众

① 〔清〕阙名：《燕京杂记》，第128页。
② 《侧帽余谭》，张次溪辑：《清代燕都梨园史料》上册，第624页。
③ 徐珂：《清稗类钞》第三十八册《优伶类·伶人蓄徒》，第12页。

趋之若鹜。现在我们从各种史料中可以看到，当时北京的戏班之多令人惊诧，据《日下看花记》载：

> 昆腔……弋阳、梆子、琴、柳各腔，南北繁会，笙磬同音，歌咏升平，伶工荟萃，莫盛于京华。往者，六大班旗鼓相当，名优云集，一时称盛。①

又《燕京杂记》曰：

> 京师优童甲于天下，一部中多者近百，少者亦数十。②

戏曲中的后起之秀徽班，一时风靡天下，当时在京中就有三庆、四喜、春台、和春四大名班。但实事求是地说，戏曲的这种繁盛状态并非出自人们对艺术的热衷，而是与清代社会“酷重男色”的风气相辅相成的。这个时期所涌现的大量戏曲品评著作，都是专议旦角，不及生净，对旦角亦首重其色，艺则次之，因而清代汗牛充栋般的品伶之著读来多如明代品妓的花谱，与艺术几乎无关。《品花宝鉴》中，风流才子田春航的两段话很能代表当时士人热衷于上戏园的心态和欣赏趣味：

> 我是讲究人，不讲究戏，与其戏雅而人俗，不如人雅而戏俗。③
>
> 我是重色而轻艺，于戏文全不讲究，脚色高低，也不

---

①《日下看花记》，张次溪辑：《清代燕都梨园史料》上册，第55页。

②〔清〕阙名：《燕京杂记》，第127页。

③〔清〕陈森：《品花宝鉴》第四回，第61页。

懂得，惟取其有姿色者，视为至宝。①

写作于嘉庆年间的《都门竹枝词》亦有诗道：

坐时双脚一齐盘，红纸开来窄戏单。
左右并肩人似玉，满园不向戏台看。②

这首诗敏锐地点出了当时戏园的特有风景。当时的很多观众，到戏园不是为了看戏而是为了欣赏相公的姿色。《侧帽余谭》指出：

生旦之曲，宜于浅斟低唱。雏伶喉气未充，仅能随箫管声依约附和，而观此等剧者，亦以色不以声也。③

邱炜萲《菽园赘谈》亦曰：

梨园坐满，客之来者，不仅为聆音赏技。④

由于都城在政治、经济和文化方面的特殊位置，士人云集，北京在清代也一直是全国狎伶蓄童风气最盛的所在，正如《品花宝鉴》中梅子玉所说的："这京里的风气，只要是个小旦，那些人嘴里讲讲都是快活。"⑤一时间戏园（俗称茶园）

① 〔清〕陈森：《品花宝鉴》第十三回，第184页。
② 张次溪辑：《清代燕都梨园史料》下册《北平梨园竹枝词荟编》，第1173页。
③ 《侧帽余谭》，张次溪辑：《清代燕都梨园史料》上册，第602页。
④ 《菽园赘谈》，朱一玄编：《明清小说资料选编》，齐鲁书社，1989年，第786页。
⑤ 〔清〕陈森：《品花宝鉴》第二回，第20页。

在京城星罗棋布。据《金台残泪记》卷三载：

> 地安门外茶园一，宣武门外茶园一，崇文门外茶园一，正阳门外东茶园四，西茶园七。①

正阳门外亦即大栅栏一带，为清代北京的娱乐中心地带，戏园最为集中。《侧帽余谭》曰：

> 戏园盛于大栅栏，栉比鳞次，博有十数……各班数日一轮，不拘某园必演某班。②

道光年间李光庭《乡言解颐》卷三曰：

> 大栅栏戏馆似酒楼，高悬望子。③

这些戏园都为有狎伶癖好的有钱人设了专座：

> 狎旦色者，曰“斗”，争坐下场门……二“斗”每据一几，虚其位，待旦色入座问安，立于仆竖之间。④

《梦华琐簿》曰：

> 楼上最近临戏台者，左右各以屏风隔为三四间，曰“官座”，豪客所集也。官座以下场门第二座为最贵，以其

---

① 《金台残泪记》，张次溪辑：《清代燕都梨园史料》上册，第250页。
② 《侧帽余谭》，张次溪辑：《清代燕都梨园史料》上册，第601页。
③ 〔清〕李光庭：《乡言解颐》卷三“优伶”，中华书局，1982年，第54页。
④ 《金台残泪记》，张次溪辑：《清代燕都梨园史料》上册，第249页。

> 搴帘将入时便于掷心卖眼。①

嘉庆年间得硕亭《草珠一串》有诗记载这种状况曰：

> 茶园楼上最销魂，老斗钱多气象浑。但得隔帘微献笑，千金难买下场门。②

《品花宝鉴》第三回中亦有一段文字生动地再现了当时戏园的同性恋风情：

> 戏房门口帘子里，有几个小旦，露着雪白的半个脸儿，望着那一起人笑，不一会，就攒三聚五的上去请安。远远看那些小旦时，也有斯文的，也有伶俐的，也有淘气的。身上的衣裳却极华美，有海龙，有狐腿，有水獭，有染貂，都是玉琢粉妆的脑袋，花嫣柳媚的神情，一会儿靠在人身边，一会儿坐在人身旁，一会儿扶在人肩上，这些人说说笑笑，像是应接不暇光景。③

听戏之后，有钱人便携相公去酒楼取乐，据《金台残泪记》卷三曰：

> 茶园左右前后皆有酒馆，又曰酒庄，一食万钱，诚销金帐邪。嘉庆间曾禁挟优入馆，未几复故。④

---

① 《梦华琐簿》，张次溪辑：《清代燕都梨园史料》上册，第353页。
② 张次溪辑：《清代燕都梨园史料》下册《北平梨园竹枝词荟编》，第1172页。
③ 〔清〕陈森：《品花宝鉴》，第34—35页。
④ 《金台残泪记》，张次溪辑：《清代燕都梨园史料》上册，第250页。

乾嘉年间杨米人《都门竹枝词》亦曰：

> 小旦亲来为执壶，两边官座碧纱厨。日斜戏散归何处？宴乐居同六合居。

相公陪酒时有一定的礼仪程式，到酒楼后，要向客人点头，就案取酒壶，遍向座客斟酒。“斟已，乃依老斗而坐，唱一曲以侑酒。”到后来相公泛滥时往往也有不唱曲的，但猜拳饮酒，一般都要为“老斗”代之。[①]

性的亵狎往往也是陪酒活动中必不可少的，除了轻薄的调笑之外，其中较典型的如“敬皮杯”这项肉麻恶劣的活动，亦即由相公先喝一口酒含在嘴里，然后口对口地转给客人。《品花宝鉴》第八回描述了“敬皮杯”的过程：

> 二喜便跨在元茂身上，端端正正的，将元茂的头捧正，往上一抬，元茂便仰着脸。二喜却把那一点珠唇，紧贴那一张阔嘴，慢慢的沁将出来，一连敬了三口。[②]

客人们饮酒起兴时，大多还会让相公坐在自己的膝上，揽在怀中，甚至发生直接的性关系。据《品花宝鉴》及当时士人的一些笔记，戏园附近的酒楼上往往还附设暗室和床褥，以供狎伶的客人使用。

清代相公的人数现在虽已无法统计，但从笔记中所载

---

① 参见徐珂：《清稗类钞》第三十八册《优伶类·像姑》，第2—3页。
② 〔清〕陈森：《品花宝鉴》，第115页。

“今大栅栏诸伶之车遍道，几不可行”[1]的状况看，其数量必定是相当可观的。由于相公人数愈来愈多，相公们的居处也就由清初的聚居于韩家潭一带扩展到城中各处。《金台残泪记》卷三载：

> 王桂官居粉坊街，又居果子巷。陈银官尝居东草厂。魏婉卿尝居西珠市。今则尽在樱桃斜街、胭脂胡同、玉皇庙、韩家潭、石头胡同、猪毛胡同、李铁拐斜街、李纱帽胡同、皈子庙、陕西巷、北顺胡同、广福斜街。每当华月照天，银筝拥夜，家有愁春，巷无闲火，门外青骢鸣咽，正城头画角将阑矣。尝有倦客侵晨经过此地，但闻莺千燕万，学语东风，不觉泪随清歌并落。嗟乎！是亦销魂之桥，迷香之洞邪？[2]

其繁华状态，令人惊诧。

清代相公除了戏园中的活动之外，其营业方式和档次也都是有区别的，“优童外又有剃头仔，名曰远蓬。又有顿子房，惑人者不一而足”[3]。大致来看，约可分为三类。第一类是著名的相公私寓制。这是清代相公最主要的营业方式，私寓主人多为有一定名气的伶旦，有的还是红极一时的角儿，因而在各类相公中，档次亦属最高。据《侧帽余谭》，这些相公大多是正式挂牌营业的：

---

① 《金台残泪记》，张次溪辑：《清代燕都梨园史料》上册，第250页。
② 《金台残泪记》，张次溪辑：《清代燕都梨园史料》上册，第247页。
③ 〔清〕阙名：《燕京杂记》，第129页。

门外挂小牌，镂金为字，曰某某堂。或署姓其下门内，悬大门灯笼一。金乌西坠，绛蜡高燃，灯用明角，以别妓馆。过其门者无须问讯，望而知为姝子之庐矣。①

清末何刚德《春明梦录》下卷较为详细地记载了这类相公的主要活动内容：

唱青衣花旦者，貌美如好女……其出色时，多在二十岁以下。其应召也，便衣穿小靴，唱曲侑酒。其家名为下处。下处者，京中指下朝憩息之所为下处，故借以名之也。若就饮其家，则备十二碟以下酒，酒后啜粥而散，名曰排酒。酒钱给京票四十千，又下走十千，按银价不足四金也。或在其家请客，名曰吃饭。吃饭则视排酒郑重，一席之费多者廿四金，少者亦必在十金以外。下走之犒，则随席之丰啬而定。其馔较寻常酒馆为特别。

……因下处甚清雅。夏则清簟疏帘，可以观弈，冰碗冰盆，尤可供雪藕浮瓜之便；冬则围炉赏雪，一室烘烘，饶座唐花，清香扑鼻，入其中，皆有乐而忘返之意。像姑或工画，或知书，或谈时事，或熟掌故，各有一长，故学士文人皆乐与之游，不仅以顾曲为赏音也。②

这类相公多较为珍惜自己的名声，因而客人在相公的私寓一般不敢过于放肆，双方都努力维护一种文质彬彬而又十分浪漫的关系。相公私寓服务质量很高，为客人想得很周到，寓

① 《侧帽余谭》，张次溪辑：《清代燕都梨园史料》上册，第603—604页。
② 〔清〕何刚德：《春明梦录》，山西古籍出版社，1997年，第105—106页。

中往往还备有许多小纸灯，客有徒步来者，临去则各予一灯，囊火以行。《梦华琐簿》载：

> 中北城所属胡同，入夜一望，荧荧如列星，皆是物也。①

这种私寓制，迟至1912年4月，经名伶田际云（艺名响九霄）倡议，方被废除。

唱档子，或称花档子，是较私寓低级的第二种营业方式。戴璐《藤阴杂记》卷五载：

> 花档子散处前门左右，鲜衣美食，一无所能，色衰音变，则为弹手，教演幼童，若无资即执鞭赶车，否则入鸡毛房矣。②

又《水曹清暇录》曰：

> 曩年最行档子，盖选十一二龄清童，教以淫词小曲，学本京妇人装束。人家宴客，呼之即至，席前施一氍毹，联臂踏歌，或溜秋波，或投纤指，人争欢笑打彩，漫撒钱帛无算。③

这些人不会唱成本的戏，只能唱一些小曲，表演也极为简单，凭着少年美色，能获得一些收入，但由于一无所能，因而档次亦大为降低。蒋士铨《京师乐府词·唱档子》详细而生动

---

① 《梦华琐簿》，张次溪辑：《清代燕都梨园史料》上册，第366页。
② 〔清〕戴璐：《藤阴杂记》卷五，北京古籍出版社，1982年，第52页。
③ 转引自〔清〕蒋士铨：《忠雅堂集校笺》，第706—707页。

地描绘了档子的状况和其中相公们的辛酸：

> 作使童男变童女，窄袖弓腰态容与。暗回青眼柳窥人，活现红妆花解语。憨来低唱想夫怜，怨去微歌奈何许。童心未解梦为云，客恨无端泪成雨。尊前一曲一魂销，目成眉语师所教。镫红酒绿声声慢，促柱移弦节节高。富儿估客逞豪侠，铸银作钱金镂屑。一歌脱口一缠头，买笑买嗔争狎亵。夜阑卸妆收眼波，明朝酒客谁金多？孩提羞恶已无有，父兄贪忍终如何。君不见莺喉一变蛾眉蹙，斜抱琵琶定场屋。不然去作执鞭人，车前自理当年曲。①

最低的一类是剃头铺中的男妓，如《品花宝鉴》第三十四回中所写的翠官和天香，他们也同相公一般梳妆打扮，却不会唱曲，更不会唱戏，因而严格说来并非相公。这些人所交往的，多为社会下层之三教九流，有身份的官员士人很少与他们来往。

由于清代京城狎伶蓄童之风盛极一时，相应地，京中相公的职业化程度之高亦远出于外省。小说《品花宝鉴》写一个江苏秀才姬亮轩初到京城，“见了京中小旦，觉比外省的好了几倍：第一是款式好，第二是衣服好，第三是应酬好，说话好”，并且他认为，“外省小旦相貌却有很好的，但是穿衣打扮，有些土气”。②清代一部专写伶旦的笔记《怀芳记》亦曰：

---

① 转引自〔清〕蒋士铨：《忠雅堂集校笺》，第706页。

② 参见〔清〕陈森：《品花宝鉴》第二十三回，第329页。

> 都中歌伶之教子弟，雅步媚行，绰有矩度；掉头揶眼，各具精神。虽雅俗不同，而一颦一笑，皆非苟作。[①]

《菽园赘谈》更曰：

> 京师狎优之风冠绝天下，朝贵名公，不相避忌，互成惯俗。其优伶之善修容饰貌、眉听目语者，亦非外省所能学步。[②]

为了迎合当时社会特有的审美趣味，清代的相公们都有意地追求酷肖女性，以女性化的姿态装束去招徕顾客。这种刻意的模仿也许首先应推被称为“狐媚教主”的魏长生。据载，清初旦角原多在头上戴网子，人称“包头”，但魏长生标新立异，有意改梳与女人无异的水头，“一登场，观者叹为得未曾有，倾倒一时”[③]。于是旦角们纷纷仿效，旦角水头亦从此相沿下来。据《燕兰小谱》载，魏长生还装小脚登场：

> 京旦之装小脚者，昔时不过数出，举止每多瑟缩。自魏三擅名之后，无不以小脚登场，足挑目动，在在关情。且闻其媚人之状，若晋侯之梦与楚子抟焉。[④]

此后清代旦角以踩跷装小脚几乎成了一种定式，有的甚至真的像女人一样缠足，《燕兰小谱》《清代声色志》中都有所记

① 《怀芳记》，张次溪辑：《清代燕都梨园史料》上册，第594页。
② 《菽园赘谈》，朱一玄编：《明清小说资料选编》，第786页。
③ 《梦华琐簿》，张次溪辑：《清代燕都梨园史料》上册，第356页。
④ 《燕兰小谱》，张次溪辑：《清代燕都梨园史料》上册，第46页。

载。民国期间，旦角跷功经王瑶卿倡议方被废除。

当时人们欣赏伶旦，往往最讲究的就是他们惟妙惟肖的女子气。许多品伶捧伶之作，也都重在这个方面，如《燕兰小谱》中的“姚兰官”条目称之为：

> 纤腰仄步，细颈寒肩，望之绝似柔媚女郎。①

“金桂官”条称之为：

> 清姿瘦骨，腻理柔容，如俟城隅之静女。②

《凤城品花记》的作者香溪渔隐历叙自己狎伶的种种经历，他所看重的伶旦亦多以其如女：

> 有雏伶，年可十二三。服饰不华而顾盼生姿，娟好如美女。心窃爱之。③

清代的狎伶小说，也都没有例外地以写伶旦女子般的美貌为乐事，可以说这既是人们对伶旦的审美期待，也是生活现实的反映。

相公行业还流行种种行话，如称狎优者为“老斗”；老斗入相公私寓闲话，谓之“打茶围”④；饮于酒楼，召伶侑酒，

---

① 《燕兰小谱》，张次溪辑：《清代燕都梨园史料》上册，第36页。
② 《燕兰小谱》，张次溪辑：《清代燕都梨园史料》上册，第40页。
③ 《凤城品花记》，张次溪辑：《清代燕都梨园史料》上册，第568页。
④ 《梦华琐簿》，张次溪辑：《清代燕都梨园史料》上册，第365页。

谓之“叫条子”；伶应命，谓之“赶条子”[①]。这些行话有不少都是从妓院行话中沿承过来的，也可以说是相公私寓制与妓院实质性相似的最有力的证明吧。

随着行业的逐渐发达和从业人数的增加，本行业特有的迷信活动随之出现。咸同间士人平步青《霞外攟屑》卷一〇曰：

> 梨园演剧，后场必供奉老郎菩萨。按《寄蜗残赘》：“吴中老郎庙，梨园子弟祀之。”[②]

《巢林笔谈》续编卷上：

> 梨园所称老郎菩萨者，一粉孩儿也。平时宗之，临场子之，颠倒殊不可解。[③]

清乾隆间汪鹏《袖海编》中有一段话颇值得注意：

> 习梨园者，共构相公庙。相公之传，自闽人始。旧说为雷海青而祀以其姓，去雨存田，称田相公。此虽不可考，然以海青之忠，庙食固宜，而伶人祖之亦未缪。若祀老郎神者，即以老郎神为唐明皇，实惟轻亵，甚所不取。近因壬午年闽人同类交讧，鸣金聚众，几致不测。白于使院，擒而究之，尽出于教习梨园者。乃逐其人而毁其庙，

① 〔清〕张焘：《津门杂记》，《笔记小说大观》第24册，第264页。

② 〔清〕平步青：《霞外攟屑》卷一〇《老郎菩萨》，上海古籍出版社，1982年，第722页。

③ 〔清〕龚炜：《巢林笔谈》续编卷上，第179页。

今尽拓为库基。[①]

从这段话看，相公们有自己的特祀之神，而且还不止一尊。据《金台残泪记》卷三载，京中的相公们还组织起自己的赛会迎神活动：

> 三月十八日，诸旦色赛会迎神，曰“相公会”。
> 四月初一日，礼神于通州丫髻山。[②]

实际上，这两个日子可以说就是他们特有的节日。明末小说《龙阳逸史》中有正月里小官们齐聚于庙中祈神的情节[③]，但晚清北京的相公会显然规模更为宏大。这种公开的宗教活动，表明相公们已有了集体自我意识，已成为一种独立的、不可忽视的社会阶层。虽然个体的身份地位依然低贱，其行业却为社会所承认并具有一定的影响。

由于相公在社会上的炙手可热，因而当一个伶人走红时，他似乎就变得十分风光、显赫，甚至不可一世。早在康乾时期，优伶们就曾有“乘轩”的记录。《巢林笔谈》卷四曰：

> 肩舆之作，古人有以人代畜之感。然卿大夫居乡，位望既尊，固当崇以体统，不谓僭滥之极。至优伶之贱，竟

① 〔清〕汪鹏：《袖海编》，〔清〕张潮、杨复吉、沈楙惠等编：《昭代丛书》2，上海古籍出版社，1999，第1081页。
② 《金台残泪记》，张次溪辑：《清代燕都梨园史料》上册，第251页。
③ 参见〔明〕京江醉竹居士：《龙阳逸史》第三回。

有乘轩赴演者。①

到嘉庆以降，伶人乘轩已司空见惯，不再引起人们的特别注意。当时青春美貌的相公的收入是相当可观的，《燕京杂记》曾言及他们的日常收入状况：

> 其色艺甚绝者，名噪一时，岁入十万，王公大人至有御李之喜……达官大贾及豪门公子挟优童以赴酒楼，一筵之费动至数百金，倾家荡产，败名丧节，莫此为甚。都中恬不为怪，风气使然也，良可慨夫……日陪数筵，酒一巡即登车驰去，人不得留之也。每陪一筵，或酬十金，或酬数金，至赏赐之物，金玉珠翠，貂袍罽锦，莫知其数。②

道光年间杨静亭《都门杂咏》亦有句云：

> 身无百万黄金键，老斗名难买到家。③

名相公们的精舍雕车、锦衣轻裘往往也会令豪门贵公子艳羡不已，许多士人笔记记载了有关状况，如《凤城品花记》记述一个相公的寓处：

> 窗明几净，壁上皆名人书画，案头设绿萼梅一盆，清芬扑人，无纤毫尘俗气。④

① 〔清〕龚炜：《巢林笔谈》卷四，第104页。
② 〔清〕阙名：《燕京杂记》，第127—129页。
③ 张次溪辑：《清代燕都梨园史料》下册《北平梨园竹枝词荟编》，第1174页。
④ 《凤城品花记》，张次溪辑：《清代燕都梨园史料》上册，第569页。

《燕京杂记》描述更为详细：

> 优童之居拟于豪门贵宅，其厅事陈设光耀夺目，锦幕纱厨，琼筵玉几，周彝汉鼎，衣镜壁钟，半是豪贵所未有者。至寝室一区，结翠凝珠，如临春阁，如结绮楼，神仙至此当亦迷矣……出门则雕车映日，健马嘶风，裘服翩翩，绣衣楚楚，浊世佳公子固不若也。①

类似的记载还见于多处，小说《品花宝鉴》的有关描写尤为生动。但名相公们的衣饰车马虽可能胜过贵公子，他们中的绝大多数却绝对享受不到一点贵公子挥洒自如的气派。最直接的原因是，在他们的背后还有一个坐收其利的师傅。雕车轻裘不过是作为相公的一种讲究的包装而已，他们的巨额收入绝大部分也都得上交师傅。在外面他们妆饰得娇柔如花，一旦未能赚到足够的钱回家却难免遭师傅的打骂。《凤城品花记》写到当时非常走红的相公妙珊自诉：

> 其师性贪，日责缠头不满欲壑，辄以指掐腕肤，不堪凌虐，因示之臂，爪痕宛然。且曰："局促辕下，火坑不可以久居。"②

这些师傅之势利苛刻，很类似于妓院中之老鸨。为了更严密地管制相公，他们往往还派专人盯梢，掌握相公的动向，当

---

①〔清〕阙名：《燕京杂记》，第128—129页。

②《凤城品花记》，张次溪辑：《清代燕都梨园史料》上册，第574页。

时俗称“跟兔”。《侧帽余谭》曰：

> “跟兔”，即若辈随人之号。名为随人，实其师之羽翼，若辈畏之如虎。侍坐稍久，其人壁衣微嗽，即闻声而出。或互相口角，以至用武。一经知觉，面斥不少假借。甚且告于其师而夏楚之。①

这些师傅之狠苛，使许多良心未泯的伶人在年长之后很不忍心干这个行当。如当时著名的京城“三法司”之一杨法龄，脱离乐籍后，买屋于石头胡同，杜门却扫，不蓄子弟。他说：

> 吾备尝种种苦趣，受无量恐怖、烦恼，幸得解脱，登清凉界。彼呱呱小儿女何辜，奈何复忍遽令着炉火上耶？②

其实，师傅的管制盘剥还只是一个方面，一个令相公们痛苦和自卑的更深刻的原因是，当时社会虽然男风盛行，不少士人引以为风流，但人们宽容或赞赏的却只是同性恋中的主动方面，作为被动方面的相公们不惟得不到宽容，而且备受歧视。一个伶旦，即使他红得发紫，举国若狂，他的地位也仍比普通人低一等，在宴席上要称客人为老爷，要作揖行礼，平日间亦须屏声敛气，不可得意忘形。《金台残泪记》卷三记载了这样一件事：

> 乾隆末，魏长生车骑若列卿。出入和珅府第，遇某御

---

①《侧帽余谭》，张次溪辑：《清代燕都梨园史料》上册，第617—618页。
②《辛壬癸甲录》，张次溪辑：《清代燕都梨园史料》上册，第284页。

> 史，杖之途。此风因息。今车行皆障以青帷。[①]

魏长生当时堪称红透半边天，“所至无不为之靡，王公、大人俱物色恐后”[②]，但他受到这样的侮辱，却丝毫没有反抗的能力，只能忍气吞声。有的伶人只不过与官员开个玩笑，也会惨遭凌辱：

> 数年前，有某伶为满洲二等侍卫某所宠。一夕在侍卫宅侑酒，问伶嗜何食物？伶戏云：“嗜二等虾耳。”侍卫怒，遽令家奴数辈掖出递污焉。[③]

《品花宝鉴》中的流氓骂相公：“什么东西，小旦罢了，那一个不是你的老斗。有钱便叫你。”[④]同书第三十六回写恶霸奚十一看上了琴言，但琴言此时已做了华府的随从，奚便思忖：

> 他已改了行，又在华府做亲随，便不好动手动脚调戏他，料想叫他陪酒也断不肯的。[⑤]

可见，甚至于一个奴才的身份也可能高于一个走红的相公。并且，相公即使在出师之后聚敛巨资，也永远无法改变他卑贱的身份。如《金台残泪记》卷二记载了这样一件事：

---

① 《金合残泪记》，张次溪辑：《清代燕都梨园史料》上册，第250—251页。
② 〔清〕赵翼：《檐曝杂记》卷二“梨园色艺”，第37页。
③ 《金台残泪记》，张次溪辑：《清代燕都梨园史料》上册，第251页。
④ 〔清〕陈森：《品花宝鉴》第二十二回，第308页。
⑤ 〔清〕陈森：《品花宝鉴》第三十六回，第512页。

> 嘉庆间，有旦色某郎，入资为县令。曾官吾郡。后为巡抚颜公以“流品卑污”参革遣戍。①

《品花宝鉴》第四十四回写名旦苏蕙芳自叹：

> 就一年有一万银子，成了个大富翁，又算得什么？总也离不了小旦二字。②

这些相公脱离乐籍之后，不再在社会上陪酒，却仍不能避免遭人辱骂：

> 虽然出了班子，总是小旦。兔子变得成狗么？③

做相公的耻辱经历，不仅会使他们一生蒙污，还将影响他们的子孙后代在社会上的地位。

相公的地位决定了他们的归宿亦大多凄惨。由于社会需要的是那种非男非女、没有明确男性特征的少年美色，因而一个相公走红的时期总是非常短暂的。《燕京杂记》指出：

> 优童成名，享之不过数年，大约十三四岁始，十七八岁止。俟二十岁，已作浔阳妇，而门前冷落，鞍马稀矣……寓京都数年，多有目击其盛衰者矣。④

一般来说，弱冠之后，相公的境况就会急转直下，因此他们

---

① 《金台残泪记》，张次溪辑：《清代燕都梨园史料》，第243页。
② 〔清〕陈森：《品花宝鉴》第四十四回，第637页。
③ 〔清〕陈森：《品花宝鉴》第五十八回，第856页。
④ 〔清〕阙名：《燕京杂记》，第128页。

往往在享盛名时就得为以后找出路。通常那些才貌出众的相公会有一个豪客“为折券拆庐”，亦即斥巨资为他出师。因此相公们也多向豪客献媚固宠，把这视为一条较好的出路。这实际上很类似于由倚门卖笑转为侍奉一个固定主人的从良妓女。但他们在豪门的遭遇往往比从良妓女更惨，年长色衰之后，他们不可能凭借生育而巩固自己的地位，于是或以奴役终身，或被逐出家园。除此之外，那些能干善经营的相公也可能“多年的媳妇熬成婆”，成了新的相公们的师傅；而更多的则会留在戏班跑龙套或做些杂役，甚至沦为社会上的苦力或乞丐。《侧帽余谭》中有一段读来十分辛酸的文字，可为概览：

> 飘茵坠溷，今古同悲。公暇顾曲梨园，见有衣衫褴褛，充场上下脚者；有为人送淡巴菰者；有胁肩谄笑，呈献戏单者，虽春蚕半老，而眉目之间，犹露一种柔媚之气。酒家佣保，皆得指而名之，且缕缕述其轶事甚详。又前门桥头一丐，有识者曰：此《明僮小录》之某也，与小福齐名。①
>
> 案，《明僮小录》是清代一部著名的品评相公的花谱，今仍收存于张次溪辑《清代燕都梨园史料》。

清代男风的百科全书
——通俗小说中的同性恋及其代表作《品花宝鉴》

与明代一样，清代的同性恋文学全面地为我们展示了当

---

①《侧帽余谭》，张次溪辑：《清代燕都梨园史料》，第613页。

时社会男性同性恋风气的生动画面，其中所传达出的时代脉搏，往往也是我们在零散支离的笔记史料里所难以把握的。

清代的同性恋文学与明代一脉相承。早在顺治年间，李渔在他的小说集《十二楼》中就有一篇《萃雅楼》，专写由同性恋引出的迫害和复仇的故事。小说开篇即指出晚明仕宦“个个有龙阳之好”，主要情节是扬州美少年权汝修与京中的金仲雨、刘敏权二士人交好，情投意合，虽然金、刘二人为同性恋中的主动方面而权汝修为被动方面，但三人互相体贴，心甘情愿。他们共同开了一间出售古玩花木等物的“萃雅楼”，过着一种非常自在的同性恋生活。权奸严世蕃亦酷好男色，闻权汝修之名，意欲迫其从己，但权汝修情系金、刘，坚执不从。严世蕃便勾结显赫一时的太监沙玉成将其阉割。权汝修忍辱含恨，从此表面上顺从地紧随严之左右，暗地里却记下了严的所有罪行。后严世蕃被劾，权汝修便以平日所记尽行奏闻皇帝。严被处以极刑，权亦终于报仇雪恨。李渔在这个作品中高度肯定了金、刘、权三人自愿的同性恋生活，尤其着力于塑造权汝修这个艺术形象。他坚贞不屈、不畏强暴、甘于贫贱，在惨绝人寰的侮辱和迫害下却没有被压垮，镇定从容地实施他的报仇计划，并最终取得胜利。这个不屈服的同性恋者可以说是明清同性恋文学中最有光彩的艺术形象。把同性恋者（尤其是被动方）作为一个正义的英雄来颂扬而不是以蔑视的眼光来看待他们，这其实也是同性恋风气日渐深入社会生活之后的一件顺理成章的事。

大约由于当时人们对同性恋投注了太多的向往吧，社会上也就颇流传一些哀感顽艳的同性恋故事。完成于康熙三十九年（1700）的著名笔记小说《觚剩》，就很注意这方面资料的收集整理，其中如《姜郎》《粟儿》等则，都具有较高的艺术水平，而《姜郎》一则写得尤为动人：

> 玉峰姜郎绣者，性柔姿媚，宛然金闺质也。踏青之暇，雅憩山亭，偶歌《步芳尘》一阕，珠声圆于莺啭。吴生适至，悦其佳唱，横笛和之。绣凝睇良久，意惬神投。吴携归缔盟，密逾伉俪。时有十八公，风流荣达，心倾于绣，婉转致之门下，分桃断袖，莫逾其宠，视人间丽姝，皆为赘物。然绣情终属吴生，虽饷以重宝，配以名姬，非所好也。十八公晋秩北上，偕绣以行。吴生追送湖干，仅于箫鼓官船，黯焉目别。长恸而返，几不欲生。于是日责其妇揣称玉趾，制云兰之履十双。复于鹤市孙家买干脯十瓶，缠携镪负，徒步入都。露餐风寐者三十余日，始达十八公之第。而朱阁海深，难成良觌。遂手提卧具，夜宿其门。绣闻之，辄为向隅饮泣。十八公廉知其状，愤怜交至，乃褫绣之服，裸而坐之于石，责其忘尊忆贱，恝贵怀贫。绣嘿无一言，娇啼而已。维时红日垂檐，纤肌雪耀，转侧低徊，益增妍艳。十八公翻然心动，随以绣襦覆体，许其与吴生一见。乃有都下婉娈之徒，钦兹情种，蓬池月鹿以青狐之裘至，柏府云鸥以紫貂之冠至，韦曲烛奴以双鸳之被至，杜陵琴客以五花之裀至。或输钱而僦华屋，或秩俎而进丰肴。韶颜环坐，玉映四筵。既而银蟾入户，角枕灿陈，群髫毕退，二美相携。迨于春明钟动，十八公亟遣健者促绣

> 还第，且将收吴而置之法。忽失所在，遍索九衢，莫知所之矣。①

这个故事对姜、吴真挚的同性恋感情流露出深深的叹赏之情，由于文笔优美，整个故事始终洋溢着一股浪漫的、超尘拔俗的情调，那种百折不屈的执着和深情可以与历史上最动人的异性恋故事媲美而毫不逊色。

清代的人情小说也与明代一样，大量充斥着有关同性恋的内容。清初流行的才子佳人小说本以正统和理性著称，但其中亦难免夹杂一二。而像直面社会现实的巨作如《儒林外史》《红楼梦》等，更必然地写到有关内容。《儒林外史》塑造了一个风流自命的同性恋者杜慎卿，他有妻室，而且还要纳妾，但这主要是为嗣续计。而杜慎卿在情感上厌恶女性，曾说："妇人那有一个好的？小弟性情，是和妇人隔着三间屋就闻见他的臭气。"②所以媒婆向他介绍一个姑娘时，也有意就着他的思路走：

> 不要说姑娘标致，这姑娘有个兄弟，小他一岁，若是妆扮起来，淮清桥有十班的小旦，也没有一个赛的过他。也会唱支把曲子，也会串个戏。③

杜慎卿最后果然娶了这个姑娘。杜慎卿很想为同性恋争名位，

---

①〔清〕钮琇：《觚剩》卷四《燕觚·姜郎》，《笔记小说大观》第17册。

②〔清〕吴敬梓：《儒林外史》第三十回，第203页。

③〔清〕吴敬梓：《儒林外史》第三十回，第202—203页。

他曾说："难道人情只有男女么？"并说：

> 据小弟看来，千古只有一个汉哀帝要禅天下与董贤，这个独得情之正，便尧舜揖让，也不过如此。可惜无人能解。①

他深为自己未能遇到一个"相遇于心腹之间，相感于形骸之外"的、可以"同生同死"的知己而经常"对月伤怀，临风洒泪"。

为了饱览伶旦美色，杜慎卿还挥金如土地主持了一个"莫愁湖伶旦选美大会"。小说写道，当时南京城中共有一百三十多个戏班，杜慎卿便命"把这一百几十班做旦脚的都叫了来，一个人做一出戏"。他与季节萧则记下这些伶旦的身段模样，"评他个高下，出一个榜，把那色艺双绝的取在前列，贴在通衢"。此举得到大部分伶旦的积极响应，因为若得了名次，那么日后"就是相与大老官，也多相与出几个钱来"。②这个伶旦大会的效应果如所料，十分轰动，小说写道：

> 那些小旦，取在十名前的，他相与的大老官来看了榜，都忻忻得意。也有拉了家去吃酒的，也有买了酒在酒店里吃酒庆贺的。这个吃了酒，那个又来吃，足吃了三四天的贺酒。自此，传遍了水西门，闹动了淮清桥，这位杜十七老爷名震江南。③

---

①〔清〕吴敬梓：《儒林外史》第三十回，第203页。
② 参见〔清〕吴敬梓：《儒林外史》第三十回，第207页。
③〔清〕吴敬梓：《儒林外史》第三十回，第207—208页。

小说中的士人对杜慎卿此举都深以为风流盛事，传为美谈。之后小说第四十二回还具体地写了这次花榜的第二名葛来官如何在南京的河房里招客的情景。

其实《红楼梦》中的同性恋内容也是很值得注意的。在这部博大精深的以写异性恋为主的长篇小说里，也广泛地涉及了当时社会上男风盛行的状况，而且尤其值得注意的是，作者还写出了各个阶层人士的不同的同性恋生活，在这一点上，它对以后的同性恋小说《品花宝鉴》有着不可低估的影响。

《红楼梦》中写到同性恋内容较多的首推第九回“恋风流情友入家塾，起嫌疑顽童闹学堂”，写贾府里有一义学，专供族中子弟读书，后来族中亲戚们也多入学。正如明末的同性恋小说所写的，这私塾往往是同性恋肆虐的所在：

> 原来薛蟠自来王夫人处住后，便知有一家学，学中广有青年子弟，不免偶动了龙阳之兴。因此也假来上学读书，不过是三日打鱼，两日晒网，白送些束脩礼物与贾代儒，却不曾有一些儿进益，只图结交些契弟。谁想这学内就有好几个小学生，图了薛蟠的银钱吃穿，被他哄上手的，也不消多记。①

这个私塾终因众少年在同性恋关系中的争风吃醋而生出风波。

薛蟠一直热衷于玩弄男色，他在私塾里“浮萍心性，今日爱东，明日爱西”，挥霍钱财，几乎玩弄了所有的学生。小

---

①〔清〕曹雪芹:《红楼梦》第九回，第137—138页。

说第四十七回，他又因误认世家子弟柳湘莲作伶旦而调戏他，称他为“小柳儿”，并大言：“好歹坐一坐，你就疼我了。凭你有什么要紧的事，交给哥，你只别忙。有你这个哥，你要做官发财都容易。”①终于遭了柳湘莲一场痛打。

与薛蟠一般热衷男风的，还有宁国府里的贾珍、贾蓉父子。小说第九回中有这样一段文字：

> 贾蔷亦系宁府中之正派玄孙，父母早亡，从小儿跟着贾珍过活。如今长了十六岁，比贾蓉生的还风流俊俏。他弟兄二人最相亲厚，常相共处。宁府人多口杂，那些不得志的奴仆们，专能造言诽谤主人，因此不知又有什么小人诟谇谣诼之词。贾珍想亦风闻得些口声不大好，自己也要避些嫌疑，如今竟分与房舍，命贾蔷搬出宁府，自去立门户过活去了。这贾蔷外相既美，内性又聪明。虽然应名来上学，亦不过虚掩眼目而已，仍是斗鸡走狗，赏花玩柳，总恃上有贾珍溺爱，下有贾蓉匡助，因此族人谁敢来触逆于他。②

荣国府的当家人贾琏，也有不少同性恋的蛛丝马迹。小说第二十一回写贾琏之女出痘，贾琏夫妇须斋戒分房而居，作者写道：“那个贾琏，只离了凤姐便要寻事。独寝了两夜，便十分难熬，便暂将小厮们内有清俊的选来出火。”同回中作

① 〔清〕曹雪芹：《红楼梦》第四十七回，第653页。
② 〔清〕曹雪芹：《红楼梦》第九回，第140页。

者又写道，贾琏“内惧娇妻，外惧娈宠”[①]。当时的贵族子弟间这种同性恋生活是非常普遍的，小说第七十五回写薛蟠、贾珍、贾蓉等贾府中的贵族子弟聚会：

> 此间伏侍的小厮都是十五岁以下的孩子，若成丁的男子到不了这里……其中有两个十六七岁娈童以备奉酒的，都打扮的粉妆玉琢……薛蟠兴头了，便搂着一个娈童吃酒。[②]

这就是清代贵族娱乐生活的日常场景。

作为贵族公子，作者所偏爱的主人公贾宝玉也经常表现出对男色的爱好。他与表侄秦钟的关系就被写得扑朔迷离、不明不白。小说第七回末有一联点出他们的关系道：“不因俊俏难为友，正为风流始读书。”第九回又写道：

> 自宝、秦二人来了，都生的花朵儿一般的模样，又见秦钟腼腆温柔，未语面先红，怯怯羞羞，有女儿之风；宝玉又是天生成惯能作小服低，赔身下气，情性体贴，话语绵缠，因此二人更加亲厚，也怨不得那起同窗人起了疑，背地里你言我语，诟谇谣诼，布满书房内外。[③]

又写他与秦钟在私塾里的状况：

---

① 〔清〕曹雪芹：《红楼梦》第二十一回，第295页。
② 〔清〕曹雪芹：《红楼梦》第七十五回，第1071页。
③ 〔清〕曹雪芹：《红楼梦》第九回，第137页。

> 更又有两个多情的小学生，亦不知是哪一房的亲眷，亦未考真名姓，只因生得妩媚风流，满学中都送了他两个外号，一号“香怜”，一号“玉爱”。虽都有窃慕之意，将不利于孺子之心，只是都惧薛蟠的威势，不敢来沾惹。如今宝、秦二人一来，见了他两个，也不免缱绻羡慕，亦因知系薛蟠相知，故未敢轻举妄动。香、玉二人心中，也一般的留情与宝、秦。因此四人心中虽有情意，只未发迹。每日一入学中，四处各坐，却八目勾留，或设言托意，或咏桑寓柳，遥以心照。①

秦钟死后，小说第二十八回又写宝玉与伶旦琪官（蒋玉菡）的两情脉脉，“宝玉见他妩媚温柔，心中十分留恋，便紧紧地搭着他的手”，并取出一个玉玦扇坠作为礼物送给琪官。不期琪官对宝玉甚为有意，为了表示“一点亲热之意”，将贴身的“系小衣儿一条大红汗巾子解了下来递与宝玉”，并说：“若是别人，我断不肯相赠。二爷请把自己系的解下来，给我系着。”于是两人互换汗巾作为信物。

从《红楼梦》的情爱描写中我们可以发现，曹雪芹似乎并不太在意同性恋与异性恋的区别，也并不以为异性恋是高于同性恋的，或把异性恋视为惟一的性爱方式。他视同性恋甚为平常，小说中人物的同性恋欲念都被写得那么出于自然，很容易理解。他在情爱描写中注重的不是性的实质上的区别，而是爱的境界的区别，也就是警幻仙子所谓“皮肤滥淫”与“意淫”

① 〔清〕曹雪芹：《红楼梦》第九回，第138页。

的不同层次，并把它作为评价情爱高低优劣的准则。他在写贾宝玉的同性恋时，就重在写这种意淫的方面，如对对方的欣赏、痴情和体贴，基本上不写那些他认为粗俗的肉欲或调情。而写到薛蟠、贾珍等人的同性恋，则重在写他们的肉欲，写他们朝三暮四，如玩弄妓女一样地玩弄娈童。这种同性恋境界的区别在曹雪芹看来是与异性恋境界的区别一致的，薛蟠调戏柳湘莲与贾琏、贾珍调戏尤三姐在曹雪芹看来并没有什么不同。这种衡量性爱之高低优劣的准则之后在同性恋小说《品花宝鉴》里被进一步地加以强调，并走向极端。

清代的狭邪小说涉及男风甚多，它们多直接写同性恋性行为，细节处不厌其详，当然这也是这类小说的写作宗旨。如著名的色情小说《肉蒲团》第八回就很有代表性，它写主人公未央生有两个年少的俊仆，分别给他们取了两个具有性象征意味的名字“书笥”和“剑鞘”，“两个的人物都一样妖姣，除一双大脚之外，其余的姿色都与绝标致的妇人一般”[①]。未央生在沉溺女色之余，也常拿他们来作为纵欲行为的调节和点缀。稍后的狭邪小说如《杏花天》《昭阳趣史》《桃花艳史》等也都有关于同性恋的赤裸裸的描写。其中署名古棠天放道人的《杏花天》里的某些段落很有特色，书中写到女主人公珍娘的丈夫酷好男风，对他同性恋行为中的生理因素和心理因素都有较深入的表现。不过总的看来，这类作

① 〔清〕情隐先生编次：《肉蒲团》页二五二，《思无邪汇丛书》第15册，第264页。

品大多以性刺激为宗旨，相对来说缺少内容的深度和艺术性，于世态人情亦多有忽略，因此并未在社会上造成影响。

这个时期的文言小说中亦时见缠绵悱恻的同性恋故事，如《聊斋志异》卷三的《黄九郎》，曾衍东《小豆棚》卷一三的《聂小玉》、卷一四的《褚小楼》，俞蛟《梦厂杂著》中的《玉儿传》《张吉》《张晋传》《聋隶》《楚伶传》等。当时通俗小说中流行的“私订终身后花园，落难公子中状元”异性恋模式，加上现实生活里“状元夫人”的事例，使当时士人颇醉心于创作那种伶旦慧眼识英才于落魄之中的同性恋故事，如《玉儿传》就写得相当动人。

值得大书一笔的，是《品花宝鉴》。这部成熟而有特色的长篇小说，也可以说是一部清代男性同性恋风气的百科全书。社会上男风盛行的状况也促成了当时读者对它的痴迷，不少人甚至认为它是堪与《红楼梦》媲美的言情杰作。卧云轩老人的《品花宝鉴》题词云：“闺阁风流迥出群，美人名士斗诗文。从前争说《红楼》艳，更比《红楼》艳十分。”①幻中了幻居士亦序曰：“余于诸才子书，并《聊斋》《红楼梦》外，则首推石函氏之《品花宝鉴》矣。”②

《品花宝鉴》全书六十回，一说写作于道光六年至道光十八年（1826—1838），正值清代男性同性恋风气的全盛期。作

① 〔清〕陈森：《品花宝鉴》题词，第7页。
② 〔清〕陈森：《品花宝鉴》序，第5页。

者陈森，字少逸，号采玉山人，又号石函氏，毗陵人，一生仕途偃蹇，甚不得意。陈森曾长期客居京华，其自序云：

> 及秋试下第，境益穷，志益悲，块然块垒于胸中而无以自消，日排遣于歌楼舞榭间，三月而忘倦，略识声容伎艺之妙，与夫性情之贞淫，语言之雅俗，情文之真伪。①

从作品看，他本人无疑是一位酷好男风的士人。对风流名士、官场生活和梨园伶旦状况的熟悉，使他的作品区别于一般的同性恋小说，具有浓厚的书卷气和名士情调。

《品花宝鉴》大肆张扬同性恋的合理性和诗情画意。开篇第一回，就有一场士人们关于同性恋是否合理的争论。颜仲清引经据典，认为“天地之灵秀，何所不钟？若谓仅钟于女而不钟于男，也非通论”。史南湘进而认为“草木向阳者华茂，背阴者衰落……可见造化之气，先钟于男，而后钟于女。那女子固美，究不免些粉脂涂泽，岂及男子之不御铅华，自然光彩”②。大有女色可由男色取而代之的意向。第五回中萧次贤、徐子云认为：“天地间有这一种灵秀，不钟于香闺秀阁，而钟于舞榭歌楼，不钗而冠，不裙而履。”“使易冠履而裙钗，恐江东二乔犹难比数。”③小说第二十二回写梅子玉与杜琴言相恋：

---

①〔清〕陈森：《品花宝鉴》序，第1页。

②〔清〕陈森：《品花宝鉴》第一回，第12页。

③〔清〕陈森：《品花宝鉴》第五回，第68页。

> 看他二人相对忘言，情周意匝，眉无言而欲语，眼乍合而又离，正是一双佳偶，绾就同心，倒像把普天下的才子佳人，都压将下来。①

在作者看来，梅、杜之同性恋深情完全胜过了异性恋。而把这种观念发挥得最彻底的，大概要数自称为小旦“死也情愿”的名士田春航的那一番惊世骇俗的言谈：

> 纵横十万里，上下五千年，那有比相公好的东西？不爱相公，这等人也不足比数了。若说爱相公有一分假处，此人便通身是假的。于此而不用吾真，恶乎用吾真？既爱相公有一分虚处，此人便通身是虚的，于此而不用吾实，恶乎用吾实……
>
> 只有相公如时花，却非草木；如美玉，不假铅华；如皎月纤云，却又可接而可玩；如奇书名画，却又能语而能言；如极精极美的玩好，却又有千娇百媚的变态出来。失一相公，得古今之美物，不足为奇；得一相公，失古今之美物，不必介意……
>
> 我最不解今人好女色则以为常，好男色则以为异，究竟色就是了，又何必分出男女来？②

这几段话，堪称清代士人的同性恋宣言。它以那个时代所能找到的一切颂美之词，高度肯定了这种风行一时的性爱潮流，把整个社会的同性恋狂热推向了极致，痛快地表达了士人强

① 〔清〕陈森：《品花宝鉴》第二十二回，第321页。
② 〔清〕陈森：《品花宝鉴》第十二回，第169—170页。

烈的同性恋倾向。同时，它也把当时士人在这种风气下的张狂之态度展现得淋漓尽致。无论如何，像这样的宣言，只能是特定时期的产物。而他所说的男色女色可以不分的观点，表现了清代士人在性爱问题上普遍存在的唯美倾向。

《品花宝鉴》致力于塑造一群好男色而不淫的士人，以及品性趣味都接近于士人的伶旦，企图在士与伶之间建立起一种新型的友优而不狎优的、柏拉图式的情爱关系。在小说中，这种关系的倡导者是豪贵徐子云，他强调与相公交往时，互相不呼名而称号，他对相公说："我们立下章程。凡遇年节庆贺大事，准你们请安，其余常见一概不用。老爷二字，永远不许出口。"有时他甚至让相公坐筵席的首席。但总的看来，这种平等是非常表面的，作者本人就缺乏那种真正的平等精神，他把这种礼仪上的优待看作对伶旦的莫大的恩赐。小说第五回就是这样写徐子云对伶旦的情意的：

> 这一片钟情爱色之心，却与别人不同。视这些好相公与那奇珍异宝、好鸟名花一样，只有爱惜之心，却无狎亵之念。所以这些名旦，个个与他忘形略迹，视他为慈父恩母，甘雨祥云，无话不可尽言，无情不可径遂。①

徐子云作为书中采用新型士优关系的士人典型，作者的这一段描写显然是纲要性的，其中士人与相公的上下界线实际上非常分明，而士人的优越感也暴露无遗。小说第七回里梅子玉的一

---

①〔清〕陈森：《品花宝鉴》第五回，第65页。

段独白就很值得玩味，他在观看了琴言的戏后，自思道：

> 琴官这个美貌，若不唱戏，天下人也不能瞻仰他，品题他，他也埋没了，所以使其堕劫梨园，以显造化游戏钟灵之意，也未可知。故生了这个花王，又生得许多花相，如百花之辅牡丹。但好花供人赏玩不过一季，而人之颜色可以十年。惟人胜于花，则爱人之心，自然比爱花更当胜些。①

也就是说，相公在这些自以为开明且又深情的士人看来，也不能真算作人而只是为时更久的“好花”而已。所以陈森给自己的小说命名为“品花宝鉴”或“怡情佚史”，都是以这种士人的优越感为基础的。而从小说中看，这种欣赏心态是绝不能转到士人自己身上去的，如小说第一回写士人史南湘问梅子玉“世间能使人娱耳悦目、动心荡魄的，以何物为最?”梅子玉固未解男色，茫然道：“其唯二三知己朝夕素心乎?”史南湘立即答道：“岂有此理，朋友岂可云娱耳悦目的？庾香〔即子玉〕设心不良。”②

这种优越感可以说是刻骨铭心的。从根本上说，作者歧视相公，虽然他一再称相公为“至宝”“时花美玉”，但他与当时世俗一样认为相公只是一种玩弄品。因此哪怕是写容仪，他也认为相公的容貌再美，究竟美不过士人。如小说在描写梅子玉“清华尊贵”时就说，相公们“虽然有此姿容，到底

① 〔清〕陈森:《品花宝鉴》第七回,第93页。
② 〔清〕陈森:《品花宝鉴》第一回,第5页。

无此神骨”，所以书中作为正面形象出现的相公，必是近似于士人的，其品性往往温柔敦厚而兼有才子式的放达，其琴棋书画的修养亦必足以与士人对话。这样的相公，是作者一厢情愿的产物而不是现实生活中真正的相公。出于士人的偏见，作者进而认为，相公学戏而专于戏，是下贱的，只有在学戏之外，兼习一些士人的技艺，方可称品格高尚。在这方面，陈森的民主意识与对人的认识是远远赶不上曹雪芹的。在大观园中，丫鬟们扮演着类似《品花宝鉴》里怡园中相公们的角色，但她们都各有自己的行为逻辑。在生活里她们固然是主人的附庸，但在生存的意识上却绝不是主人的影子，因此她们并不讲究什么琴棋书画，我们却始终能感受到她们聪慧的天性和作为人的、从情感到物质的各种要求。而《品花宝鉴》里的相公们没有自身的发展逻辑，不生活在真实的环境里，他们只不过是士人在相公中的一个个投影而已，其行为逻辑是按士人的轨迹进行的。因此他们也格外地需要士人的赏识、指导和保护，而士人的经济支援，更是他们赖以维持这种优雅生活的基础。小说中充斥着大量的士人如何向相公们慷慨赏赐金银珠宝的描写，第十三回写琴言至京仅四个月，“徐子云已去白金数千”。作者深赞这些士人为相公挥金如土的气派，这使这部大唱雅调的小说不时透出一股俗气来，反映出作者精神境界上的平庸。

在小说的结尾部分，作者刻意安排他所宠爱的一群伶旦脱离乐籍，“将那些舞衫歌扇、翠羽金钿”通通在怡园烧化，其中大部分伶人因这些名士的资助赏赐而得以经商，杜琴言更是归了士党。由于前述这种特殊关系，这班士人仍给脱离了乐籍的伶旦一个“花史”的封号，对此相公们十分感恩，并很合乎士人意愿地说：“他们称我们为花史，我们就称他们为文星。”[①]这个结尾将士人的优越感发挥得极为彻底。

陈森的思想中有很多正统和世俗的成分，这使他对小说中同性恋的处理常常显得复杂和矛盾。他虽然大肆张扬同性恋的纯洁高尚和诗情画意，但又无法忽略异性恋的正统地位，尤其是异性恋所能带来的嗣续，是明清时期首要的家庭大事，也是同性恋无法解决的问题。因此陈森一直在努力寻找一种调和的方法，无论多么牵强，他都尽可能地将同性恋与异性恋统一起来，以求获得一种合理的解释。如小说中田春航与苏蕙芳交好，但田中了状元后，按理应当娶一房夫人，事关宗嗣，他不能不重视，但又怎么处理他对苏的依恋之情呢？于是作者就设计了这样一个情节：田春航娶到了一位名门闺秀，新婚之夜他惊喜地发现新娘的容貌竟与苏蕙芳一模一样，而且比苏“还要娇柔些、艳丽些”，于是“便万种温存，十分美满，真是佳人才子，玉女仙郎，占尽了人间香福矣”。[②]这也可以说是作者所能想出的最为美满的结局。大约是得意于自己这种异想天开的构思吧，他也给小说的主人公梅子玉安排了同样的“福气”：

---

① 〔清〕陈森：《品花宝鉴》第六十回，第890页。

② 参见〔清〕陈森：《品花宝鉴》第五十二回，第756页。

洞房花烛之夜，子玉一见颇觉心花开放。说也奇怪，倒不是做书人说谎，也是前定姻缘，皇天可怜子玉这一片苦心，因琴言是个男子，虽与子玉有些情分，究竟不能配偶，故将此模样，又生个琼华小姐出来，与琴言上妆时一样，岂不是个奇事？……以后子玉闺房之乐，真是乐不可言。[①]

在归于正统的同时，这样的构思，实际上完全是作为男性的士人的一厢情愿。在这里我们既看不到相公的意愿，也没有女人的意愿，在作者看来，相公与女人一样，是士人的附属品、赏玩品，他们不存在个人意志，能够与清华高贵的士人生活在一起即是他们的福分。所以，相公与女性在根本上是合一的。也就是说，士人是高级阶层，是欣赏者；而相公与女性虽有性别的差异，却都属于低级阶层，是被欣赏者。

与明清时期大部分同性恋小说不同的是，《品花宝鉴》的宗旨不是性的刺激而是情的缠绵。作者在书中一再强调与相公交往的原则是“用情守理”“好色不淫”“只有爱惜之心，却无狎亵之念”，小说第十二回田春航认为：

彼既好淫，便不论色；若既重色，自不敢淫。[②]

第二十四回士人颜仲清又曰：

世唯好色不淫之人始有真情，若一涉淫亵，情就是淫

① 参见〔清〕陈森：《品花宝鉴》第五十四回，第790页。
② 〔清〕陈森：《品花宝鉴》第十二回，第170页。

亵上生的，不是性分中出来的。[①]

令人感到有点滑稽的是，小说在再三强调士人之“无欲”和“不淫”的同时，却又浓墨重笔地写士人如何多情、深情和痴情，这在作者看来似乎没有任何矛盾之处。书中写到的属正面角色的士人对于相公的爱都异常沉迷，甚至可以说是“死生以之”，但他们在具体行为上，却都只限于欣赏、对视和深深的思恋，排斥任何肉体上的接触。作者认为，在性的方面越是节制和理性，也就越是表明他们感情的深挚。而一涉及性的行为，便为淫亵，情也就无从谈起。因此，《品花宝鉴》对于性道德的划分不是看性行为的本质或对象，而是以情爱中是否理性和制欲来品定优劣，欲与情成了衡量性道德的最重要标准。为了突出作者的这一观点，陈森在小说的第一回就提出应该根据士人与相公的关系而把他们各自分为高低不同的几种类型：

> 先将缙绅中子弟分作十种，皆是一个情字。一曰情中正，一曰情中上，一曰情中高，一曰情中逸，一曰情中华，一曰情中豪，一曰情中狂，一曰情中趣，一曰情中和，一曰情中乐。
>
> 再将梨园中名旦分作十种，也是一个情字。一曰情中至，一曰情中慧，一曰情中韵，一曰情中醇，一曰情中淑，一曰情中烈，一曰情中直，一曰情中酣，一曰情中艳，一

① 〔清〕陈森：《品花宝鉴》第二十四回，第337页。

> 曰情中媚。
>
> 这都是上等人物，还有那些下等人物，这个情字便加不上，也指出几种来。一曰淫，一曰邪，一曰黠，一曰荡，一曰贪，一曰魔，一曰祟，一曰蠹。①

在这五花八门的类型中，概括言之，不外乎正、邪两种，而从作品看，凡涉肉欲必为邪，凡无肉欲则为正，作者为此写出了正邪界限分明的两类人物。在作品中梅子玉与杜琴言是分别被作为士人与相公的正面典型形象出现的，他们一见钟情，深相爱恋，日思夜想，却并不敢相聚。两人同在京城，也没有什么外力的阻隔，平时经常为相思而泣涕涟涟，却总是一年半载方见一面，而见面时也只有互相凝视和流泪而已。两人偶然相遇，梅子玉便“倒象有暗昧之事被人撞见了似的，心里突突的止不住乱跳，觉得有万种柔情，一腔心事，却一字也说不出来”②。梅给杜的赠诗，满纸尽是“海枯石烂”“只道今生长厮守”③这样画咒赌誓、刻骨铭心的句子，但终其书，两人没有丝毫的亵乱行为。似乎稍有亲昵的表示，就会玷污了这种纯情。《品花宝鉴》里所有正面人物的同性恋，都不涉及性行为。而反面人物之所以是反面的，其主要标志也在于他们在与相公的交往中恣意纵欲，如奚十一、潘三等豪贵富商，他们的狎优生活都是以肉欲的满足为主，对此作

---

① 〔清〕陈森：《品花宝鉴》第一回，第1页。
② 〔清〕陈森：《品花宝鉴》第十回，第146页。
③ 〔清〕陈森：《品花宝鉴》第四十八回，第695页。

者口诛笔伐，并由此更衬出了正面人物之高尚。《品花宝鉴》的这种重情抑欲倾向在中国古代文学中是比较特殊的，因为情欲合一在中国古代几乎是一贯的，像这样情欲严重分离的作品很是少见，而尤其是同性恋小说，其宗旨之一往往就是追求性刺激，现在却恰恰走向了反面。这种新型的纯情思的性爱追求，从文化史的角度看，是很值得注意的一种现象，它是同性恋风气在清代士人中深入发展的结果，表明士人的好男风已不再局限于浅表的声色之乐，而是转向追求更深层次的情感上的满足，狎优蓄童也进入了一个更高的阶段，这也许是重视精神世界的士人参与所致吧。遗憾的是，由于作者过于强调情思之纯，将情与欲完全对立起来，以至于反映到作品中，时有不伦不类、矫情甚至虚伪的感觉，这当是作者才力不逮而道学观念又很深固的缘故。

陈森在《品花宝鉴》的自序里曾声明：

> 首尾共六十卷，皆海市蜃楼，羌无故实。所言之色，皆吾目中未见之色；所言之情，皆吾意中欲发之情；所写之声音笑貌，妍媸邪正，以至狭邪淫荡秽亵诸琐屑事，皆吾私揣世间所必有之事。①

但读者似乎都明白，这话只不过是个幌子。诚如有人所考证的那样，书中的大部分人物都确实有其生活中的原型，掺入了乾嘉年间大量的士人与伶旦交往的风流韵事。田春航、苏

① 〔清〕陈森：《品花宝鉴》序，第2页。

蕙芳影射毕秋帆、李桂官自不必言，书中的侯石翁影射袁枚也是非常露骨的：

> 这个侯石翁，是个陆地神仙，今年已七十四岁。二十岁点了翰林，到如今，已成了二十三科的老前辈，朝内已没有他的同年。此人从三十余岁就致仕而归，遨游天下三十余年，在凤凰山造了个花园，极为精雅。生平无书不读，喜作诗文，有千秋传世之想，当时推为天下第一才子。但此翁年虽七十以外，而性尚风流，多情好色，粉白黛绿，姬妾满堂，执经问字者，非但青年俊士，兼多红粉佳人。石翁游戏诙谐，无不备至。其生平著作，当以古文为最，而世人反重其诗名。凡得其一语褒奖，无不以为荣于华衮。①

可谓是一篇生动的袁枚小传。小说第五十五回侯石翁与琴言换扇，侯便在琴言扇上题诗的事，也有生活中的实事。袁枚《小仓山房诗文集》卷二四中收录了这两首他题在别人扇子上的七言绝句，其中一首写得颇为轻薄，故曾在当时盛传：

> 取看纨扇置怀中，忘却归还彼此同。摇向花前应一笑，少男风换老人风。②

另外，《梦华琐簿》及近人赵景深考证都认为杜琴言当为影射道光年间名旦桐仙。《那罗延室笔记》更认为书中人人皆有指

---

①〔清〕陈森：《品花宝鉴》第五十五回，第798—799页。

②〔清〕袁枚：《小仓山房诗文集》卷二四《吴门返棹曹郎玉田仿桂生故事送余京口》，第562页。

陈，绝非随意杜撰，如徐子云影射徐锡，史南湘影射蒋苕生，潘三影射靴肆主人姓苏，奚十一影射孙尔准子，魏聘才影射朱宣初，高品影射作者陈森自己，等等。这样的考证当然有些过分了，因为《品花宝鉴》毕竟是小说而非史著，执着的考证容易流于穿凿附会。但这也从另一方面证明了这部小说是特有的社会氛围下的产物，在当时的读者看来，它是相当真实可信的。

《品花宝鉴》的出现，标志着清代男性同性恋风气已臻登峰造极的地步，它不但生动地再现了当时社会狎伶捧伶的性爱风气，更反映了处在风气之中的广大士人的心态，反映了他们对同性恋的理想和追求。因此，在今天看来它虽然并不是一部成就很高的文学作品，在当时却深受广大士人的欢迎，并且在社会上确实产生了深远的影响。

《品花宝鉴》之后，清代文坛没有再出现长篇的同性恋小说，但各种通俗小说中仍不时地掺杂同性恋内容，只不过随着政治局势的变化和西方性爱观念的渗透，各种小说里对同性恋描写的调子也产生了微妙的变化。写作于清末、出版于民国五年（1916）的钱锡宝《梼杌萃编》（又名《宦海钟》或《鸳鸯楼》）中就有一个官宦娶小旦做八姨太太的情节，言清末官宦热衷于狎旦，小旦艳香仗着抚台、藩台的势力，飞扬跋扈，闹出事来，又飘然入了一显宦的公馆，改女装，吹吹打打正式成了八姨太太，这一段描写十分滑稽：

> 到了五点多钟，只见四个纱灯，一班鼓乐，迎着一顶蓝呢四轿，玻璃窗都用绸幔子遮着，进了大门就鞭爆不绝，一直抬到上房院子里歇下。一个丫头、一个老妈，在轿子里搀了一位当年的少爷、前天的戏子、今日的新娘龙艳香八姨太太出来，慢移莲步，轻踏花毡，进了堂屋。这位叶观察戴了红顶花翎，穿着蟒袍补褂，领着艳香敬了神，拜了祖宗。然后摆了两把椅子，叶观察靠着上首一把站着，下首一把是替他太太设的虚位。这艳香就端立红毡，裣衽下拜，叶观察立受了。①

通俗小说中的同性恋内容至此已完全失去了《品花宝鉴》里的那种纯情和严肃而堕为荒唐的笑料。这与当时形势的发展是一致的。到了晚清，狎伶捧伶虽依然是士人们娱乐的主要内容，但随着国势和政局的剧变、优伶社会地位的提高，更为关键的是——对同性恋持极端憎恶态度的西方传统性爱观念随着他们的坚船利炮和科学技术一起进入了封闭的中国，新式的士人逐渐地对狎优蓄童感到厌倦、反感，甚至引以为耻，加以无情的讥刺和抨击。在这种氛围之下，持续了近四百年的男性同性恋风气便亦日趋消歇，直到被人们完全遗忘。

第四章
女子缠足的流行与金莲崇拜

将女性的双脚自幼加以缠束，形成弓足，脚长减至三四寸甚至两寸，举步摇摇曳曳，出入需人扶持，而整个社会以此为女性美的首要条件，人人痴迷，世世相传，“举世之人皆沿习成风，家家裹足，似足不小，不可以为人，不可以为妇女者”①，是明清两代性爱风气中又一非常值得注意的现象。我们把这种习俗称之为性爱风气，是因为它并不是一般的生活习惯，它的产生、维持，以及人们对它的狂热都是因为它与性爱紧密地联系在一起。虽然在现代人看来这种习俗产生的根本原因在于约束和限制女性，但它能使当时的女性积极地甚至狂热地参与进去，却是因为它与审美——而实质上就是与性爱之间的密切关系。在明清两代，男性视三寸金莲为女性之至美，以至“五尺童子，咸知艳羡”，三寸金莲也由此被视为女性最突出的性特征，因而被女性隐秘地保护在及地

① 〔清〕钱泳：《履园丛话》卷二三“杂记上·裹足”，第630页。

长裙之下而不敢外露，同时也就成为男性偷窥和性骚扰的目标。诗人们狂热地赞美小脚；以玩弄金莲和弓鞋为风流；舞台上的戏旦惟妙惟肖地模仿小脚；各种小说笔记里无处不能看到关于小脚的描写。一个女人金莲的大小，关系着她身价的高低，也在相当程度上决定着她婚姻的幸福与否。在明清两代，崇拜金莲堪称是举世皆靡。

明清两代缠足风气概况

缠足当然并非明清人的发明。关于缠足的起源，众说纷纭，明清时期曾有不少学者考证过这个问题。有人认为可以上溯到夏商时期，而从春秋以降的各个朝代，都有或多或少的文献资料被学者拿来作为历史上曾有裹小脚习俗的佐证。但如果严格地检查这些论述，可以发现它们多属穿凿。而从确凿的出土文物看，古代的绝大多数时期妇女并无缠足的习惯。那些歌颂女性纤足的诗文，大多是对较小的天足的赞美，而这种倾向在许多文明社会里都会存在，西方古典的诗与小说中就不乏其例。把这些诗文附会到缠足风俗上，显然是不太妥当的。并且，古代这些歌颂女子纤足的诗文，多与这些女子优美的舞蹈联系在一起，如南齐潘贵妃的步步生莲花，五代窅娘缠足为新月状在莲花台上翩翩起舞，都是明清时期金莲三寸、步履维艰的女子所不可想象的。正是缠足习俗的风行，导致了中国古代曾经十分辉煌的舞蹈艺术在明清时期的毁灭。

近代学者根据较为确凿的史料考证，缠足风俗大约始于北宋中晚期[①]，但直至北宋末年，它也还只是在少数人、少数地区中流行。我们从李清照的词中可以发现，即使是官宦家女子，仍多有不缠足者。到了南宋，这种风俗迅速发展，以致有的地区已以小脚作为女性的代称，缠足在养尊处优的贵族女子和出卖色相的青楼女子中尤为风行。《辍耕录》记载当时女子“遂以大足为耻”。但岭南地区女子极少裹足。另外，在缠足地区，或因固守某种信念（如二程族中女子皆不缠足），或下层妇女因劳动生活需要无法缠足，故仍有大量的女子没有缠足。

缠足风俗在元代开始全国普遍流行，成为女子生活中特有的一项内容，因而也成了人们衡量女性美的标准之一。元代的诗文词曲及戏曲小说开始大量地涉及这一题目，“凌波”“玉笋”“绣鞋”等成了描写女性的常用词语。不过，女性缠足以汉族为主，蒙古妇女基本上不受这种风俗的影响。

一、猩红软鞋三寸整：明代女性缠足风气

明代女性缠足不但比元代更为普遍，而且也更讲究缠裹的方法和小脚的形状样式，称得上是举国皆靡。一方面，这可能是明初崇尚程朱理学的一个副产品。虽然历史上有二程

① 参见〔清〕俞正燮：《癸巳类稿》卷一三《书〈旧唐书·舆服志〉后》，第497—504页。

家族女子不缠足的记载，但正统的女性观对女性应该锁闭深闺，幽娴贞静的强调成为时代的要求，缠足虽非新的发明，却在相当大的程度上强化了这种对女性审美的道德要求，因而获得社会正统势力的支持。另一方面，缠足习俗在明初也被与民族感情联系在一起。从元代沉重的压迫下得以喘息的汉人，在明代建立之后把所有区别于蒙古的汉人风俗都视为一种文明、开化、进步甚至高贵的标志。

明代的缠足之风总体来看北方盛于南方，尤其是山西、河北、山东一带，妇女极少有不缠足者，且对缠裹的要求非常高。山西北部的大同在明代被视为缠足的中心区域，“大同婆姨”是当时全国公认的美人，明武宗曾一再到那里选美。而所谓美人，主要就是因为她们那精致出众的小脚。到清代，大同仍以小脚美人著称，经常举行轰动四方的赛脚会。山东女子缠足亦异常讲究。《金瓶梅》里充斥着大段大段的对女性纤足和鞋袜的描写，是明代小说中关于女子缠足风气的最值得注意的材料，从中我们可以发现当时山东一带已普遍地把小脚视为女性美不可或缺的组成部分，对脚的尺寸、形状的要求几乎都达到了匪夷所思的地步。小说中妻妾间的钩心斗角往往也包括为小脚、绣鞋而争风吃醋。此外，四川、湖北一带缠足风气亦极盛。据载，张献忠在四川曾刖女子小脚堆积成山，名曰金莲峰，后来攻占湖北襄阳时又再度为之。[①]可

① 参见高洪兴:《缠足史》,上海文艺出版社,1995年,第22页。

见这些地区的女子绝大多数都是缠足的。江南地区的缠足风气在明代虽不是最盛的，但从余怀《板桥杂记》中对名妓的描述中，可以发现人们普遍地把小脚作为衡量女性美的重要标准，而《板桥杂记》所载录的某些妓女之所以享有盛名，也正是因为她有一双出众的小脚。扬州亦以小脚著称，当地人总结了不少看女人小脚的经验，张岱《陶庵梦忆》就有生动的记载："然看趾有法。凡出门裙幅先响者，必大；高系其裙，人未出而趾先出者，必小。"①

据《万历野获编》，明代浙东有丐户，乃贱民，"男不许读书，女不许缠足，自相配偶，不与良民通婚姻"②。于是缠足更成了社会地位、贵贱等级的象征，这也在很大程度上促进了这一习俗的深入和普及。当时缠足与女子的身份地位的关系是很耐人寻味的。贵族和大户人家女子婢仆成群，日常不需参加劳动，缠足既符合社会的审美倾向，也不至于给自己的生活带来太多的不便，她们当然就最为讲究缠足。但把缠足视为美和高贵的社会意识亦使小户人家需要参加劳动的女子深受其苦，为了提高自己的社会形象，她们心甘情愿地承受着肉体上的痛苦和不便。由此观之，她们是时代畸形审美趣味的盲从者，但从实际的角度看，缠足与否也常是决定她们的终身大事的重要因素之一。这样的缠足者人数最多，

① 〔明〕张岱：《陶庵梦忆》卷五，第46页。

② 〔明〕沈德符：《万历野获编》卷二十四"风俗·丐户"，第624页。

也是受苦最深的真正的牺牲品。此外，一些出身于极度贫困家庭的下层女子或婢仆，或因父母的疏忽和无奈，或因主人的自私和专制，不得不服从劳动的需要而没有参与缠足。然而这种生理上的健全却因为畸形的审美风气反而给她们的精神上带来很深的痛苦，她们无法感受到一双灵便的大脚所带来的快乐，而是在整个社会的歧视里形成了深深的自卑，心理上的缺憾难以弥补。这就是社会风气的力量，缠足女子的生理痛苦被心理上的自豪感弥补了，而大脚女子生理上的健全却被精神上的自卑压倒了。

缠足在明代既已成为一种区分贵贱的标志，明宫廷中上自皇后下至宫女全都是缠足的。但宫廷的缠束方法与民间有所不同，《万历野获编》卷二十三云：

> 向闻今禁掖中，凡被选之女一登籍入内，即解去足纨，别作宫样。盖取便御前奔趋无颠蹶之患，全与民间初制不侔。予向寓京师，隆冬遇扫雪军士从内出，拾得宫婢敝履相示，始信其说不诬。①

同书还引证刘若愚《酌中志》略曰，番经厂跳步叱，神庙时教宫女数人做法事，“惟弓足者不能跳步叱”，则所谓“宫样”庶可免颠蹶之苦，但还是束缚得很厉害，使宫女无法如天足女子般跳跃。据姚灵犀《知足谈》，崇祯皇帝酷好金莲，其宠妃田贵妃即有一双出众的小脚，为崇祯所津津乐道，

① 〔明〕沈德符：《万历野获编》卷二十三“妇女·妇人弓足”，第599页。

以致引起皇后和其他妃子的不悦。

明代缠足风俗的盛行使人们对缠足的要求也更高了。金莲三寸的提法始自明代，如明初朱有燉《元宫词》“帘前三寸弓鞋露”，明中期王鸿渐《西楼乐府》“猩红软鞋三寸整”，这样的句子在明代的词曲里很不少见。《金瓶梅》中关于小脚的描述最多，大多不离三寸，如小说第四回写潘金莲“只见妇人尖尖趫趫刚三寸，恰半扠一对小小金莲”[①]，第七回写孟月楼“裙边露出一对刚三寸、恰半扠，一对尖尖趫趫金莲来，脚穿着大红遍地金云头白绫高底鞋儿”[②]。类似的描写，在书中多处可见。需要注意的是，《金瓶梅》大写潘金莲的三寸金莲，却更写了仆妇宋惠莲的比三寸更小的小脚。小说第廿三回写西门庆见了宋的小脚吃惊道：“谁知你比你五娘〔指潘金莲〕脚儿还小。”宋十分骄傲地回答：“拿什么比他！昨日我拿他的鞋略试了试，还套着我的鞋穿。”[③]廿四回接着写宋惠莲果然“穿着两双红鞋在脚上”[④]，招致了潘金莲充满仇恨的妒火。可见在明代已经出现了比三寸更小的小脚。

从《金瓶梅》可见，当时女性缠足不仅求小，而且很讲究样子，因此小说凡写到小脚之美时，总忘不了加上“尖尖趫趫”“趫趫的”等形容词。小说第七十七回写妓女郑爱月儿

① 〔明〕兰陵笑笑生:《金瓶梅词话》第四回,第54页。
② 〔明〕兰陵笑笑生:《金瓶梅词话》第七回,第91页。
③ 〔明〕兰陵笑笑生:《金瓶梅词话》第廿三回,第326页。
④ 〔明〕兰陵笑笑生:《金瓶梅词话》第廿四回,第337页。

“六幅湘纹裙子，高高显一对小小金莲，犹如新月，状若蛾眉”①，似乎已是很完美的小脚，但潘金莲尚多品头论足，她对郑爱月儿道：“你们这里边的样子，只是忒直尖了，不像俺外边的样子趫。俺外边尖的停匀，你里边的后跟子大。”②崇尚脚形的尖瘦均匀和柔软是明清两代的共同倾向。

明人之酷好小脚使当时的不少人把小脚与女性画上了等号，认为男人见小脚则必然生怜爱之心，必至销魂，误以为这是一种发之自然的人的固有本性。《万历野获编》提到这样一件很有意思的事，征君瞿九思曾就女子缠足很认真地提出了一个“御虏妙策”：

> 欲诱化其俗，令彼妇人习中国法，俱束缚双足为弓样，使男子惑溺，减其精力，惰于击刺。以为此弱虏制虏妙策。予亦不知此计果有济否。但隆庆元年，大虏攻陷山西石州，掳所得妇女驱之出塞，憎其不能随马疾驰，尽刖其双足以车载归，百无一活。世固有不爱双缠者。③

当然，由此亦可看出当时的北方少数民族仍为天足，以小脚为美的习惯基本上只在汉族地区流行。

二、从缠足禁令到赛脚会盛行：清代女性缠足风气

清代的缠足风气经历了一个艰难曲折的过程。满人是不

---

①〔明〕兰陵笑笑生：《金瓶梅词话》第七十七回，第1319页。

②〔明〕兰陵笑笑生：《金瓶梅词话》第五十八回，第895页。

③〔明〕沈德符：《万历野获编》卷二十三“妇女·妇人弓足”，第599页。

裹足的，入关之后，便也禁抑汉人裹足。钱泳《履园丛话》卷二三历叙清初统治者严禁裹足的过程曰：

> 本朝崇德三年七月，奉谕旨有效他国裹足者，重治其罪。顺治二年禁裹足。康熙三年又禁裹足。七年七月，礼部题为恭请酌复旧章，以昭政典事。都察院左都御史王熙疏内开顺治十八年以前民间之女未禁裹足，康熙三年遵奉上谕，下议政王、贝勒、大臣、九卿科道官员会议，元年以后所生之女，禁止裹足，其禁止之法，该部议覆，等因。于本年正月内臣部题定，元年以后所生之女，若有违法裹足者，其父有官者交吏兵二部议处，兵民则交付刑部责四十板，流徙。十家长不行稽察，枷一个月，责四十板。该管督抚以下文职官员有疏忽失于觉察者，听吏兵二部议处在案。①

法令相当严厉，几等于“留发不留头”的严令。但由于缠足的习俗在汉族地区已经深入人心，人们普遍地把小脚视为女性美的重要标志，这一法令难得人心。相反，它倒是激起了汉人的民族感情，对异族统治的抵触情绪更加强烈。有人私下里违禁缠足，更有人把这条禁令作为诬陷仇人以泄私愤的手段，造成了诉讼上的混乱局面，因此禁令难以真正实行下去。大约是有关女性的问题与政治的联系总不是那么密切吧，这一次朝廷没有像要求男人必须剃发那样坚持下去，而是很快做出让步——康熙七年（1668），裹足令弛禁，汉族女子可

---

①〔清〕钱泳：《履园丛话》卷二三“杂记上·裹足”，第630页。

以照常缠足。

汉人对裹足令解禁欣喜若狂，一些人把男子终于剃发而女子却得以继续缠足概括为“男降女不降”聊以自慰。于是缠足习俗更一发而不可收，女子的小脚受到了前所未有的狂热崇拜，比明代有过之而无不及，并且还广泛地影响到汉文化圈之外。虽然解禁只是对汉族女子而言的，满族女子依然不准缠足，且终清之世也从未允许八旗女子缠足，但还是不断有旗人效尤。乾隆皇帝屡降禁旗人缠足旨，嘉庆、道光皇帝亦皆曾重申禁令，但都未能挡住这股方兴未艾的缠足潮流。光绪年间，旗人更是新创了一种缠足方法，时称“刀条儿”，风靡一时。实际上，即使统治者本人，往往也酷好小脚，如乾隆皇帝就对汉族女子的三寸金莲非常感兴趣，据说他曾在圆明园里暗藏缠足的女子，并令太医院研制缠足药，迫令宫女裹脚，因有违祖制，就让她们着靴以掩饰。1928年，清东陵的乾隆墓被盗，人们果然发现葬在乾隆皇帝身旁的，竟是一个有着三寸金莲的汉族女子。①

清代女子缠足风气确实堪称举国皆靡。到清末，除了西藏、新疆、宁夏等地尚未受到实质性影响之外，缠足在中国的其他地区都极为普遍。当然，就程度而言，各地区还是有所不同的。

与明代一样，清代的缠足风气也是北方盛于南方，而以

---

① 参见高洪兴：《缠足史》，第24—28页。

秦、晋、燕、赵、鲁等地尤为精致讲究。康雍间士人汪景祺《西征随笔》曰："秦晋燕赵间，女子二三岁即缠足，天然纤小，并不似弓形。其弓形者，嗤为鹅头脚。""余见秦晋燕赵女子足小者，以尺度之，仅二寸七八而已。"《履园丛话》卷二三亦云："足之小者，莫如燕、赵、齐、鲁、秦、晋之间，推其能小之道，盖亦有法焉。凡女子两三岁便能行走，四五岁之间，即将两足以布条阑住，不使长，不使大，至六七岁已成，片段不缠而自小矣。"[①]《听雨丛谈》亦曰："山、陕、甘肃，此风最盛甚。"[②]也就是说，其时于今山西、山东、河北、河南、陕西、甘肃一带，此风最为炽盛，并且形成了一套特别有效的缠足方法。在这些地区，无论都市乡村都缠足成风，穷乡僻壤亦不例外。从身份上看，不但一般的女子，丫鬟婢仆亦无不效尤。不缠足的女子在人口比例上只是极少数，并且备受社会的歧视。

而在黄河流域的这些地区，又以山西的缠足风气为最盛。清代民谚有"从来脚小说山西"，尤其是大同，一直是最负盛名的全国缠足的中心，所谓"北地燕支，向推大同为独步"，主要是就大同女子的三寸金莲而言的。钟闲《云中新月记》言大同女子"香莲长者不过四寸，小者则二寸不足也，且均脚跟周正，脚背低平，无钝板可憎之状"。尤其让时人叹服的

① 〔清〕钱泳：《履园丛话》卷二三"杂记上·裹足"，第629页。
② 〔清〕福格：《听雨丛谈》卷七"裹足"，中华书局，1959年，第139页。

是，这些女子脚小如此，平日仍能健步如飞，仍可参加劳动。李渔云游四方，考察了全国各地的缠足状况后说：“予遍游四方，见足之最小而无累，与最小而得用者，莫过于秦之兰州、晋之大同。”[①]他并且指出，大同女子脚小而行动灵便，步履出于自然，脚形直而正，以手抚之刚柔相半，甚至有柔若无骨者，为其他地区女子所不及。

大同在清代以缠足女子的赛脚会名著全国，相传这种活动始于明正德年间。在清代，每年的六月初六庙会期间，都要在寺庙举行一次大规模的赛脚会，届时城里所有自以为有一双足以骄人的小脚的年轻女子，都会在她们父兄的陪伴下来到会场，坐在门帘后头，将一双纤足伸于门帘之外，任人观赏品评，亦可手握摩抚，但容貌隐于帘内，外人不得窥视。经过初选，挑出优胜者若干人集合在一起，再行评比，最后公决出结果，第一名称“王”，第二名称“霸”，第三名称“后”。正如现代的选美活动一样，当选者总是欣喜异常，她们的父兄会当场向大家致谢。赛脚会结束之后，六月初六夜半，富家女子多以凤仙花和明矾将小脚染成红色，加麝香紧缠密裹。到第二天，则全足尽赤，纤小如红菱，娇艳可爱。

缠足时代，女子的小脚被视为女子身上的隐秘部位而深藏不露，通常不能为丈夫之外的异性窥见。小脚被异性触摸，往往意味着一种性的接触，因此一些重视贞节的女子会因小

---

① 《李渔全集》第三卷《闲情偶寄》卷三“声容部·手足”，第114页。

脚被男人看到而羞愧不已，甚至有因小脚被摸而感到贞节被玷污以致自杀的事例。但赛脚会却是一个例外，它实际上为深闺女子深藏的小脚提供了一个暴露的机会。在赛脚会上露出小脚，不惟没有羞耻感，且可引以为荣。相反，如果一个年轻女子不肯在赛脚会上赛脚，人们不会认为这是重视贞节的表现，而会怀疑她的脚可能太大或形状丑陋故而不敢见人，这样会破坏她的名声，也就会令其很难找到一个好婆家。这种矛盾的现象在人类文化史上其实是很常见的。当某种文化观念将人的欲望锁闭得太紧的时候，社会往往会为之提供一个合理的理由，使之能够在某个固定的日子和场合，以某种固定的方式放纵一下，使这种锁闭的紧张度稍得以缓和，庶几免于崩溃。清代的这种赛脚会在全国各地，尤其是北方非常普遍，当时又称小脚会、晒脚会、亮脚会、晾脚会等，名虽各殊，其义则一。

除大同之外，山西各地赛脚会亦多见诸笔记：

> 太原府某集上，每逢赛小脚之际，女子悉卧于车内，以脚置车外以相比赛，一任人品题比较，凡得小脚状头者，视为非常之荣幸。①

山西运城亦然：

---

① 周瘦鹃:《莼乡漫录》,姚灵犀编:《采菲录》初编,天津时代公司,1936年,第273页。案,关于赛脚会状况,本节多转引《缠足史》第五章第二节的材料,以下不另注明。

每在元宵节边，日间辄坐于门口，双双小脚，伸出户外，曝于日光中，名谓晒小脚。罗袜绣鞋，钩心斗角，一种妒宠争妍之心理，可笑亦复可怜。彼轻薄之男子，徜徉街头，相与评足以为乐，某也瘦，某也尖，一字之褒，荣于华衮。某家妇女之莲瓣，苟为人所称誉者，其家人或引为莫大之荣幸也。①

河北宣化在明代即以小脚著称，在清代，那里一年要举行两次赛脚会，一次在五月十三，叫小脚会；一次在六月初六，叫耍青会。《清稗类钞》详载其事曰：

直隶宣化有小脚会，岁必五月十三日举行于城隍庙。庙前长街数里，两旁民居稠密，先会数日，其戚友之靓妆炫服而至者，络绎不绝。届期，庙中演剧酬神，百戏竞集，游人杂遝与士女之进香者肩相摩，踵相接也。妇女不往游及既游而归者，大率列坐门前，多或十余人，少亦五六人，日必易着新鞋，其富厚者日凡四五易，游人指视，赞其纤小，则以为荣。

……或作四断句记其事云："榴花红映鬓边钗，午日才过节更佳。晓起妆楼梳洗罢，开箱先检凤头鞋。""绿荫如幄覆茅檐，团坐门前笑语添。惹得游人偷眼看，裙边一样露纤纤。""花底谁家昼掩门，早携女伴去前村。最怜一路香尘细，行过莲钩尽有痕。""神祠游罢兴偏饶，归路斜阳满柳条。为语邻家诸姊妹，耍青时节再相邀。"（六月初六

① 邹英：《葑菲续谈》，姚灵犀编：《采菲录》四编，天津书局，1938年，第136页。

日有耍青会。）①

从这些材料可见河北的风气似比山西更开放，妇女赛脚不仅暴露双脚，往往更抛头露面。河北邯郸、武安亦然，“家家少妇坐街头，裙露双钩任客游”。最有意思的是河北蔚州六月六的晾脚会，那里家家户户门前都有一块专用于赛脚的大石头，高及行人肩膀，届时赛脚女子或立或坐于这石头上，任人观赏抚摸小脚。

河北胜芳镇在清代亦是“不惟人妙，并以脚传”，据说胜芳镇之女足“纤瘦如削，平正如贴，而修短弗所深究，要以轻俏为宜，称身为度，不可增粟，弗能减分，添袜嫌肥，减帛憎长，决无鹅头纡回竹萌诸病，足腕微折，尤其特征焉”②，可见缠足的讲究程度。而与胜芳镇邻近的天津，亦极重莲足，以至于莲迷有“魂随沽水到天津”的遐想。

山西、河北之外，清代甘肃的缠足之风亦极盛，兰州女子的小脚声誉与大同并著，李渔曾评价说：

> 兰州女子之足，大者三寸，小者犹不及焉，又能步履如飞，男子有时追之不及，然去其凌波小袜而抚摩之，犹觉刚柔相半。③

这种脚小而又仍然能得脚之用的女子是清人所尤为叹赏的，

① 徐珂：《清稗类钞》第二十六册“容止类·小脚会”，第35—36页。
② 护箨使：《品莲杂忆》，姚灵犀编：《采菲录》三编，天津书局，1936年，第205页。
③ 《李渔全集》第三卷《闲情偶寄》卷三“声容部·手足”，第114页。

据说都是因为其缠足年龄早及缠法得当所致，在这方面尤为他处所不及。兰州每年六月初六举行晒腿节，合城妇女出游郊外晒腿，谓可避免疫痢，实则是提供一个展露和品评小脚的机会。陇东地区每年二月初二“社火”节，亦举行妇女赛脚会。如西丰镇“社火”节，自元宵节至二月初止，四乡妇女赶往镇上，“一字排坐于街市两旁之店家门前”，让游人品评她们的小脚。①甘肃的一些少数民族如东乡族据载亦流行缠足，不过缠法与汉族稍有不同。

陕西女子亦普遍缠足，并且要求很高，但未能学得大同、兰州女子健步如飞的功夫，以致当时流行“陕女三足”的说法：

> 陕西女子咸缠足家居，足小，须扶杖而行，故陕人称女子有三足，言其行路无时可离木杖也。②

山东之盛行缠足在全国也是很著名的，女足以三寸居多，自明代已艳名远扬。清代不为稍减，而胶东地区尤甚。

河南无论贫富贵贱、城镇乡村，缠足极为普遍。据载，某些地区的贫困女子因小脚行动不便但又不得不参加劳动，只得手持向日葵杆走路。河南还流行赛脚活动，刘崇侠《尘录》载河南汝州之小脚会：

> 自元旦至初五，此数日间，凡大家小户之妇女，罔不

---

① 邹英：《葑菲续谈》，姚灵犀编：《采菲录》四编，163—164页。

② 徐珂：《清稗类钞》第二十六册“容止类·陕女三足”，第36页。

> 艳妆坐于门外，将纤趾露出，任人品评，恬不为怪。[①]

风气与河北相近。

在内蒙古，蒙古族女子虽不缠足，但汉族移民较多的地区如呼和浩特、河套地区亦多缠足，并且也有赛脚会。邹英《葑菲续谈》言内蒙古丰镇每年二月份举行赛脚会：

> 〔女子〕无论老少，各人都是打扮得花枝招展，尤其一双小脚缠得端端正正的，穿着红绿花鞋，坐立各家的门口，将认为引人入胜的小脚搁在门槛上，任人参观品评。[②]

东北的少数民族本来都不缠足，清政府更禁止满人缠足，但随着大量重视缠足的关内移民（以山东移民居多）留驻关外，东北各地深受其风之渐而亦出现女子缠足。

一般来说，某一地区出现赛脚活动，表明该地缠足风俗盛行，而赛脚会的举办反过来又会促使缠足风俗的愈趋兴盛。由于有关记载多起于文人的一时兴会，因此目前可见的史料远不是全面的，只能说是以管窥豹。但大体来看，清代的缠足风气与明代的趋势是很相似的。与黄河流域狂热的缠足风气相比，长江流域就要逊色得多。江南的妇女绝大多数也都是缠足的，缠足普遍为人们所接受和推崇，以至于江浙某些地区的方言以“缠足”作为女性的代称，而把“大足”当作

---

① 刘崇侠：《尘录》，姚灵犀编：《采菲录》四编，第165页。
② 邹英：《葑菲续谈》，姚灵犀编：《采菲录》四编，第165页。

男性的代称。但江南的基本情况是，这里几乎处处流行缠足，却处处有人不缠，并且城市缠足风气较乡村为甚，大户人家女子缠足也比平民更多，更精致考究。清人一般认为江南女子缠足的式样不如北方那么小巧端正。在江南的某些地区，虽同样也流行赛脚活动，但大都没有冠以赛脚会的名义，也没有固定的组织或专门的程式，而是以一种含蓄的形式举行。如邹英《葑菲闲谈》中谈到，浙江宁波各地，每年上元节前夕，妇女们都要参加一种集体活动：

> 作走七条桥之举，自第一条桥起至第七条桥止，路忌重行，道宜绕越，双钩瘦小者，高其外裙，务使金莲毕露，以供月下提灯者细评其后。①

江南一带缠足比较著名的是扬州，俗谚谓“苏州头，扬州脚”，扬州的小脚与北方不同，它并不太求小，而极重瘦削，世称“黄鱼脚”。

福建、台湾的缠足与江南相比又更弱一些，在这些地方，缠足有较强的地域性和等级观念，且也不算普遍。如闽南有“小足是娘，赤脚是婢”的谚语，缠足与否成了身份贵贱的标志。

两广在清代前期都只有省会才缠足，并仅限于上层社会，“富贵人家则必缠之以表示其为巨室”②；而下层社会的贫民

---

① 邹英：《葑菲续谈》，姚灵犀编：《采菲录》续编，天津时代公司，1936年，245—246页。

② 徐珂：《清稗类钞》第二十六册“容止类·粤女缠足”，第33页。

女子是不能缠足的，《岭南杂记》曰："下等之家女子缠足则垢厉之，以为良贱之别。"但到清末，广西女子缠足风俗虽仍发展缓慢，广东的女子缠足却已十分普遍，并且其讲究程度比北方有过之而无不及。光绪年间《缠足图说》认为，"中国各省妇女缠脚，广东为最小"。民国年间的《小脚铭》序亦云："足之小者，粤为最；晋大同、陇兰州、楚溆浦、蜀成都次之。"也就是说，广东的女子金莲之小为全国之冠。据载，粤地女子缠足一般都不超过三寸，且常有缠至二寸者。比较值得注意的是广东东部的潮汕地区，那里为妻者多天足，妾则必须是小脚，不然就与终日赤脚的婢女无异了：

> 大妇之天足者，十常得九；妾则无不纤足也。①
>
> 潮州则以小足为贵。凡纳妾，惟缠足者入门即称姨，否则以赤脚呼之；必待生子娶妇，始得着袜拖屐；至大妇死，而后着履；若无所出，则终身跣足而已。②

这一风俗，明确地展示了妻、妾和婢女三者各自特殊的地位和微妙的关系，说明在那里缠足仍与地位等级紧密地联系在一起。此外，闽广的疍民女子身份属于贱民，因而也不能缠足。

清末，随着西方文化观念的日益渗透，缠足逐渐失去它诱人的色彩而被社会视为一种野蛮残酷的陋俗。晚清少数有识之士首先倡导天足，反对缠足。到19世纪末20世纪初，中

---

① 徐珂：《清稗类钞》第二十六册"容止类·广潮妾足"，第32页。

② 徐珂：《清稗类钞》第二十六册"容止类·广州赤脚"，第31—32页。

国南北掀起了一场轰轰烈烈的天足运动，举办天足会，写作戒缠足的诗文，出版天足运动杂志专刊，使整个社会对三寸金莲的态度为之大变。1912年3月，孙中山下令内务部通饬各省劝禁缠足。北洋政府时期，尽管政局多变，但对于缠足的劝禁工作并未停歇。1928年5月，内政部通令全国禁止缠足。这种劝禁工作一直持续到抗日战争前夕，取得了巨大的成绩。虽未能在全国范围彻底禁绝，但缠足已被公认为一种不文明、未开化的标志而遭到歧视，在交通便利的地区基本上已不再有人缠足。

处于性爱活动中心的三寸金莲

明清时期的女子为什么要缠足？也许绝大多数的现代人都会感到困惑。从理论上说，缠足应属男性中心社会的一种极端形态，它的根本目的在于使女性幽闭深闺，更彻底地为男性所私有，更完美地保持贞操，是男性中心社会制服女性的一种残忍手段。但具体到实际的社会生活中，促使广大女性自觉自愿地参与缠足则并非僵硬的说教所能实现的。事实上，明清两代不但男性欣赏或要求女子缠足，女性本身对缠足亦趋之若骛，心甘情愿地忍受肉体上的痛苦。应该说，审美与性爱正是缠足风气潜在的巨大推动力，它们驱使着女性付出痛苦的代价而无怨言，并一代一代地传下去。

一、千缠万裹来拘束：性别压迫与病态的女性美观念

袁枚《随园诗话》卷四记载了当时这样一件轶事：

> 杭州赵钧台买妾苏州，有李姓女，貌佳而足欠裹。赵曰："似此风姿，可惜土重。"——土重者，杭州谚语：脚大也。媒妪曰："李女能诗，可以面试。"赵欲戏之，即以"弓鞋"命题，女即书云："三寸弓鞋自古无，观音大士赤双趺。不知裹足从何起？起自人间贱丈夫！"赵愧然而退。①

这位李姓女子凭本能和义愤说出的，可以说正是明清两代严重的缠足风俗的根本实质——一种性别压迫的结果。

其实缠足时代的人们对于缠足的社会学内蕴有着明确的认识，当时的很多家训、闺范之类的著作都强调缠足对于约束女子行动、维护女性贞操的重要意义。元代伊世珍《琅嬛记》中卷载：

> 木寿问于母曰："富贵家女子必缠足，何也？"其母曰："吾闻之圣人重女，而不使之轻举也，是以裹其足。故所居不过闺阈之中，欲出则有帷车之载，是无事于足者也。圣人如此防闲，而后世犹有桑中之行、临邛之奔。"②

《清苑歌谣》亦言：

---

①〔清〕袁枚：《随园诗话》卷四第三十七条，第115页。
②〔元〕伊世珍辑：《琅嬛记》卷中，中华书局，1991，第115页。

> 裹上脚，裹上脚，大门以外不许你走一匝。[①]

《女儿经》于此说得非常明白：

> 为甚事裹了足，不是好看如弓曲，恐他轻走出房门，千缠万裹来拘束。[②]

缠足女子行动不便，当然也就无法在社会上抛头露面而只能静处深闺。

明清时期很多人由此都认为缠足风俗源于理学。清代福建漳州、厦门一带盛行缠足，人们便传说这是朱熹提倡的结果。据说朱熹在漳州做官时，发觉此地风气淫靡，便企图倡导妇女缠足以阻止女子淫奔。这种传说并没有确切的史料可证，结合历史背景来看也不大可能，但反映了人们将缠足与理学联系在一起的认识。为了确保女性作为男性彻底的附属品，防止女性血肉之躯的骚动，正统理学一直努力为女性设置从行为举止到思想感情的种种伦理道德规范。缠足在客观上显然有助于使一个女子成为礼教规范下的贤淑女子，因此将缠足风俗的普及追溯到正统理学思想的影响应是没有什么问题的。

男性中心社会在限制、约束女性的同时，它的另一种努力便是人为地强调男女两性的区别，强调女性的柔弱，应该

---

① 转引自冯尔康、常建华：《清人社会生活》，第397页。

② 转引自冯尔康、常建华：《清人社会生活》，第396—397页。

说这也是社会提倡女子缠足的潜在动力。明清两代处于中国封建社会的末期，也是中国男性中心意识登峰造极的时期，传统的男女有别、授受不亲等观念似乎不足以满足这个时期狂热的压抑女性、贞操至上的要求，它还需寻求这种观念明确的外化形式。而缠足风俗实际上就可以被视为这种努力的最惊心动魄的尝试，其对于强化男女有别观念的作用是显而易见的。在狂热的缠足时代，虽然也有极少数的男性因特殊的审美趣味或职业需要（如伶旦）而缠足，但那是极为罕见的，并往往被人斥为妖孽。小脚成了那个时代判别男女性别的首要标志。明清小说写男扮女装或女扮男装的情节，写到他们最难伪装而易为人识破的，往往都不是那些与生俱来的生理特征，如声音、喉结、体形等，而是脚下双翘。因此明清时期对女性小脚的爱好就与前代仅仅视之为女性美的一个组成部分不同，它经常是被作为女性区别于男性的标志来歌颂的，此举被赋予了具有性别意义的非同寻常的社会学内蕴。我们必须注意的是，这种判别男女性别的首要标志不是自然的而是人为的，因而它也特别具有反思的价值。清末爱莲居士道："妇女必须缠足，否则强壮如男子，为丈夫者不能制服也。"[①]这句听起来十分无耻的话，恬然地说出了男性中心社会要求女性缠足的根本动机。

人为地弱化女性，以非自然的极端形式强调男女两性在

---

① 爱莲居士：《海客谈莲》，《采菲录》三编，第313页。

社会生活中的不平等，其性质其实与古代法律将罪犯黥面以将其区别于一般平民，从而限制他的活动，引起世人歧视的行为没有什么区别。从这方面的意义上说，缠足可以说是一种非常典型的性别压迫的标志。要了解中国封建社会男权膨胀、女权萎缩在明清时期曾达到怎样的地步，缠足风俗可以说是一幅最生动也最能说明问题的插图。

同时，明清时期贯穿于缠足风俗中的极端的男尊女卑观念是与审美的风气并行方得以实现的。明清时期的女性美观念带有强烈的男尊女卑和女性私有化的趋向。正统理学的女性观似乎使当时的男性普遍地失去了对自然、健康的女性美的欣赏趣味，精神上的病态带来了审美趣味上的病态，汉唐时期那种丰腴热情、雍容挺拔的女性形象不再为明清人所接受。《红楼梦》中所谓令人“不敢出气”的美人——“生怕这气大了，吹倒了姓林的；气暖了，吹化了姓薛的”①，最能代表当时男性对女性的口味，弱不禁风、楚楚堪怜的女子最能符合明清人的审美要求，似乎女性的病态使男性的优越感获得了充分的发挥余地。而这样的柔弱风姿很难在健康的女子身上体现，因此缠足也就成了一种有效的方法。缠足后的女子，举步维艰，动辄倩人扶持，再不能昂首挺胸，再不能大步快行，并且躯体上的痛苦使她们常常“眉尖若蹙”，客观上造就了女性的纤弱病态之美。这种审美趣味的极端化从根本

---

①〔清〕曹雪芹:《红楼梦》第六十五回，第936页。

上说当然是男尊女卑观念极端化的产物。龚自珍《病梅馆记》中谈到晚清士人审美趣味偏嗜矫揉造作而全失自然英旨，这与时人对三寸金莲的崇尚显然有着内在联系。

而尤其值得注意的是，正如统治者的思想往往也会是当时社会的统治思想一样，在男性中心社会，尤其是处于男权极度膨胀的状况下，男性的审美趣味因此也成了当时女人的审美趣味。她们绝大多数人意识不到缠足所蕴含的性别压迫，而是随波逐流地也把缠足视为女性美之极致。为了这种美的标准，她们心甘情愿地接受肉体上的痛苦折磨，也心甘情愿地放弃自己的行动自由，所谓“小脚一双，眼泪一缸”，并不完全是出于被迫，她们更多地把它看成为美而做的牺牲。但是我们不能不说女性在审美上的屈从是由两性不平等的性地位造成的，屈从的性地位也导致了女性在审美意识上的屈从，使其成为男性意识的附庸，取悦男性是当时女性在审美上响应男性趣味的最深层的因素。因此，缠足对于女性的悲剧性远不止是肉体的痛苦，在这种肉体折磨的深层是女性在审美上自我意识的毁灭。如果说，明清时期普遍的节烈风气是女性在思想道德观念上对男性的屈从，从而导致了女性个人生活的巨大牺牲，那么，缠足风气则是女性在审美意识上对男性的屈从，从而导致了自我从肉体到审美的巨大牺牲。在男尊女卑被视为天经地义的社会里，女性不是作为普通意义上的人存在的，她在肉体上是男人的私有财产，在思想、道德和审美的标准上，也失去了自我而以男性的标准为标准，她们以自己的生存有利于男性为荣事，为终极目标。我们完全可以说，缠足风俗是女性作为附庸存在的明确标志，是男尊女卑观念的登峰造极之作；然而其深刻的悲剧意义，却在社会风气的裹挟下为大众所忽略和漠视。

二、全身之胜尤在裙下双钩：作为审美对象的三寸金莲

中国在宋代之前虽未形成缠足风俗，但女足以纤小为美的观念在中国古代很早就产生了，如古诗《孔雀东南飞》“纤纤作细步，精妙世无双”，六朝乐府《双行缠》“新罗绣行缠，足趺如春妍”，杜牧诗“钿尺裁量减四分，碧琉璃滑裹春云”，韩偓诗“六寸肤圆光致致，白罗绣屧红托里”。在这些诗人的印象中，脚部显然是女性美的一个重要组成部分。宋代出现缠足风俗之后，更有无数的骚人词客留下了赞美女子小脚的诗词，给小脚冠以种种华辞艳藻如“金莲”“凌波”，形容小脚为“莲步娉婷”“步月无声”“踏雪有迹”“裙风倜傥，行来入画”（方绚《金园杂纂》），并出现了不少如“一弯暖玉凌波小，两瓣秋莲落地轻”这样着重表现其性感美的诗句。不少男人认为，女性缠足之后，行动如弱柳扶风，平添一番袅娜风姿，因而总是使男人激发出一股怜香惜玉之情。而更重要的是，正如前文所述，与前代之视小脚为女性美的一个组成部分不同，三寸金莲在明清时期更是一种性别的标志。我们知道，在明清时期人们形容美貌的男人或女人时，所用词语多非常相近，有时甚至是可以混用的，如“唇若涂朱”“目

如点漆”“肤可映雪”之类的描写，也常常用来形容言情小说的男主人公，有时甚至直接写男主角“恍若一个美妇人”[①]，这是明清两代一种特有的审美现象。惟独小脚，真正是女性在外形上独有的标志。因此，小脚在审美上的特殊地位也就不容置疑了。

在明清人的观念中，女性的三寸金莲的重要性丝毫不亚于她的姿色容貌。一个女子具有出众的容色，而一双大脚却与男子无异，这是会被认作不可弥补的缺陷而遭嘲笑的，她的美貌当然也就会被大打折扣。相反，一个容色平平的女子若拥有一双出众的纤足，人们将没有异议地称她为“美人”，她会备受赞美和爱慕。李渔曾说：“相女子者，有简便诀云：‘上看头，下看脚。’似二语可概通身矣。”[②]方绚《金园杂纂》：“说某家女娘是半截观音，必是脚大。”[③]他在另一部论金莲的书《香莲品藻》中又云：“丑妇幸足小，邀旁人誉。”[④]光绪年间《缠足图说》说得更明白：

> 头面既极美丽，苟不于足下用功，岂非“半截俊”乎？头面美则有此益显其娇，头面不美，而有此亦可羡补不足。[⑤]

---

① 在明清通俗小说中，这类描写随处可见，尤其是明末清初的才子佳人小说，几乎部部如此，《红楼梦》里贾宝玉的女性化也是一个显例。有关问题，我们将在下一章里详细探讨。

② 《李渔全集》第三卷《闲情偶寄》卷三“声容部·手足”，第113页。

③ 〔清〕方绚：《金园杂纂》，〔清〕虫天子编：《香艳丛书》，第2059页。

④ 〔清〕方绚：《香莲品藻》，〔清〕虫夫子编：《香艳丛书》，第2054页。

⑤ 转引自高洪兴：《缠足史》，第24页。

清代民谚一直有“脚小能遮三分丑”的说法。咸同间士人福格《听雨丛谈》指出清人普遍地“以足之纤巨，重于德之美凉。否则母以为耻，夫以为辱，甚至亲串里党，传为笑谈。女子低颜，自觉形秽，相习成风”①。

明清小说在描写动人的女性形象时，通常都不会忘了将她们裙下的三寸金莲大肆渲染一番，把这视为女性姿容的重要组成部分展示给读者。《金瓶梅》在这方面就很具有代表性。仔细地通读全书，可以发现作者对书中每一个引起了西门庆欲望的女性，都会不吝笔墨地大写一番她的小脚，以及与小脚紧挨着的花团锦簇的鞋与袜。小说里最重要的女性形象就直名为“金莲”。《金瓶梅》开头介绍潘金莲时，只有两句话：“自幼生得有些颜色，缠得一双好小脚儿。”②第二回潘金莲初遇西门庆时，作者又从西门庆的眼中写金莲道：

> 往下看，尖趫趫金莲小脚，云头巧缉山牙；老鸦鞋儿白绫高底，步香尘偏衬登踏。红纱膝裤扣莺花，行坐处风吹裙袴。③

第九回潘金莲嫁到西门家，作者又透过吴月娘的眼写金莲道：

> 吴月娘从头看到脚，风流往下跑；从脚看到头，风流往上流。④

① 〔清〕福格：《听雨丛谈》卷七“裹足”，第139页。
② 〔明〕兰陵笑笑生：《金瓶梅词话》第一回，第10页。
③ 〔明〕兰陵笑笑生：《金瓶梅词话》第二回，第30页。
④ 〔明〕兰陵笑笑生：《金瓶梅词话》第九回，第116页。

都在展示潘金莲出众的小脚对于她的整体美的重要意义。《金瓶梅》里西门庆的另一宠妾孟月楼也是如此，初出场介绍时，便是“湘裙下露一双小脚，周正堪怜”。西门庆初见孟月楼时，媒婆薛嫂“用手掀起妇人裙子来，裙边正露出一对刚三寸恰半扠，一对尖尖趫趫金莲来，脚穿着大红遍地金云头白绫高底鞋儿”。西门庆看了，满心欢喜。第九回又写孟月楼“裙下双弯与金莲无大小之分”。值得注意的是，小说对于西门家那些失宠的女人如李娇儿、孙雪娥等，完全没有写到她们脚下的状况，作者似乎认为像这样形容猥琐的女性不配有一双金莲，因此故意略去。这在《金瓶梅》里几乎成了一种惯式。

晚明小说《别有香》中写到美人几乎总要提到她的小脚，其第十五回描述螺女美貌的一首词，赞美她的容貌、腰肢、小脚和姿态，共一百字，而关于小脚的描述就有近四十字：

> 一双凌波小袜，高映着六幅湘裙；两瓣出水金莲，卖弄出千般波俏。勾魂处，窄窄二弯；丧魄地，深深半窍。①

李渔的通俗小说亦总是把小脚作为女性美貌的主要因素，《无声戏》第一回写一个绝美的小姐道：

> 摹拟金莲，说三寸，尚无三寸；批评花貌，算十分，

① 〔明〕桃源醉花主人：《别有香》第十五回，《思无邪汇宝丛书》第8册，2000年，第284页。

还有十分。①

第二回又刻画美人何氏道：

彼时何氏跪在仪门外，被官府叫将上去，不上三丈路，走了一二刻时辰，一来脚小，二来胆怯，及至走到堂上，双膝跪下好像没有骨头的一般，竟要随风吹倒，那一种软弱之态，先画出一幅美人图了。②

也都是有意突出作为美人标志的小脚。

清代小说中，《聊斋志异》也较为注意对小脚的描写，视其为美人身上不可或缺的因素。卷十一《织成》写柳生临洞庭仙境，“舟中侍儿，虽未悉其容貌，而裙下双钩，亦人世所无”。又卷九《绩女》写费生倾倒于一个姿容绝世的仙女，尤其是当他看到“帘下绣履双翘，瘦不盈指”的时候，激动不能自已，因题《南乡子》一阕云：

隐约画帘前，三寸凌波玉笋尖；点地分明莲瓣落，纤纤，再着重台更可怜。花衬凤头弯，入握应知软似绵；但愿化为蝴蝶去，裙边，一嗅余香死亦甘。

这首词极彻底地表现了当时士人对小脚的痴迷程度。类似的情调，贯穿在整部小说对女性美的趣味之中。

小脚既是女性美的重要组成部分，它理所当然地会影响

---

①《李渔全集》第八卷，第13页。

②《李渔全集》第八卷，第47页。

到婚姻。在明清社会，男子娶妻，必要问明女方是缠足还是天足。天足女子不仅不可能与上层社会的男子缔结姻缘，贫家小户亦以娶大脚女为耻。清代有很多民歌都是反映这方面风俗的，如浙江余姚民谣：“一个大脚嫂，抬来抬去没人要。”河南彰德歌谣：“裹小脚，嫁秀才，吃馍馍，就肉菜；裹大脚，嫁瞎子，吃糠馍，就辣子。”四川蓬安民歌：“一张纸儿两面薄，变人莫变大脚婆。妯娌嫌我大脚板，翁姑嫌我大脚鹅。丈夫嫌我莫奈何，白天不同板凳坐，夜里睡觉各自各，上床就把铺盖裹。”[①]婚礼中众目睽睽的聚焦点就是新娘裙下的双钩，清代曾有民歌云：“锦帕蒙头拜地天，难得新妇判媸妍。忽看小脚裙边露，夫婿全家喜欲颠。”[②]李荣楣《浭南莲话》中谈到新娘的花轿一到婆家，亲朋好友便首先注目她的双足，“纤妙者立邀高誉，戚朋以为赞，翁姑以为慰。拜堂后，新郎已睹真象，小则安，大则戚，爱憎立判焉”[③]。

人们选择妓女，更是“首注裙下，即姿貌不甚佳丽者，只要双莲纤小，绣履光艳，自可动人；反之，纵西施王嫱复生，若莲船半尺，亦无人问鼎”[④]。因此，明清时期的妓女很少有不缠足的，当时许多名妓的艳名往往是基于她们的纤纤双钩，如《板桥杂记》中卷“丽品”载明末清初名妓顾媚

① 参见高洪兴：《缠足史》，第97页。
② 姚灵犀编：《采菲录》续编，第89页。
③ 李荣楣：《浭南莲动》，姚灵犀编：《采菲录》三编，第80页。
④ 藤窗寄叟：《莲钩碎语》，姚灵犀编：《采菲录》，第23页。

“弓弯纤小，腰支轻亚”①，张元“纤腰踽步，亦自楚楚，人呼之为张小脚”②；《秦淮画舫录》上卷载名妓蒋玉珍“全身之胜，尤在裙下双钩。曾见其珊珊微步，恍坐吴宫响屧廊，听弓弓点屐声也”③，王岫云“纤腰微步，罗袜生尘”④，王小荇“莲瓣纤纤，花鬘袅袅”⑤；《续板桥杂记》言名妓徐二，“雪肤花貌，丰若有余；而裙底弓弯，却又瘦不盈握。赠以诗有‘一泓秋水双钩月，洗尽秦淮烂漫春’之句”⑥。纤纤双钩显然是这些名妓吸引异性的重要因素。

清代是缠足风俗的鼎盛期，对缠足的审美要求也越来越高。清人关于小脚美的标准有很多说法，有三十六字格、十四字诀、七字诀、六字诀、五字诀等，其中最流行的是七字诀：瘦、小、尖、弯、香、软、正，概括了清人品评金莲的基本标准。我们在明代的小说中已发现了对小脚缠法的讲究，但清代更出现了大量的品莲著作，不下几十种，其中有些著作在社会上产生了较大的影响，如方绚《香莲品藻》即是一种。与当时一般的品评标准不同，方绚认为从审美的角度看小脚最重要的有三点，即所谓“香莲三贵”：肥、软、秀。他反对世俗地将瘦小作为对金莲的首要标准：“瘦则寒，强哉

① 〔清〕余怀：《板桥杂记》，〔清〕虫天子编：《香艳丛书》，第3649页。
② 〔清〕余怀：《板桥杂记》，〔清〕虫天子编：《香艳丛书》，第3657页。
③ 〔清〕捧花生：《秦淮画舫录》，〔清〕虫天子编：《香艳丛书》，第3930页。
④ 〔清〕捧花生：《秦淮画舫录》，〔清〕虫天子编：《香艳丛书》，第3931页。
⑤ 〔清〕捧花生：《秦淮画舫录》，〔清〕虫天子编：《香艳丛书》，第3948页。
⑥ 〔清〕余怀：《续板桥杂记》，〔清〕虫天子编：《香艳丛书》，第4924页。

娇，俗遂无药可医矣。故肥乃腴润，软斯柔媚，秀方都雅。然肥不在肉，软不在缠，秀不在履。且肥软或可以形求，秀但当以神遇。”[①]这是一种带有浓厚的士人气的审美趣味，基本上是以艺术品的标准来要求女子的小脚。方绚还仿效传统诗话的品评原则和体例，提出香莲九品：

> 神品、妙品、仙品、珍品、清品、艳品、逸品、凡品、赝品。[②]

又提出香莲三十六格：

> 平、正、圆、直、曲、窄、纤、锐、稳、称、轻、薄、安、闲、妍、媚、艳、韵、弱、瘦、腴、润、隽、整、柔、劲、文、武、爽、雅、超、逸、洁、静、朴、巧。[③]

他在每品每格之下，都做了诗意的阐释，尽是“弱不胜羞，瘦堪入画，如倚风垂柳，娇欲人扶”“踏月有痕，试香无迹”“庭花苑柳，怯露倚风”之类的句子，可以说是将当时士人对女性的全部审美理想都贯注到一双小脚上了。这类著作在清代是颇为常见的，经它们的鼓吹，小脚的审美作用大大地超过了它的生理作用，金莲崇拜进一步升格，出现了一大批以品莲为己任的莲迷，它们表明清代的缠足风俗已臻登峰造极的地步。

---

① 〔清〕方绚：《香莲品藻》，〔清〕虫天子编：《香艳丛书》，第2045页。
② 参见〔清〕方绚：《香莲品藻》，〔清〕虫天子编：《香艳丛书》，第2047—2049页。
③ 参见〔清〕方绚：《香莲品藻》，〔清〕虫天子编：《香艳丛书》，第2049—2050页。

三、举世魂销媚夜莲：金莲与性

审美的狂热在文化史上往往是与性紧密地交缠在一起的，更何况在缠足时代小脚已成为女性区别于男性的最重要特征，因此小脚与性的联系便也几乎是必然的。金莲在明清时人的心中多失脚之本义而经常被转换为女性的性征，或直接被认为是性器官之一，其重要性大约仅次于生殖器官。

三寸金莲在明清时期时常被称为“媚夜之具”，所谓“举世魂销媚夜莲”。男性对女性的性冲动往往首先是由窥见两瓣莲钩引起的，“隐摄莲钩”和“微露双翘”成了明清时期男女调情的最常见的方式。当时的各种小说戏曲总是充分而生动地向读者展示围绕金莲而产生的种种风情，如《金瓶梅》第一回写潘金莲生性轻浮：

> 这妇人每日打发武大出门，只在帘子下嗑瓜子儿，一径把那一对小金莲故露出来，勾引的这伙人日逐在门前……①

第四回写西门庆企图与潘金莲偷情：

> 便去他绣花鞋头上只一捏，那妇人笑将起来……
>
> 西门庆夸之不足，搂在怀中，掀起他裙来看，见他一对小脚，穿着老鸦缎子鞋儿，恰刚半扠，心中甚喜。一递

① 〔明〕兰陵笑笑生：《金瓶梅词话》第一回，第13页。

一口与他吃酒，嘲问话儿。①

第廿四回写陈经济调戏金莲：

经济一面把眼瞧着众人，一面在下戏把金莲小脚儿上踢了一下。妇人微笑，低声道……②

《聊斋志异》中类似的场面亦很不少见，如卷一《青凤》：

生隐蹑莲钩，女急敛足，亦无愠怒。生神志飞扬，不能自主。③

显然青凤“亦无愠怒”是一种默许，因而使对方“神志飞扬”。卷三《翩翩》：

〔生〕俯假拾果，阴捻翘凤。花城他顾而笑，若不知者。生方恍然神夺。④

在《聊斋志异》里，男女传情除了目注，往往就是与金莲有关了。

小脚在明清时期人们的性行为中往往也扮演重要角色。从现存的小说、笔记等文献看，当时在男女交欢过程中，可能脱去所有的服饰，但女性的缠脚布不惟不解开，反而经常被女性有意突出以挑起男性的激情。因此《金瓶梅》里激情纵欲的场面总是离不开那“大红睡鞋”的描写，如小说第廿

---

① 〔明〕兰陵笑笑生：《金瓶梅词话》第四回，第54、57页。

② 〔明〕兰陵笑笑生：《金瓶梅词话》第廿四回，第334页。

③ 〔清〕蒲松龄：《聊斋志异》卷一，上海古籍出版社，1978年，第114页。

④ 〔清〕蒲松龄：《聊斋志异》卷一，第434页。

七回写潘金莲“仰卧于衽席之上，脚下穿着大红鞋儿，手弄白纱扇儿摇凉。西门庆走来看见，怎不触动淫心”[①]。小说第五十二回：

> 〔潘金莲〕坐着床沿，低垂着头，将那白生生腿儿横抱膝上缠脚，换了双刚三寸、恰半扠大红平底睡鞋儿。西门庆一见，淫心辄起。[②]

小说同回写西门庆在妓女李桂姐处：

> 〔西门庆〕轻轻搊起他刚半扠、恰三寸、如锥靶、赛藕芽、步香尘、舞翠盘、千人爱、万人贪两只小小金莲来，跨在两边胳膊。[③]

小脚在性生活中的神秘性和重要性，使明清时期的色情文学和春宫画总是在小脚上大做文章，极意刻画和渲染三寸金莲。高罗佩《秘戏图考》中所刊印的每一幅晚明的春宫画，几乎都会着意画中女性的纤足与她们的绣鞋，并在配图的诗词中加以强调，如其中《花营锦阵》第七图“试展芳情，双莲齐捧”，第八图“两情浓，高挑绣履凤头红”，第十图“轻挑莲足，橹声长”，第十三图“红莲双瓣映波光，最是销魂时候也”，第十六图“金莲纤约，牡丹莹腻，一看魂销”，第廿一图“曳床斜倚，展金莲双瓣”，第廿二图“红裭鞋帮莲瓣

① 〔明〕兰陵笑笑生：《金瓶梅词话》第廿七回，第391页。
② 〔明〕兰陵笑笑生：《金瓶梅词话》第五十二回，第779页。
③ 〔明〕兰陵笑笑生：《金瓶梅词话》第五十二回，第792页。

卸”，第廿三图“金莲并举”，所有这些强调三寸金莲的画面和诗句，显然都是为了加强作品的性刺激性。

明清两代的男性都将抚摩女子小足视为一种激动人心的性行为。明代大画家、诗人唐寅曾有一首《排歌》写青楼女子金莲云：

> 第一娇娃，金莲最佳，看凤头一对堪夸；新荷脱瓣月生芽，尖瘦帮柔满面花。从别后，不见他，双凫何日再交加？腰边搂，肩上架，背儿擎住手儿拿。①

这是将金莲与性交织在一起的典型例子。清初李渔在谈及女子纤足“其用维何”时说：

> 瘦欲无形，越看越生怜惜，此用之在日者也；柔若无骨，愈亲愈耐抚摩，此用之在夜者也。②

他企图从审美、性心理和性触觉等方面来解释金莲对于男性的意义。他在谈到以小脚著称的大同妓女时更具体地说：

> 与之同榻者，抚及金莲，令人不忍释手，觉倚翠偎红之乐，未有过于此者。③

认为抚摩小足是最为醉人的性接触。

方绚《金园杂纂》认为最令男人欢喜的莫过于“娶妇知

---

①《唐伯虎全集》卷四《排歌·咏纤足》，中国书店，1985年影印本，第30页。
②《李渔全集》第三卷《闲情偶寄》卷三“声容部·手足”，第113—114页。
③《李渔全集》第三卷《闲情偶寄》卷三“声容部·手足”，第114页。

是绝色，撤帐时先握得纤弓”，甚至于“道边弓鞋印”亦足以令男人想入非非。[①]还有人认为一双小脚集中了女性身上所有的美：

> 如肌肤白腻，眉儿之弯秀，玉指之尖，乳峰之圆，口角之小，唇色之红，私处之秘，兼而有之，而气息亦胜腋下胯下及汗腺香味。[②]

更有人认为小脚脚底之凹隙，如同女阴，合而成孔，亦可用于交合。

20世纪初，名士辜鸿铭更是提出缠足可以大大地增强女子的性感：

> 女缠足后，足部凉，下身弱，故立则亭亭，行则窈窕，体内血流至“三寸”即倒流往上，故觉臀部肥满，大增美观。[③]

这些看法，实出于对金莲的极度痴迷，因而曲为辩护，难免牵强附会。

四、罗鞋将捧不胜怜：红绣鞋与性爱

金莲与性爱的密切联系使明清时期女人的履袜也都被赋予了特殊的含义，尤其是绣花弓鞋，总是被作为女性的亵物

① 参见〔清〕方绚：《金园杂纂》，〔清〕虫天子编：《香艳丛书》，第2069、2061页。
② 予里：《剑津玩莲记》，姚灵犀编：《采菲录》四编，第261页。
③ 姚灵犀编：《采菲录》续编，第333页。

而严密地隐藏。不但女子在人前露出弓鞋会被视为不检点和轻佻，甚至于“拈鞋片当街刺绣”也被视为一种“非礼”的行为。[①]因此，绣鞋常成为女子向情人传情达意的信物，也受到男性特别的关注，把它作为亵物来收藏或窃取。

收藏绣鞋的情节在明清小说里几乎总是与偷情联系在一起的。《金瓶梅》写西门庆与宋惠莲有私，就索取其大红弓鞋一只，“宝上珠也一般，收藏在山子底下藏春坞雪洞儿里拜帖匣子内，搅着些字纸和香儿一处放着”[②]。潘金莲发现后，她当然明白其中性的含义，因而发狠让丫鬟“取刀来，等我把淫妇剁做几截子，掠到毛司里去，叫贼淫妇阴山背后永世不得超生”[③]。《金瓶梅》第廿八回中的一首诗最能表现红绣鞋作为偷情信物的身份：

> 郎君见妾下兰阶，来取纤纤红绣鞋。不管露泥藏袖里，只言从此事堪谐。[④]

明清两代这类民歌的数量很不少，往往干脆以“红绣鞋”“拾绣鞋”为题，其内涵几乎都是以红绣鞋作为女子性爱的化身：

> 红绣鞋儿三寸大，天大的人情送与冤家。送与你莫嫌

---

① 参见〔清〕方绚：《金园杂纂》，〔清〕虫天子编：《香艳丛书》，第2062页。

② 〔明〕兰陵笑笑生：《金瓶梅词话》第廿八回，第403页。

③ 〔明〕兰陵笑笑生：《金瓶梅词话》第廿八回，第404页。

④ 《新刻绣像批评金瓶梅》第二十八回，东京大学双红堂文库藏明刊本，第29叶B。

> 丑来休嫌大，在人前千万别说送鞋的话。你可密密的收藏，瞒着你家的她。她若知道了，你受嘟哝奴挨骂，到那时方知说的知心话。①

因此李渔《无声戏》第二回“美男子避惑反生疑”写到知府夫人在丈夫的书房壁缝里发现了一只实际上是老鼠衔来的儿媳妇的绣鞋，便认定公公与儿媳有私，大闹一场。《聊斋志异》卷二《莲香》中的情节也很耐人寻味，一个李姓女鬼爱慕桑生，因而产生了这样的故事：

> 〔李〕赠绣履一钩，曰：“此妾下体所着，弄之足寄思慕，然有人慎勿弄也。”受而视之，翘翘如解结锥，心甚爱悦。越夕无人，便出审玩。女飘然忽至，遂相款昵，自此每出履，则女必应念而至。异而诘之，笑曰：“适当其时耳。”②

这个情节的设计十分巧妙，女鬼偷情当避众目，赏玩莲鞋亦情涉亵秘，故桑生很自然地会遵守女鬼的嘱咐。而更重要的是，玩绣鞋则女鬼应念而至，突出了女鬼与绣鞋的一体性，而这个女鬼在小说里又是被作为性爱的化身来写的，因此绣鞋与性的一体性也得到了最充分而生动的体现。

需要注意的是，明清时期年轻女子的弓鞋的色彩也与性爱有着密切的关系。余怀《妇人鞋袜辨》：“今之女子，袜皆

---

① 姚灵犀编：《采菲录》续编，第306页。

② 〔清〕蒲松龄：《聊斋志异》卷二，第221页。

尚白，鞋用深红深青，可谓尽制。”[①]一般来说，青色多为年纪大的妇女所穿，青春年华的女子则通常穿红绣鞋。红色耀目，总有一种热情似火的感觉。在中国，红色往往是与鲜血、青春和性爱联系在一起的，因此，新婚时色尚大红，女人的贴身内衣多尚红，而红绣鞋更受到特殊的关注，作为调情偷情信物的绣鞋便几乎全是红色的了。《金瓶梅》中绝大多数的女子穿的都是红鞋，如潘金莲日常穿的是“大红缎子白绫高底鞋，妆花膝裤”（第十四回），李瓶儿最爱穿的也是“大红遍地金鹦鹉摘桃白绫高底鞋儿”（第六十五回），李桂姐穿的是“大红素缎白绫高底鞋儿”，郑爱月儿通常也多是“妆花膝裤，大红凤嘴鞋儿”，春梅“脚下大红绣花白绫高底鞋儿”。《金瓶梅》中有两个情节特别值得注意，一是小说第廿九回，写李瓶儿和潘金莲在一起商量着做“大红光素缎子白绫平底鞋儿，鞋尖儿上扣绣鹦鹉摘桃”，这时孟月楼也在做一双玄色缎子鞋，她说：“我比不得你们小后生，花花黎黎，我老人家了，使羊皮金缉的云头子罢，周围拿纱绿线锁。”也就是说，她认为自己的年龄已不适合穿红鞋，但小说写到她与西门庆在床上时，却是“穿着大红绫子的绣鞋儿”（第七十五回），可见红绣鞋被视为一种具有性魅力的鞋。二是小说对西门家仆妇王六儿的描写。王六儿身份低贱，虽有一双出众的小脚，

① 〔清〕余怀：《妇人鞋袜辨》，《李渔全集》第三卷《闲情偶寄》卷三“声容部·习技第四”，第141页。

平日却不敢招摇，小说写她平常所穿多为素色鞋子，“穿着老鸦缎子羊皮金云头鞋儿”（第三十七回），“穿老鸦缎子纱绿锁线的平底鞋儿”（第四十二回），但她成了西门庆的情妇后，便有意“换了一双大红潞绸白绫平底鞋儿穿在脚上”（第七十八回）以固宠邀怜。西门庆毫不讳言自己对红弓鞋的偏爱，小说第廿八回有一段他与潘金莲的对话：

> 西门庆见妇人脚上穿着两只纱绸子睡鞋儿，大红提跟儿，因说道：“啊呀，如何穿这个鞋在脚上？怪怪的，不好看！”妇人道：“我只一双红睡鞋，倒乞小奴才拾了一只，弄油了我的，哪里再讨第二双来？”西门庆道：“我的儿，你到明日再做一双儿穿在脚上。你不知，亲达一心只喜欢穿红鞋儿，看着心里爱。”①

其实，这不是西门庆独有的趣味，而是当时男性的普遍喜好，我们在明清通俗小说里能找出大量类似的例子。

缠足时代对弓鞋的酷嗜使社会上逐渐流行起一些奇异的行乐风气。其中最著名的要算以弓鞋行酒。这个习惯似始于宋代，而元明士人皆颇为沉溺：

> 元杨铁崖好以妓鞋纤小者行酒，此亦用宋人例，而倪元镇以为秽，每见之辄大怒避席去。隆庆中，云间何元朗觅得南院王赛玉红鞋，每出以觞客，坐中多因之酩酊，王

① 〔明〕兰陵笑笑生：《金瓶梅词话》第廿八回，第403页。

弇州至作长歌以纪之。①

杨铁崖此举，对明人影响甚深，纷纷视之为风流韵事而仿效且沉醉，尤其是一部分狂放不羁的诗人和书画家，力加倡扬。晚明大画家徐渭就写过一首《鞋杯嘉则令作》，写得一往情深，传神地表达出了当时士人以鞋杯行酒的趣味所在：

> 南海玻璃直几钱，罗鞋将捧不胜怜。凌波痕浅尘犹在，踏草香残酒并传。神女罢行巫峡雨，西施自脱若耶莲。应知双凤留裙底，恨不双双入锦筵。②

类似的诗作，在明清士人的集子中，颇不鲜见。明代的通俗小说里也不乏关于鞋杯的描写，如《金瓶梅》第六回中的一段文字：

> 少顷，西门庆又脱下他〔潘金莲〕一只绣花鞋儿，擎在手内，放一小杯酒在内，吃鞋杯耍子。妇人道："奴家好小脚儿，官人休要笑话。"③

可见鞋杯行酒并非个别文人的韵事，也在社会的各阶层流行，相当普遍。

入清后，鞋杯行酒是妓院中常行的节目，直到民国初年许多地方还依然如故。景德镇在明清时期曾专门烧制瓷质青

① 〔明〕沈德符：《万历野获编》卷二十三"妓女·妓鞋行酒"，第600页。
② 《徐渭集·徐文长逸稿》卷四，第802页。
③ 〔明〕兰陵笑笑生：《金瓶梅词话》第六回，第81—82页。

花小鞋杯以满足人们的这一癖好。1924年前后，一位小脚迷还专门请名匠张德林制成景泰蓝鞋杯，余风流韵，至此不绝。而鞋杯之外，妓院中更有以纤足足趾夹纸媒敬客吸烟，或以弓足足心为烟碟的恶俗，嫖客往往以此风流自命。[①]

① 参见高洪兴:《缠足史》,第175页。

第五章
明清社会的异装癖风气

清代名士梁绍壬在一首乐府诗中曾概括当时京中娱乐界的风气曰："宛转歌喉袅金缕，美男妆成如美女。"晚明以降，尤其是清代，异装癖（主要是男扮女装）的确是一种非常普遍的现象，这种现象与当时社会严重的男性同性恋风气密切相关，但两者又不能简单地画上等号。清代的异装癖主要表现为男性在审美趣味上的女性化，并由此导致了娱乐服务阶层尤其是优伶的男扮女装现象普遍存在，它们对于社会的审美理想及文学艺术都产生了切实而深远的影响。

羞涩如处子
——审美趣味上的女性化

大约从晚明开始，社会上审美趣味的女性化日趋明显，其最直接地表现在对男性容貌的审美标准上——当时的人们普遍认为一个容貌接近于女人的男人是美貌的男子。入清后，这种倾向愈趋严重。从明清两代的人物画及小说插图上可以发现，当时的画家已不再喜欢唐宋时期那种身材高大、留着胡须的中年男子形象，而喜欢画没有髭髯的纤弱的年轻男子，透出一种女性化的伤感。

明清通俗文学将这种特有的审美趣味表现得最为充分。阅读当时的绝大多数小说，稍加留意就不难发现，这种审美趣味充溢于小说中所有的正面男性形象中，似乎不具有一副女性化的容貌，便很难有资格做小说的主人公。王骥德杂剧《男王后》就写男主角陈子高如何艳冠群芳，“身虽男子，貌似妇人，天生成秀色堪餐”。晚明小说《浪史》中的男主角浪子，作者把他写成征服女性的能手，但这不是因为他有什么格外出众之处，而是由于他那酷似女人的容貌，作者认为这就是他身上最具有吸引力的地方。小说第三十六回有这样一段关于浪子的描写：

> 夫人仔细看这浪子时，便如美妇人一般，纤白俊俏，却带着不醉半醒的酒颜微笑而来，夫人情兴难按。①

如果说，明代的这类女性化的男性容貌描写还大多是用来表现那些行为风流、拈花惹草的男人，那么到清代，女性化容貌则成了所有小说中正面的年轻男性角色的共同特征，成了最理想的男性形象。顺治年间李渔写作《连城璧》，其第九回“妒妇设计赘新郎，众美齐心夺才子”写一个当时公认

① 〔明〕风月轩又玄子：《浪史》页二二六，《思无邪汇宝丛书》第4册，第238页。

的绝世美男子吕旭，“竟像个粉团捏就的孩子，随你甚么妇人，没有他那种白法”[①]。作者在同一回里还描述美男子应是“生得花一般娇，粉一般嫩，莫说果子掷来，承受不起，就把眼睛多相他几相，也要相出病来”，简单地说也就是“神清骨秀，体不胜衣”。[②]小说再三强调吕旭对女性有着不可抗拒的吸引力，其根源就在于其容貌可与美女媲美，并通过小说中的女人之口赞道：

> 吕哉生的容貌，竟像个绝美的妇人。
>
> 如今现有一个才子，容貌是当今第一，若还去了方巾，与小姐立在一处，只怕辨不出那个是男，那个是女……[③]

小说写到，因为吕哉生容貌如好女，故无论良家女子还是青楼歌妓都非常爱他，争以自献，而且总是带着大量财物房产来就他。因此吕旭在小说结尾时不费吹灰之力而得一妻四妾环绕床第，尽情欢娱。李渔完全是从当时流行的男性审美趣味出发来创作这篇小说的，至于现实生活中女性对男性的审美趣味究竟怎样，这位有着异常鲜明的男性中心意识的作家自然是忽略的。

在清代前中期的才子佳人小说思潮中，这种倾向表现得尤为突出。这个时期如雨后春笋般涌现的言情小说几乎没有

---

① 《李渔全集》第八卷，第369页。

② 参见《李渔全集》第八卷，第367页。

③ 《李渔全集》第八卷，第375、379页。

例外地都把男主人公写成具有女性化外表的“才俊”，如小说《定情人》的男主角双星“脸如雪团样白，唇似朱砂般红”[①]。《锦香亭》里有一段韵文，专写才子钟景期的美貌：

> 丰神绰约，态度风流。粉面不须傅粉，朱唇何必涂朱。气欲凌云，疑是潘安复见；美如冠玉，宛同卫玠重生。双眸炯炯似寒晶，十指纤纤若春笋。

小说《飞花咏》更对男主角唐昌有这样一番赞叹：

> 好个俊俏儿郎！若穿了女衣，装束起来，岂非是个绝色女子！今看他双目的的，十指尖尖，更有一种温柔在流盼之间，令人心醉。[②]

甚至于所写的即便是一个征战沙场、建功立业的武将，只要他是正面人物，那么也必然会被写成是外貌酷似女子的男人，《画图缘》的男主角、大将花天荷就是如此：

> 生得美如冠玉，秀比朝霞。行到人前，皎皎疑一团白雪。[③]
> 颜如少妇，可谓今之子房。[④]

当时社会流行的对男性容貌的这种审美趣味，使一些情趣较高的士人深感不满，吴敬梓《儒林外史》就通过士人季

① 佚名：《定情人》第一回，李洛、苗壮校点，春风文艺出版社，1985年，第2页。
② 佚名：《飞花咏》第五回，春风文艺出版社，1985年，第45页。
③〔明〕天花藏主人：《画图缘》第一回，杨力生、周有德校点，春风文艺出版社，1985年，第4页。
④〔明〕天花藏主人：《画图缘》第二回，第15页。

苇萧之口批评时人“称赞美男子，动不动说象个女人”，感叹“天下原另有一种男美，只是人不知道”。[①]小说第三十四回还特意写了两个少年名士“面如傅粉，唇若涂朱；举止风流，芳兰竟体”，他们有两个绰号，分别是“余美人”和“萧姑娘”。作者借此讥刺时风，在潮流之中体现出一位大作家的独立和清醒。

《红楼梦》也许是把这种审美趣味表现得最为充分的巨作。小说男主人公贾宝玉被评论者称为封建正统的叛逆者，但这位叛逆者却长着一副时人非常喜欢的女儿气十足的容貌：

> 面若中秋之月，色如春晓之花。鬓若刀裁，眉如墨画，面如桃瓣，目若秋波。虽怒时而若笑，即瞋视而有情。……面如敷粉，唇若施脂，转盼多情，语言常笑。天然一段风骚，全在眉梢；平生万种情思，悉堆眼角。[②]

小说中一再强调宝玉容貌体态如女儿般温柔风流，从穿衣打扮到内心世界他都有意接近女性，甚至于他住处的摆设布置，作者也借刘姥姥之口道出：“这是那个小姐的绣房，这样精致?”[③]而在作者看来，这种女儿气正是宝玉之美的精髓所在，他女儿般的姿容和温柔多情使小说中几乎所有的女性都爱上了他。曹雪芹在思想意识上决不苟合于世俗，但他在审美意

① 〔清〕吴敬梓:《儒林外史》第三十回，第204页。
② 〔清〕曹雪芹:《红楼梦》第三回，第49—50页。
③ 〔清〕曹雪芹:《红楼梦》第四十一回，第574页。

识上却深受时代潮流的影响，在小说中称赞宝玉的容貌“最是极好”，“生得好皮囊”。清中期画家改琦所作的《红楼梦》插图自问世以来一直受到高度评价和读者的欢迎，其中贾宝玉的肖像很值得玩味。

这幅画上的这位男主人公形象之纤弱几乎令现代人不可置信——削肩、含胸、清瘦、柔弱，一种无力而又无奈的神情让人感到这是一个尚未发育完全的女孩般的少年。对于审美趣味已完全改变的现代人来说，恐怕很难想象这就是当时世人心目中理想的美男子，但这在清代却是十分正常、实实在在的。在曹雪芹笔下，男性角色若带有一种女儿气，往往是他所喜爱的人物，如北静王、秦钟莫不如此。他正面描写秦钟“眉清目秀，粉面朱唇，身材俊俏，举止风流……怯怯羞羞，有女儿之态，腼腆含糊”[①]，又通过宝玉对秦钟容貌的赞叹和倾倒从侧面写出这种美在当时的影响力：

> 那宝玉自见了秦钟的人品出众，心中似有所失，痴了半日，自己心中又起了呆意，乃自思道：“天下竟有这等人物！如今看来，我竟成了泥猪癞狗了。可恨我为什么生在这侯门公府之家，若也生在寒门薄宦之家，早得与他交结，也不枉生了一世。我虽如此比他尊贵，可知锦绣沙罗，也不过裹了我这根死木头；美酒羊羔，也不过填了我这粪窟泥沟，‘富贵’二字，不料遭我荼毒了！”[②]

---

① 〔清〕曹雪芹：《红楼梦》第七回，第115页。
② 〔清〕曹雪芹：《红楼梦》第七回，第116页。

倾倒之情溢于言表。作者写的虽是宝玉之痴，但秦钟式的容貌在当时社会受到一致推崇却是没有什么问题的，因此连王熙凤见了秦钟之后也笑对宝玉说："比下去了。"柳湘莲是小说中一个有骨气的男性，第四十七回写他"素性爽侠，不拘细事，酷好耍枪舞剑，赌博吃酒"，但这样一个人的容貌竟也是"年纪又轻，生得又美，不知他身分的人，却误认作优伶一类"[①]。小说第六十六回又通过贾琏之口反赞道："那样一个标致人，最是冷面冷心的，差不多的人，都无情无义。"[②]而与此相应的是，《红楼梦》中那些男性特征比较显著的人物，大都属于反面角色，薛蟠就是一个显例。作者称男性为"须眉浊物"，男性化的外表在这里几成丑陋的代名词，《红楼梦》里贯穿始终的"女儿崇拜"，应该说与当时流行的这种审美趣味有着密切的联系。

以描写士人与相公风流生活为主要内容的《品花宝鉴》中这种审美倾向亦十分鲜明，小说中所写的正面士人，多少都带着一些女子气，如小说第一号男主角梅子玉：

> 生得貌如良玉，质比精金，宝贵如明珠在胎，光彩如华月升岫……不佩罗囊而自丽，不傅香粉而自华。[③]
>
> 面粉唇朱，秀气成采，光华耀目。[④]

---

① 〔清〕曹雪芹:《红楼梦》第四十七回，第651页。

② 〔清〕曹雪芹:《红楼梦》第六十六回，第940页。

③ 〔清〕陈森:《品花宝鉴》第一回，第2—3页。

④ 〔清〕陈森:《品花宝鉴》第六回，第83页。

因此小说第十五回士人史南湘赞梅子玉曰："庾香〔梅子玉字〕真有深闺处女，屏角窥人之态。"[①]小说的第二号男主角田春航亦是："面如冠玉，唇若涂朱"。[②]小说中的其他士人，如果是正面形象而又年轻风流的，那么其外貌必定是这类女性化的美男子，第六回写士人冯子佩甚至是"生得貌如美女，十分妩媚"[③]，"其一种娇憨柔媚的情况，却令人可怜可爱"[④]。而《品花宝鉴》中头号反面人物奚十一，如果撇开作品中对他恶劣品行的描写，那么他的外表在今天看来倒颇具男性气概，"好个高大身材，一个青黑的脸"，作者甚至用"气概轩昂，威风凛烈"等在今天看来是对男性最高赞美的词语来形容这个恶棍。[⑤]因为在陈森看来，这似乎算不上是赞美，而是意在刻画奚十一的粗俗丑陋。小说极写奚十一的外表不受时人欢迎，连他自己也对其外表过强的男性特征而自惭形秽，并极其羡慕梅子玉等名士女性化的优雅风流。

与这种女性化的审美趣味相对应，清代言情小说中男主角心态和个性的弱化亦十分明显，与明代形成了鲜明的对比。《金瓶梅》中胡作非为，宣称敢于"强奸了嫦娥、和奸了织女、拐了许飞琼、盗了西王母的女儿"[⑥]的西门庆，和"三

---

① 〔清〕陈森：《品花宝鉴》第十五回，第215页。
② 〔清〕陈森：《品花宝鉴》第四回，第60页。
③ 〔清〕陈森：《品花宝鉴》第六回，第92页。
④ 〔清〕陈森：《品花宝鉴》第十九回，第269页。
⑤ 参见〔清〕陈森：《品花宝鉴》第三回，第35页。
⑥ 〔明〕兰陵笑笑生：《金瓶梅词话》第五十七回，第882页。

言”“二拍”中那些积极主动、刚强有力的男性在清代小说中逐渐隐退到次要、陪衬的位置或转而成为反面人物，代之而起作为言情小说男主角的是那种多愁善感、动辄垂泪、忍让谦虚、行为幼稚、涉世未深的少年，他们既在精神上表现得很不成熟，体格亦多虚弱，难经风雨，稍不如意便会卧病不起，看破红尘，万念俱灰。因此，他们在生活中总是需要一位对其关怀备至的长辈或赏识他们的达官贵人，甚至聪慧能干的红粉知己的扶持，不然早就一蹶不振了。清初才子佳人小说中的男主角就很有典型意义，在这些小说中，男主角往往不但有一副女性化的外表，其处事为人之胆怯腼腆亦正如一个常闭深闺的淑女。面对自己所深爱的女子，他们一筹莫展，反而总是一再退让以避嫌疑，言语举止正统得近于迂腐，格外地需要别人（包括其未婚妻妾）的同情和帮助，而他们的这种稚嫩和纯真似乎正是作者和读者的着迷所在，最能获得清人的好感。小说虽然在结尾时总不会忘了给他们一个一妻数妾的美满婚姻，但所有这些被他们拥有的女子，极少是通过他本人的努力获得的——或美人慧眼识英雄而主动献身，或出于妻贤不妒而为夫渔色所得，更多的则是由于某位权贵或长者的赏识而一力撮合包办的，他自己不过是坐享其成而已。

在清代，把这种风气表现得最有诗意而又具有代表性的是《红楼梦》中的贾宝玉，这个散发着叛逆光彩的艺术形象是与他个性上的女性化及思想上的女性崇拜联系在一起的。

这个在女人怀抱中成长起来的少年，在父亲的阴影下战战兢兢，只有回到宠爱他的祖母、母亲、姐妹及丫鬟的身边才能自由自在。而他自己的言行举止亦如女子般细腻温柔，善于体贴，他平常亦喜以眼泪表现自己的情感，在女人面前“惯能作小服低”。他狂热地崇拜女性——准确地说是少女——而痛恨男性世界，所谓“女儿是水做的骨肉，男人是泥做的骨肉。我见了女儿，我便清爽；见了男子，便觉浊臭逼人”，为此他从思想上摒弃了当时男性世界所热衷的“仕途经济”“富贵利禄”，骂他们是“沽名钓誉”“国贼禄蠹”。他企盼自己能永远生活在女儿世界中，幻想着将天下所有的好女儿都集中到身边，大家一起过着无忧无虑、自由自在的日子。他天真无邪地热爱她们、羡慕她们、呵护她们，全身心地欣赏和陶醉于她们自然流露的女性美，不愿意看到她们受到一点委屈和伤害。在贾宝玉的世界里，少女便是人间的至美所在，他愿意为女孩——包括他的丫鬟做一切事，甚至献出生命也在所不惜。

在一个以男性为中心的社会里，贾宝玉的这些言行举止无疑是大胆、叛逆的，他由此招致父亲的指责和不满。但是从审美上看，贾宝玉的这种趣味可以说正是清代流行的士人审美趣味的代表。通读《红楼梦》，我们很难发现贾宝玉到底对社会有什么深刻的认识和批判，应该说，他的叛逆并没有太多思想上的内容，而是一种审美对理性的反抗。清代士人对柔弱的女性化的美的崇拜，在贾宝玉身上得到充分而诗意地体现。在女性崇拜的审美趋向下，他不仅对女性顶礼膜拜，以男女性别来区分世界的善恶，并且置男性世界的谴责、蔑视和不满于不顾，一厢情愿地使自己成为一个非常女性化的男人。贾宝玉的这种形象特点与清代审美风气的融洽，使这个艺术形象在当时获得了今人所不能想象的欢迎。虽然从理性上看，正如曹雪芹所批评的“天下无能第一，古今不肖无双”，但清人普遍将贾宝玉视为风流多情的年轻公子，是有清一代最受欢迎的男性形象。情感上的偏爱使人们战胜了自己对这个形象的理性评价。不惟曹雪芹和广大的清代士人，根据不少真实的史料所载，贾宝玉在清代也是极受女性读者欢迎的艺术形象，甚至有女子因痴恋于他而自尽。但时至今日，当女性化的审美趣味已不再流行时，《红楼梦》中的女性形象依然生动地活跃在读者的心目中，对贾宝玉的评价却起了极大的变化——他不再那么受欢迎了。现代的女性，几乎不会有人把他视为一个理想的情感对象，提到“贾宝玉”这个词，往往都含有调侃意味或者贬义，这也可以说是风气力量的一种证明吧。

如果说，贾宝玉的脂粉气伴随着他对男性中心社会的有意识的反抗而使这个艺术形象具有一种个性的魅力，那么，清代中期的长篇小说《品花宝鉴》中的男主人公梅子玉则连这一点也被消解了，男性个性的弱化在梅子玉身上得到充分的体现。除了优雅柔和的容貌仪表之外，梅子玉在性格和心态上表现得格外缺乏个性色彩。他对正统思想怀有很深的敬畏，言语举止循规蹈矩，不敢越雷池一步，他对社会生活的认识显出了与年龄不相称的幼稚和天真。小说写他才华超卓，但除了几句应酬的诗词联句之外，他在才华方面留给人们的印象是十分苍白的。他的心理素质正如他的容貌那样纤弱，他遇事胆小怯懦，动辄流泪，处处需要别人的帮助，稍受一点打击就会卧病不起。而作者总是以赞赏的口吻强调他的羞涩如新妇的举止。当有女人向他调情时，他“几乎跌下，唬得心中乱跳”[①]。作品反复刻画他的这种“屏角窥人”的深闺处女式的风姿，以期获得读者的好感。

根据小说的情节发展，在当时士人狎优蓄童风气的影响下，梅子玉亦对相公发生了兴趣，并对伶旦杜琴言怀有刻骨铭心的深情，但他对情感问题的处理方式使其深闺处女式的气质暴露无遗。他本来完全可以像当时别的士人那样大大方方地去找伶旦，但出于对父母的畏惧和怯懦的天性，他宁可闷在家中流泪、生病，也一年半载不与琴言见面。而每次见面，他总是顾前瞻后不敢流露自己的情感，惟相对默坐流泪而已。《品花宝鉴》选择了这样一个思想上既无任何特立独行之处，行为上又循规蹈矩、首鼠两端的人物作为男主人公，并推之为士人品格的理想化身，应该说，这本身就是一种很值得注意的现象。它反映的不仅是作者的眼光和趣味，从当时社会对这部小说的狂热反应来看，它体现的是整个时代的

---

①〔清〕陈森：《品花宝鉴》第九回，第125页。

审美习惯——对深闺处女式的男性形象的普遍欢迎。梅子玉身上的种种雄性雌化的特征，折射了有清一代士人对男性的审美理想。在清代多如牛毛的通俗小说中，梅子玉式的男主角是最为常见，也最为读者所钟爱的。

雄性雌化的审美风气在清末民初尚影响甚深，鸳鸯蝴蝶派中那些缠绵悱恻、柔情万种的男主角正是这种风气的余绪。甚至20世纪二三十年代的一些进步小说家如茅盾、郁达夫、巴金等，他们小说中的男主角，也大多苍白瘦弱，无病呻吟，遇事优柔寡断，闲居多愁善感，对春花而落泪，闻秋声而心悲，卧病和垂泪成了他们生活中的常事。有时候他们那样多的悲哀绝望实在使现在的读者无法理解，但他们在当时却是青年读者模仿的对象。一直到抗日战争开始，时代呼唤刚强有力的男性，严酷的社会环境使人们的这种审美趣味大为改变，性倒错的审美风气才渐趋消歇。

美男妆成如美女
——明清社会异装癖现象

明清社会性倒错的审美趣味使当时社会上的性逆转现象大量产生，异装癖现象亦由此而成为明清文化中的一个比较普遍的问题，尤其对小说及戏曲产生了极为深刻的影响。

晚明时期社会上似已有男性喜好膏泽粉白，《万历野获编》写到张居正即有此倾向："故相江陵公，性喜华楚，衣必鲜美耀目。膏泽脂香，早暮递进，虽李固、何晏，无以过之。”[①]又卷二十四曰：

> 予游都下见中官辈谈主上视朝，必用粉傅面及颈……近见一大僚年已耳顺，洁白如美妇人。密诇之，乃亦用李何故事也。……今剑佩丈夫以嫔御自居亦怪矣。[②]

从这些材料看，晚明士人中颇有人喜好傅粉，其目的亦不外乎使自己容貌“洁白如美妇人”，但并不普遍，且从沈德符行文的语气看，他很不以为然。

从史料看，清代的有关记载比明代要多得多，清初王士禛《分甘余话》载：

> 余同年张礼部者，河南人，面黔而好傅粉泽。顺治庚子，与同年何行人蕤音同典广西乡试。桂林人为之语曰：“本是个画眉张敞，倒做了傅粉何郎。”[③]

施鸿保《闽杂记》曰：

> 闽俗男子多喜带钏。[④]

张心泰《粤游小志》载：

> 男扮女妆而狎邪，谓之“赣妆会”，或名“减妆会”，又名“镜妆会”，盖因其施朱傅粉，以男作女妆，故有是

---

① 〔明〕沈德符：《万历野获编》卷十二“吏部·士大夫华整”，第316页。
② 〔明〕沈德符：《万历野获编》卷二十四“风俗·傅粉”，第620—621页。
③ 〔清〕王士禛：《分甘余话》卷二，中华书局，1989年，第35页。
④ 〔清〕施鸿保：《闽杂记》，《小方壶斋舆地丛钞》第九帙，第125页。

名。此风潮阳最甚。[1]

当时社会对“羞涩如处子”的男性总是怀有特殊的好感：

贵州提督田兴恕美秀而文，一时有玉人之目。……年十八，即握兵符，所至之处，万人空巷环绕而观之，田羞涩如处子。幕友中有张太守者，貌与田相若，而喜作狭邪游，取给于田者累万。田三十余即卒，时貌昳丽犹如二十许也。[2]

清代甚至还有士人明确地希望变作女人去侍奉自己所崇拜的人：

船山先生诗才超妙，性格风流，四海骚人，靡不倾仰。秀水金筠泉（孝继），忽告其所亲，愿化作绝代丽姝，为船山执箕帚。又无锡马云题（灿）赠诗云：“我愿来生作君妇，只愁清不到梅花。”以船山夫人有“修到人间才子妇，不辞清瘦似梅花”之句也。其倾倒之心，爱才而兼种情，可谓至矣。先生戏成二律以谢云：“飞来绮语太缠绵，不独青娥爱少年。人尽愿为夫子妾，天教多结再生缘。累他名士皆求死，引我痴情欲放颠。为告山妻须料理，典衣早蓄买花钱。”“名流争现女郎身，一笑残冬四座春。击壁此时无妒妇，倾城他日尽诗人。只愁隔世红裙小，未免先生白发新。宋玉年来伤积毁，登墙何事苦窥臣。”亦词坛一则雅谑也。[3]

---

① 〔清〕张心泰：《粤游小志》，《小方壶斋舆地丛钞》第九帙，第307页。
② 徐珂：《清稗类钞》第二十六册“容止类·田兴恕美秀而文”，第5页。
③ 〔清〕梁绍壬：《两般秋雨庵随笔》卷八《愿为人妇》，第408—409页。

士人间之重才、爱才以至于企图化作女子去侍奉他，这大概也是只有在异装癖风气盛行之下的清代才会产生的。清末光绪、宣统间，京津青年，尤其是贵族纨绔子弟和相公，都以双足瘦削为美，因而往往以布帛缠束之，裹成的脚通常长六寸、宽二寸左右。①这当然是受到女性缠足风气的影响，是异装癖的典型例子。

把自己的宠童打扮成女子模样在当时社会则更为常见。《阅微草堂笔记》记载了一个旧仆口述的其于明天启中所亲历之事：

> 魏忠贤杀裕妃，其位下宫女内监，皆密捕送东厂，死甚惨。有二内监，一曰福来，一曰双桂，亡命逃匿。缘与主人曾相识，主人方商于京师，夜投焉。主人引入密室，吾穴隙私窥。主人语二人曰："君等声音状貌，在男女之间，与常人稍异，一出必见获。若改女装，则物色不及。然两无夫之妇，寄宿人家，形迹可疑，亦必败。二君身已净，本无异妇人，肯屈意为我妻妾，则万无一失矣。"二人进退无计，沉思良久，并曲从。遂为办女饰，钳其耳，渐可受珥。并市软骨药，阴为缠足。越数月，居然两好妇矣。乃车载还家，诡言在京所娶。二人久在宫禁，并白皙温雅，无一毫男子状。又其事迥出意想外，竟无觉者。但讶其不事女红，为恃宠娇惰耳。二人感主人再生恩，故事定后亦甘心偕老。然实巧言诱胁，非哀其穷。②

① 参见高洪兴：《缠足史》，第42页。
② 〔清〕纪昀：《阅微草堂笔记》卷二，第32页。

钱泳《履园丛话》载乾隆间王梦楼太守家有歌妓“五云”名著一时，善歌舞吹弹，皆妍丽绝世。后“五云”长成，太守仅以其中三人遣嫁，而携素云、宝云来见酷好男风的毕秋帆制府，毕初以为女子也，审视之方知其实为童子，便命剃发放足以作僮仆。据《拍案惊异》载：“毕死后，素云不知何往，宝云随其柩返吴中，有见之者，眉目秀媚，腰肢绰约，亦人妖也。”《清稗类钞》载光绪间某名伶“五九”与一权贵交好，权贵以高价雇他女装在家充作侍妾，并令家中下人一律呼其为“少奶奶”，以满足自己的特殊性心理。[①]

当然，异装癖例子最多的还是在优伶中。早在晚明，莲子胡同中的小唱便以“粉妆玉琢如女子一般”著称。清代伶旦更是刻意追求酷肖女性，以女性的姿态装束去招徕顾客。乾隆年间，被人们称为“狐媚教主”的名伶魏长生是最有代表意义的一位。据载，清初旦角原多在头上戴网子，人称“包头”，但魏长生标新立异，有意改梳与女人无异的水头，在当时取得了轰动效应，“一登场，观者叹为得未曾有，倾倒一时”[②]。于是旦角们纷纷仿效，旦角水头亦从此相沿了下来。据《燕兰小谱》载，魏长生且踩跷装小脚登场：

> 京旦之装小脚者，昔时不过数出，举止每多瑟缩。自魏三擅名之后，无不以小脚登场，足挑目动，在在关情，

---

① 参见徐珂：《清稗类钞》第三十八册“优伶类·五九为张樵野所眷”，第56页。
② 《梦华琐簿》，张次溪辑：《清代燕都梨园史料》上册，第356页。

且闻其媚人之状，若晋侯之梦与楚子抟焉。[①]

由是旦角装小脚相习成风。《梦庵杂著》卷一载魏长生之徒、名伶陈银官亦是“傅粉调脂，弓鞋窄袖，效女子妆束”。这种风气一直延续到民国时期，如民国初年京剧花旦小翠花，演小脚女子惟妙惟肖，“触人绮思不少”，极得当时观众的喜爱。

清代男性演员扮女装，最大的障碍在于三寸金莲。当时通常的方法是穿跷鞋来伪饰小脚。演员踩跷用长约三寸、高约八寸的香樟木两块，上着白布跷带，长约半尺，外套跷鞋，装成后宛若三寸金莲。跷鞋用各色缎子做成，上绣花朵，可以乱真。[②]但有些旦角演员为了寻求更逼真的感觉，干脆真的如女子般缠足。《燕兰小谱》提到清代京师保和部有苏伶沈富官，“容仪姣好，缠足如女子”[③]。《清代声色志》也记载了这样一件事：乾隆末年有伶旦胡么四“自幼弓其足如女子”，他与某贵州翰林相狎，积攒了不少钱财，乃改姓何，冒籍顺天，捐官为盐分司，分派到两淮。一天胡么四母亲做寿，大筵宾客，高朋满座，胡么四蟒服补褂作陪。不久戏班开场，首演《长生殿》，扮演李龟年的伶人忽走下舞台，手执旗杆向胡么四打去，并称：“我自教训徒弟，与诸位无关。”即席揭露胡么四原本戏旦，隐籍冒名捐官等不光彩的事。来宾问他有何

---

① 《燕兰小谱》，张次溪辑：《清代燕都梨园史料》上册，第46页。

② 参见高洪兴：《缠足史》，第120页。

③ 《燕兰小谱》，张次溪辑：《清代燕都梨园史料》上册，第46页。

证据，那人说："他曾裹脚，当场可验。"众人脱去其鞋，果见靴中充填棉絮，缠布尚未除去。纪昀《阅微草堂笔记》载儒家子方俊官少时曾有一梦，"忽梦为笙歌花烛拥入闺闼，自顾则绣裙锦帔，珠翠满头。俯视双足，亦纤纤作弯弓样，俨然一新妇矣。惊疑错愕，莫知所为。然为众手挟持，不能自主，竟被扶入帏中，与一男子并肩坐"[①]。方俊官长成后成了一著名伶旦，因与状元庄本淳交好，成了轰动一时的"状元夫人"。他少年时的这个梦，显然与他成年后的职业和追求具有深刻的内在联系。

清人对女性化的男性容貌的爱好，使他们不仅让男性刻意模仿女性，且对女扮男装亦情有独钟。李渔在悼念他的一个侍妾（女伶出身）时说：

> ……姬为男，风致翛然，与美少年无异。予利其可观，即不登场，亦常使角巾相对，伴尘尾清谈。不知者以为歌姬，予则视为韵友。[②]

他在悼诗中还有"角巾纱帽日笼头，俊雅谁称是女流"[③]这样的句子，表现了对女扮男装的浓厚兴趣。《红楼梦》中几处写到男装女子，激赏之情溢于言表。第四十九回写史湘云一身戎装，"越显的蜂腰猿臂，鹤势螂形。众人都笑道：'偏他只

① 〔清〕纪昀：《阅微草堂笔记》卷九，第177页。
② 《李渔全集》第二卷《笠翁一家言诗词集》，第217页。
③ 《李渔全集》第二卷《笠翁一家言诗词集》，第217页。

爱打扮成个小子的样儿，原比他打扮女儿更俏丽了些。’”[①] 第六十三回又写芳官男装，众人赞她与宝玉竟如兄弟一般，于是宝玉让芳官干脆改了男装，并改名“耶律雄奴”。[②]怡红院的这番举动在大观园里一石激起千层浪，众人纷纷仿效：

> 湘云素习憨戏异常，他也最喜武扮的，每每自己束銮带，穿折袖。近见宝玉将芳官扮成男子，他便将葵官也扮了个小子。那葵官本是常刮剔短发，好便于面上粉墨油彩，手脚又伶便，打扮了又省一层手。李纨探春见了也爱，便将宝琴的荳官也就命他打扮了一个小童，头上两个丫髻，短袄红鞋，只差了涂脸，便俨是戏上的一个琴童。湘云将葵官改了，换作“大英”，因他姓韦，便叫他作韦大英，方合自己的意思，暗有“惟大英雄能本色”之语，何必涂朱抹粉，才是男子。荳官身量年纪皆极小，又极鬼灵，故曰荳官。园中人也有唤他作“阿荳”的，也有唤作“炒豆子”的。宝琴反说琴童书童等名太熟了，竟是荳字别致，便换作“荳童”。[③]

大观园中女扮男装的风潮，既无任何功利目的，亦不牵涉道德评价，而是一种纯审美的趣味活动。它反映的是清代异装癖风气的流行，人们由衷地欣赏服饰妆束上的性倒错现象。《闽杂记》中的一段记载，也许正是这种审美趣味的生动注释：

---

① 〔清〕曹雪芹:《红楼梦》第四十九回,第680页。

② 参见〔清〕曹雪芹:《红楼梦》第六十三回,第899页。

③ 〔清〕曹雪芹:《红楼梦》第六十三回,第900页。

自福州以上延、建、邵诸处，皆有小唱班。一班只数人。但唱昆曲及近时所编各种小曲。皆十四五岁女子，不梳头，不裹足，长辫高履，衣饰皆如男子，亦作男子跪拜。其从女装者，则皆年长色衰矣。此假女为男者也。

福州以下兴、泉、漳诸处，有七子班，然有不止七人者，亦有不及七人者。皆操土音，唱各种淫秽之曲。其旦穿耳傅粉，并有裹足者。即不演唱，亦作女子装。往来市中，此假男为女者也。习俗好尚之不同如此。[①]

习俗虽极不同，从对性倒错现象的爱好上来说，其审美趣味却是很一致的。无论是男扮女装的七子班还是女扮男装的小唱班，他们都是摸准了当时观众的这种欣赏心理而刻意模仿异性。显然，他们的努力获得了观众的认可。

明清两代——尤其是从清代中期至民国年间，性倒错审美风气在戏曲艺术方面影响尤为深远，从而成为世界剧坛上的一种极其引人注目的现象。明清戏曲中的异装癖现象存在于内容和形式两个方面。从内容上看，这个时期的戏曲中充斥着大量男扮女装或女扮男装的情节，如《木兰从军》《梁山伯与祝英台》《挡马》《奇双会》《大英杰烈》《搜书院》《女驸马》等，堪称妇孺皆知。其中《女驸马》的故事很有代表性——叙古代某美貌女子扮成书生应考，一举及第而成状元。皇帝殿试时，见“他”容貌优美，十分垂爱，因将公主下嫁与“他”，成为一个假驸马云云。全剧极写全社会无论男女都

① 〔清〕施鸿保:《闽杂记》,《小方壶斋舆地丛钞》第九帙,第122页。

陶醉于这种由女性装成的男子之美，表现了对性倒错现象的欣赏及至渴慕。这类内容在当时的大小剧种里都大量存在，不胜枚举。在西方的古典戏剧中，有时也会出现女扮男装或男扮女装的情节，但那多半是小丑的戏，往往是用来引起噱头的情节，而中国戏曲中的这类情节却毫无调侃之意，而是用来美化剧中主人公的，是为了让角色在观众看来更具魅力。这种基于审美趣味上的区别是很值得注意的。

明清性倒错审美风气对戏曲的影响更多的也是更重要体现在形式上。在舞台上，这一时期的演员经常是以性别反串的形式出演的——在大部分剧种里，女性角色通常由男性伶人扮演；而在某些剧种里，男性角色亦全由女性演员演出。当然，这有其一定的历史背景，因为明清两代官方通常禁止女子在社会上公开登台演戏（小型集会及家乐除外），更不允许男女合演，因而要求戏班演员性别的统一。但随着社会上愈趋热烈的异装癖风气的流行，性别反串由一种无奈而逐渐成了固定的模式，得到了观众的认可和欢迎，视之为一种艺术的特性而给予高度评价。在京剧等大剧种里，正旦（青衣）、花旦、武旦、老旦一律由男性扮演。为了迎合社会上的审美趣味，戏班总是有意地强调和宣扬这种性倒错现象，以男伶之逼肖女性来讨好观众。从清中期以后，旦角演员们都要起一个非常女性化的艺名如巧玲、桂凤、小翠花、艳秋等，颇使一些有着异装癖嗜好的士人想入非非，他们深为戏台上那些仪态万方、绰约风流的“佳人”如痴如醉。事实上，中国戏曲中男扮女装之惟妙惟肖、低回婉转确实也逐渐地成了一门造诣越来越深的艺术，清中期时士人还普遍认为旦角的价值在于姿色而非唱作，但到清末民初时，尤其是四大名旦出现后，他们精深的艺术造诣已使世人不得不承认这是真正的艺术，以致陶醉于其中的观众从未考虑过这种形式有什么不合理之处。相反，民国初年有勇敢的女伶在京剧中试演旦角时，却受到了大多数观众的非议，他们已不习惯于演员的本色，无法接受由女性饰演的旦角。所以，一直到20世纪50年代，京剧的旦角演员中几乎没有出色的、受到大众欢迎的女演员。一种已经成为习惯的欣赏心理总是会比一种社会风气绵延更长的时间。甚至直到今日，仍有人认为，男扮女装或女扮男装是中国戏曲中“最精华的部分”，“一旦把这个特有的形式破坏掉，戏曲的特质也就削弱了”。[①]这也可以说是这种特殊的欣赏习惯流传至今的余波吧。

无独有偶，京剧等大剧种的旦角全由男性饰演，而创始于清末民初的越剧，所有的生角一律由女性饰演，当时称为“绍兴女子文戏”。剧中那些齿白唇红、溜肩细腰、声音甜美的“公子”，曾经风靡大江南北的许多地区。这些绝对女性化的“男性”，寄托着许多观众对男性的审美理想，其欣赏心理与喜爱京剧中的男扮女装是完全一致的。

应该承认，中国戏曲在清中期以后的极大繁荣是与当时

---

① 参见冯骥才:《女扮男装与男扮女装》,《今晚报》1993年8月9日第2版。

社会的男性同性恋风气密切联系在一起的，同性恋风气中的被动阶层相公总是以其女性化的外表去招徕顾客，人们对这些女性化的伶旦的狂热也随之带来了对戏曲的极大热情，而男扮女装或女扮男装正是其中的一个关键问题。同性恋、异装癖与戏曲三者在这个时期互起推波助澜的作用，使中国戏曲由此带上了许多为不了解历史背景的观众所困惑不解的印记。并且，它不但深刻地影响了此后的中国戏曲，其特有的审美趣味还广泛地影响了周边国家的戏剧形式，如日本总是男扮女装的歌舞伎。甚至于蜚声东西的泰国“人妖”，都很明显地带有清代娱乐界的遗风。

大约是戏曲中的异装癖已充分地体现于它的形式因而相对忽略了内容，清代小说中的性倒错倾向在内容上比戏曲更为严重。除了前文谈到的男性容貌、个性和心态的女性化之外，这种倾向还表现在清代小说中出现了特别多男扮女装或女扮男装的情节，而且，它主要还不是存在于《龙阳逸史》《弁而钗》《宜春香质》等同性恋小说，而是普遍地存在于这个时期的言情小说里，如清初短篇小说集《云仙笑》第三卷《都家郎女妆奸妇，耿氏女男扮寻夫》，清初小说《载花船》卷三写唐武后时宫妃尹若兰乔装太监负使命外出的故事。而才子佳人小说中这类情节最多，百分之八九十都会有男扮女装或女扮男装的情节，如《两交婚》《白圭志》《宛如约》《玉娇梨》《铁花仙史》《醒风流》《锦香亭》《麟儿报》《画图缘》《飞花咏》《春柳莺》等，几乎每部皆有。这类情节在清代的高频率出现，当然有其复杂的历史原因。一方面，古代女性闭于深闺，可以造成爱情际遇的机会很少，这给言情小说的写作带来了很多困难，而乔装异性可谓是给爱情场面的展开提供了一个出奇制胜的机会，虽然这在现实生活中发生的可能性极小。另一方面，乔装异性可以加强故事的曲折性，产生戏剧性效果，不失为一种创作技巧上的窍门。但问题在于，这些原因也是所有的古典言情小说情节所共有的，那么它在清代的突然大量出现，显然就不仅仅是写作方法或技巧的问题。细审这些情节，我们可以发现，作者对女装的男性或男装的女性之“美”的赞赏，在这里起了决定性的作用。每当小说中出现此类情节时，作者总是热衷于把乔装者的“面如傅粉，唇若涂朱”仔仔细细、不厌其烦地描绘一番。如《两交婚》写才子甘颐本来“身虽男子，而容貌之美，比女子更甚”，改扮女装后，竟更是：

> 袅袅娜娜，有些韵致。
> 竟似水喷桃花，十分可爱。①

可以想象，这样出色的美人是何等的投合当时读者的口味。这类描写在小说中绝不仅仅是出于故事情节的需要，否则根本没有必要这样大肆铺写，但作者却总是以饱浸情感的笔墨进行烦琐的肖像描写，并往往跳到情节之外加以由衷地赞叹，因此，

---

①〔清〕天花藏主人：《两交婚》，王多闻校点，春风文艺出版社，1985年，第48、57页。

我们不能不说这是一种审美趣味上的癖好。

女扮男装类情节亦然。由于这“男子”是由佳人乔装的，必定容貌清秀、体态柔弱，保持着女性的风韵，作者于是就写“他”怎生动人，赢得多少女子的爱慕，以致达官贵人争相延为东床。这类情节在当时虽然都被用滥了，作家们却仍乐此不疲。从意识的深层去考察，它显然是出于对性倒错现象的陶醉。

女性化审美趣味的缘起

审美趣味的形成往往比一种社会风气的形成具有更复杂、更深层的原因，很难加以简单准确的概括。但从另一方面看，一种大众审美趣味的形成，总是与它当时的社会环境、文化氛围密不可分。或许我们可以从以下两个方面入手，寻找其形成的社会的、心理的缘起。

一、男风与男性的女性化

将女性化的美作为男性美的最高标准，使小说中的男主人公“十指尖尖”“颜如少妇”可以说是历史上罕见的、令人难以理解的社会现象，但如果我们将这些现象对照以时人关于伶旦的肖像描写，其来龙去脉大约便可以理出一些头绪来。虽然现代性学研究证明了同性恋与异装癖并无必然的联系，男同性恋者亦大多没有模仿女性的倾向[①]，然而这种状况主要存在于平等的同性恋关系中。中国古代的男性同性恋关系与这种现代的同性恋关系有着性质上的不同，它们绝大部分属于主仆或客娼关系，同性恋男妓追求酷肖女性在中国古代是一贯的。这种性关系通常绝无平等可言，从上古的"为王拂枕席""以色事人""嬖幸"到宋代男妓的"傅脂粉，盛装饰，善针指，呼谓亦如妇人"[②]，其倾向是一致的。男妓以酷肖女性招徕主顾，狎优蓄童者以其"娟好如处女"而倍加怜爱。至清代，这种倾向愈演愈烈，伶旦不但在舞台上追求酷肖女性，为此梳水头、装小脚，而且把这种作风也带到他们的日常生活中。因此，清代士人捧伶品伶的花谱，最讲究的往往就是伶旦柔媚的女子气。如乾隆间著名的《燕兰小谱》中的"姚兰官"目：

> 纤腰仄步，细颈寒肩，望之绝似柔媚女郎……[③]

"金桂官"目：

> 清姿瘦骨，腻理柔容，如俟城隅之静女……[④]

《凤城品花记》中作者香溪渔隐历叙自己狎伶的种种经历，他

---

① 参见李银河、王小波：《他们的世界——中国男同性恋群落透视》，山西人民出版社，1992年，第124页。

②《癸辛杂识·后集·禁男娼》，《四库全书·子部·小说家类》。

③《燕兰小谱》，张次溪辑：《清代燕都梨园史料》上册，第36页。

④《燕兰小谱》，张次溪辑：《清代燕都梨园史料》上册，第40页。

所看重的伶旦，亦多以其如好女：

> 有雏伶，年可十二三。服饰不华，而顾盼生姿，娟好如美女。心窃爱之。①

《清稗类钞》记载同治间的两个名伶曰：

> 王蕊仙与天喜美艳相匹，蕊仙固是好女，天喜则近于荡姬矣。苏长公谓食河豚值得一死，萝摩庵老人谓天喜倘是女子，为我作妾，亦值得一死也……或赠以楹帖曰："秋水为神玉为骨，芙蓉如面柳如眉。"②

清代的狎伶小说也都没有例外地以写伶旦女子般的美貌为乐事。如《品花宝鉴》第一回关于雏伶琴官和琪官的肖像描写：

> 一个已似海棠花，娇艳无比，眉目天然；一个真是天上神仙，人间绝色，以玉为骨，以月为魂，以花为情，以珠光宝气为精神。③

显然是为了强调雏伶与女性的一致。同书又写名伶袁宝珠：

> 性格温柔，貌如处女。④

写名伶苏蕙芳亦是：

---

① 《凤城品花记》，张次溪辑：《清代燕都梨园史料》上册，第568页。
② 徐珂：《清稗类钞》第三十八册《优伶类·夏天喜长身玉立》，第49页。
③ 〔清〕陈森：《品花宝鉴》第一回，第16页。
④ 〔清〕陈森：《品花宝鉴》第五回，第67页。

如宝月祥云，明霞仙露，香触触，春霭霭，花开到八分，色艳到十足。①

而《品花宝鉴》中伶旦的那种娇嗔妩媚、弱不禁风、动辄垂泪的做派，都完全是那个时代的女性的投影。

伶旦在清代社会地位极低，基本上属于卖身阶层。但人们对伶旦美色的欣赏却在相当程度上影响到对自身的审美要求，社会地位的差异没有成为人们审美上统一的障碍，因此人们不仅以“貌如处女”作为对伶旦的高度赞美，亦以“颜如少妇”来形容士人的美风仪。更进一步的是，有时候人们还把士人的容貌与伶旦相似作为一种美貌的标志。杨静亭《都门杂咏》中的一首诗颇能说明问题：

翩翩公子甚斯文，也向楼头惯解醺。左右玉人肩并倚，不知谁是小郎君。②

《品花宝鉴》第五回写贵族公子华星北亦云：

脑袋是不用说，就是那些小旦也赶不上他。③

美貌公子与美貌伶旦在审美上的一致显而易见——当整个社会都倾羡、陶醉于娈童的娇美柔弱如女子时，这种审美倾向也很快地反照到士人自身，成为衡量士人容仪的标准。

① 〔清〕陈森：《品花宝鉴》第六回，第90页。
② 张次溪辑：《清代燕都梨园史料》下册《北平梨园竹枝词荟编》，第1174页。
③ 〔清〕陈森：《品花宝鉴》第五回，第74页。

这大概可以说是明清社会异装癖审美趣味产生的一个直接原因。

二、妾妇自拟：一种源远流长的士人文化心理的积淀

考察一种在中国历史上源远流长的特殊的士人心态——妾妇自拟，这种更为深层的文化心理积淀，对于我们理解明清时期的异装癖现象，显然也是很有意义的。

正如人们所经常谈及的，中国历史上向来有视国如家、以家度国的思维习惯，因而国被称为“家国”，而传统的家庭模式、家长制也正是国与君权形象的缩微。家与国魂灵一统、密切相关的观念在中国士人的心目中一直十分深固，各个阶层的人都企图在这个“家”中找到自己的位置。那么，士人在这“家”中又扮演着怎样的角色呢？这个问题似乎很微妙。撇开“士”在中国历史上的具体作用和真实地位的变迁等大问题，我们可以发现一种各个时代的士人都隐约感觉到的诗化了的特殊心态，亦即随着君权统治的深入发展，士人可能被奉为上宾优宠有加，又随时可能被贬黜疏远、弃若敝屣。这使他们之中的很多人意识到了自己在扮演着一种可悲的角色——宠辱无端、衷情难诉，他们的心底时常泛起一股在一夫多妻制下备受委屈的妾妇般的幽怨。经过长期的历史积淀，这种心态被固化为一种集体潜意识。如果说，它不可能被明确地留诸正史形于公文，那么文学艺术作品便成了这种集体潜意识得以充分暴露和发挥的载体。在中国文学史上，一直

存在着一种奇异而普遍的现象——士人们在吟诗作赋、抒情言志的时候，时常有意无意地自拟为卑微的、不幸的或失宠的女子，以女性化的哀怨忧愁来表现自己在政治上或个人身世上的怀才不遇、失意落寞。这是一种历史相当悠久的传统。如果说《诗经》中的那些弃妇诗都还只是同情妇女不幸，反映生活现实的话，那么《离骚》的美人香草之喻可谓实实在在地开风气之先。屈原在这长篇抒情诗中一再地自拟为一个美丽高洁而遭妒失意的女子，反复倾诉着“众女嫉余之蛾眉兮”的不幸，一唱三叹，撼动了后世无数士人的心。汉司马相如为失宠的汉武帝皇后阿娇写作《长门赋》的故事之所以成为文学史上最常引用的典故，其中不能说不寓有司马相如本人对君恩无常的愁怨和千百年来广大读者心中的类似情怀。汉魏六朝乐府中有为数很可观的《妾薄命》《妾安所居》等作品，从题目上就可以大致知道其内容。而这些作品，绝大多数都是由男性写作并给男性阅读的。曹植《美女篇》名句“盛年处房室，中夜起长叹”，表现的就是士大夫孤高自许、怀才不遇而又渴望为世所用的情怀。郭象在为《庄子·齐物》所作注中曾说过一段意味深长的话：

> 臣妾之才，而不安臣妾之任，则失矣。故知君臣上下，手足外内，乃天理自然。①

①〔清〕郭庆藩：《庄子集释》卷一下，中华书局，1982年，第58页。

从上下文来看，这里所谓“臣妾”，指的是“臣”而非“妾”，显然在郭象看来，臣与妾在某种意义上是一致的，并且认为这种位置乃“天理自然”。诸如此类的言论，在中国古代的政论、史论或哲学著作中是经常可以看到的。

唐代诗人继承了这一传统，从现存的唐诗看，唐代的大多数诗人都或多或少地写过以妾妇自拟来言明心迹的诗作。其中有的是表现一种抽象的情怀和难以捉摸的愁思，如李白《夜坐吟》：“掩妾泪，听君歌。歌有声，妾有情。情声合，两无违。一语不入意，从君万曲梁尘飞。”恐怕很多读者是把它视作怨恨君恩无常的诗句来读的。杜甫《佳人》“天寒翠袖薄，日暮倚修竹”，所写的实际上也不是女人，而是以孤高的美人自拟。还有一种则是直接自比为女子以就某一具体事件表态，如张籍乐府诗《节妇吟》：

> 君知妾有夫，赠妾双明珠。感君缠绵意，系在红罗襦。妾家高楼连苑起，良人执戟明光里。知君用心如日月，事夫誓拟同生死。还君明珠双泪垂，恨不相逢未嫁时。

初读之下，这是一首动人的爱情诗，但这首诗的写作却是因为当时藩镇李师道要拉张籍入幕，张籍站在维护中央朝廷的一边，反对割据，因以此诗婉言拒绝。像这类有特殊背景的诗作在唐代很不少，以女性自拟在诗人们看来总是那么贴切，写起来也得心应手。

宋词是士人的这种妾妇心态在文学史上表现得最为充分

的一种艺术形式，“词为艳科”，多言女子或艳情。词作者虽以男性居大半，其写作却几乎都是以女性为第一人称来倾诉自己的愁怨哀乐。而这一艺术形式之所以能够从不登大雅之堂的民间俚曲发展到赢得愈来愈多的士人的青睐，原因就在于它其实并非纯言女子或艳情，而是寄托着士人的情怀，这才是士人写作和吟诵词作的真正兴趣所在。宋词世称有婉约、豪放两派之分，婉约词纯言女子或闲情，豪放词则多言政事人生、历史兴亡。但从数量上看，豪放词仅占全宋词的百分之二十左右，而豪放派的代表词人如苏轼、辛弃疾，同时也都是写作婉约词的高手。苏轼以改革词风、开拓词境著称，然《东坡乐府》中婉约词的数量仍胜过了豪放词。在这些婉约词中，他沿用了传统的以女子身份自抒情怀的习惯，很不乏闳约深美之作。如《洞仙歌·冰肌玉骨》《卜算子·缺月挂疏桐》《贺新郎·乳燕飞华屋》等词中那些孤高出尘的寂寞女性，完全是词人自己的真实处境和理想人格的化身。辛弃疾同样写作过不少以女性自拟的佳作，像“是他春带愁来，春归何处，却不解带将愁去”（《祝英台近·晚春》）、“蛾眉曾有人妒，千金纵买相如赋，脉脉此情谁诉”（《摸鱼儿·更能消几番风雨》）等词句，那种十分女性化的幽怨被写得如此出自肺腑，读来常令人难以相信它们竟出自这位戎马一生的抗金英雄笔下。这些婉约词，大多被赋予一种既女性化又十分士人化的伤感情调。如果说这种情调在汉赋、唐诗中还只是一种并不很重要的支流的话，那么它在宋词中就完全是一种整体的倾向。而南宋以后，理学的崛起与这种倾向十分合拍。理学总是企图建立起人对圣贤、君父的心理上的依附和服从，理学的人格精神不是独立的而是驯服的、被动的，这种哲学思想使这种审美倾向也得到进一步的强化。

宋词这种普遍的隐约、寄托的写作倾向，使后代的释词者形成了一种索隐癖，尤其是到了清代，张惠言、周济、谭献等人论词主“意内言外”之说，对每一个作品都希图找出其隐含的寄托，而所谓寄托最终都会追溯到政治和作者的身世上去。连一首小小的写女子春愁的词，都会被牵涉到家国大事上去，这在清代已基本成为诠释文学作品的公式了。这种偏执的文学批评方法当然亦并非全是凭空而生，而是以宋词特有的写作方式为基础的。

明清以来，士人以妾妇自拟的文学写作方法一方面在诗词散曲中仍显著存在；另一方面随着文学重心向通俗小说转移，抒情诗式的第一人称写作方式于通俗小说颇不相宜，所以这种妾妇心态的表现方式亦随之改变。然而小说作者虽不再以妾妇自拟，作品中的男主人公却总是流露出很浓的女人气，而女主人公则往往成为作者的理想寄托，集美貌、智慧、品德、学问于一身。与以往的小说相比，清代通俗小说中的女主角的一个鲜明特征就是，她们不再只是情爱的对象，而是带着浓厚的士人气。且不说才子佳人小说中那些镇日子曰诗云、吟诗作赋的小姐丫鬟，像《红楼梦》中的林黛玉、薛宝钗、史湘云等，谁不会从她们身上体会到士人的内蕴而仅仅视之为深闺女儿呢？清代小说中这种种特殊的禀赋，其实正是传统的士人妾妇心态的另一种表现形式，而它比之古典诗词中直接单调的妾妇自拟也是更为全面和深入的。

中国文学史上这种普遍的妾妇心态表现，当然不是偶然的现象，而是深层的集体潜意识的流露。经过漫长的历史发展和积淀，妾妇心态在明清时期一定程度上影响到了士人的审美心理以至性心理。习惯于以文学来表现或陶冶情志的中国古代士人，他们既创造了文学，又充分地浸润其中，以妾妇自拟的表现方式便也从最初的一种对君权幽怨的象征而逐渐发展成为一种普遍的性心理变异——滋生了一种向女性认同的心态（这里所谓女性，主要不是指生理意义上的女性，而是指一夫多妻制下的社会学意义上的女性），使他们在潜意识中对自己的性别角色产生错觉，否定自己身上的男性特征而向女性认同。而更进一步的是，这种心态也使他们在审美上更能接受女性的特质，把女性化的美加以理想化，而以男性特征为丑陋或野蛮，并最终形成了不太理性的对女性化美的崇拜和模仿，形成了这个时期独有的性倒错的审美风气和文学艺术中普遍的异装癖现象。

初版后记

1993年秋，我第一次给中文系本科三年级的学生开设了一门选修课，讲授明清社会性爱风气与文学。在惶恐不安中，我投入了不少的时间和精力，并抱以期望。应该感谢陆续听课的91、92、93、94、95级的学生，他们的积极反馈增强了我对自己所选择的这个课题的信心——我总是经常地怀疑自己，更何况最初我的资料准备工作很不充分。他们不但与我一样也经常地表现出对这个课题的期望和激动，在讨论课上，他们尖锐的意见也总在促使我更多也更深地思考其中的某些问题。几年来我不断地修改增删自己的讲稿，搜罗更多的原始材料，以至于每到一个新的学期，我都如开新课般地紧张和激动。对于一个已过而立之年的女人来说，事业上的艰难、生育的辛劳和生活中不可避免的种种不如意，使我常常地体会到一种在二十多岁时从没有过的疲惫感，但学生与我在课堂上所共享的那一种呼应感使我获得了莫大的欣慰、鼓励和自信。写作这部书稿的动力似乎就是由此产生的。

我们都生活在具体的时代，都不由自主地接受时代风气的感召。然而我最初选择了这个课题，从主观上来说，却绝不是赶时髦。大约在1987年准备自己的硕士论文的时候，我翻阅了不少明清时期的通俗小说，惊讶地发现在这个时期流行着一些令现代人十分陌生的审美和性爱风气，而由于各种不同的原因，这些风气很少为我们的研究著作所提及，几乎完全地被人们遗忘了。这之后的几年里，我开始广泛浏览明清士人笔记，丰富的史料加深了我对这个时期的审美与性爱风气的认识，也使我对它们产生了浓厚的兴趣。从事这个课题的研究，我始终感到兴味盎然，从历史的更长远、更开阔的角度审视性爱问题，纠正了我原先的许多狭隘的偏见和自以为是的态度。当然，我们社会对性爱问题的讳莫如深也使这项研究遇到了很大的阻力，主要是研究成果的发表比较困难。我非常感谢在这期间给予我充分理解、支持和帮助的诸多师长、朋友、同事及家人，尤其需要感谢南开大学历史系教授、我的博士生导师冯尔康先生，先生在明清史上的精湛造诣、对明清史料的谙熟，以及对学生孜孜不倦的教诲，使我无论是对明清社会的宏观把握还是具体细节上的疑惑都获益良多；感谢南开大学东方艺术系宁宗一教授，先生不仅给了我许多专业上的指导，并且热情地、不辞辛劳地为我推荐稿件，师恩实在难忘；感谢日本中央大学的中国史专家姬田光义教授，先生告诉了我许多国外的有关研究信息，给我寄来宝贵的资料，并当我在国内发表文章有困难时，在百忙中抽出时间翻译拙文在日本发表；另外，我还需要特别感谢南开大学中文系李剑国教授，先生不惜花费宝贵的时间为我审阅了全部书稿，提出具体的修改意见，并为我推荐书稿，先生严谨的治学态度和深厚的学术功力确使我受惠匪浅。当然，我还要感谢丈夫的无声支持，感谢他对家庭的爱心和责任感。

使我深感遗憾的是我的父亲没有看到这本小书，在我写作书稿期间父亲患病去世了。父亲曾经是一位语文教师，为人耿直，多才多艺，博览群书，由于历史的原因他未能从事他所最为沉醉的文史研究工作，然而直至最后病重，他仍然是手不释卷。父亲对子女非常慈爱也非常严格，在我们尚处稚龄时，他就开始指导我们通读古典名著。女儿的每一点微不足道的成绩，都会得到他足够的关注。我每发一篇文章，他都要认真向我指出得失。而习惯于自以为是的我，在父亲生前常常冲撞他，甚至于伤害他的情感，没有想到他这么快就离开了我们，再没有任何尽孝的机会。至今我还是常常不能相信自己永失父爱的事实，没有父爱的世界使我倍感凄凉。

落木千山，金风瑟瑟，又是秋深时节。我把这酸涩的秋实捧出来，有一些惶恐，有一些自信，期待着专家和读者的批评。

1997年10月16日

书于南开园第十一宿舍

长城砖

坐书为城 故史惟新

总策划

沈海涛

编辑团队

金晓芸 燕文青

郭聪颖 郭金梦

发行统筹

沈会祥 张 凯

乔 悦 李 鹏

装帧设计

图文游击工作室

汤 磊

印制统筹

王 静

新媒体专员

朱书睿

营销专员

秦 臻